MARGOT BENARY-ISBERT
IM HAUSE MEINES GROSSVATERS

MARGOT BENARY-ISBERT

IM HAUSE MEINES GROSSVATERS

3. Auflage
10.–12. Tausend

JOSEF KNECHT · FRANKFURT AM MAIN

Neu ausgestattete Auflage
1.– 4. Tausend, August 1973
5.– 9. Tausend, Februar 1974
10.–12. Tausend, November 1976

ISBN 3-7820-0284-9

Gesamtherstellung: Wiesbadener Graphische Betriebe GmbH, Wiesbaden

Winter

ERSTES KAPITEL

Der Amtmann Isbert im schwarzen Pelerinenmantel und hohen Hut ging schon seit einer halben Stunde vor der Thurn-und-Taxis'schen Posthalterei auf und ab. Es war ein kalter Tag Ende Dezember des Jahres 1865. Zwischendurch hatte sich der Amtmann einmal in der gegenüberliegenden Gastwirtschaft die Füße gewärmt. Aber der Kaffee schmeckte nach Zichorie, die Gaststube roch nach kaltem Rauch und abgestandenem Bier, und dem zog er schließlich doch die frostige Sauberkeit der Schneeluft draußen vor.

„Verspätung, Herr Amtmann", sagte der Posthalter, der auf die Straße hinausgekommen war, um in Richtung auf das Frankfurter Tor nach der Postkutsche Ausschau zu halten. Schon zum zweitenmal hatte er die Relaispferde in den Stall zurückbringen lassen. „Der viele Schnee iwwerall, da hawwe's die Gäul schwer. Gestern is sogar das Ziegelche stecke gebliwwe." Der Mann lachte schadenfroh. „Un da meine die Leut, unser gut, zuverlässig Post wär bald iwwerflissig wege dere Eisenbahn. – Wolle der Herr Amtmann nit in unser warm Stubb komme? Mei Frau tät sich's zur Ehr aarechne, wenn se dem Herr Amtmann e Täßche Kaffee kredenze dirft."

„Danke, Gellert. Allzulange wird's ja nicht mehr dauern. Ich warte hier draußen, damit ich gleich zur Stelle bin."

„Die Demoiselle Paula kommt heim, gelle? Wie isse denn gereist, wenn ich frage darf."

„Mit der Post natürlich. Das fanden wir und auch die Schwestern in Nancy geeigneter als die Bahn für ein alleinreisendes junges Mädchen. Die erste Nacht blieb sie in einem Zweigkloster in Straßburg, die zweite bei Freunden in Frankfurt. Eine lange Reise, aber nun wird sie es ja bald überstanden haben."

„Wird e groß Mädche geworde sei, die Demoiselle. Mir denkts noch, wie se der Herr Amtmann nach Frankreich gebracht hat im Herbst '63, un wie die fünf Buwe hinner der Kutsch hergelaufe sin und gewunke hawwe . . ."

„Da kommt die Post", sagte der Amtmann.

An der Straßenbiegung tauchte die schwere Postkutsche mit den vier dampfenden Pferden auf. Der Postillon blies heute nicht in sein Horn, wie er es sonst bei der Einfahrt in eine Stadt tat. Er hielt die Pferde an und sprang vom Bock, stampfte mit den Füßen, schlug die Hände aneinander und rieb sich die Backen. „Gehorsamer Diener, Herr Amtmann. 'Tag, Herr Gellert!" grüßte er und griff an den lackierten Hut mit der flotten Kokarde. Seine Backen waren rot wie zwei Borsdorfer Äpfel von der Kälte; die Haut saß straff gespannt über den Backenknochen. „Kei Wetter zum Blase heut. Die Demoiselle is gut gereist, un Platz genug hatse auch gehabt in meiner Kutsch. Nur zwei Kölner Herrn sin noch mitgefahrn un der junge Herr Overberg aus Bad Ems. Wer nit verreise muß, bleibt zu Haus bei dem Wetter."

Der Stallbursche von der Posthalterei kam heraus, um beim Wechseln der Pferde und Abladen des Gepäcks zu helfen. Es war nicht viel heute, nur ein großer Schweinslederkoffer mit dem eingeprägten Monogramm K. O. und Paulas kleiner Reisekorb. Die Wagentür wurde geöffnet, der Tritt heruntergelassen, der Amtmann hielt seiner Tochter die Hand hin, und sie sprang schnell die beiden Stufen hinunter in seine Arme. „Da bin ich, Papa!"

„Na endlich, Kind! Sehr durchfroren? Zu Hause warten schon alle auf dich. – Holwein wird den Schließkorb mit dem Handwagen holen, Gellert."

„Gestatten, daß ich Sie begrüße, Herr Amtmann", sagte eine Stimme hinter Vater und Tochter. Der Amtmann drehte sich um und schüttelte dem jungen Herrn im zimtbraunen Reisemantel mit Marderkragen die Hand.

„Wieder im Lande, Herr Overberg? Haben Sie in

Epernay die letzten Geheimnisse der Schaumweinkellerei ergründet? Und werden Sie jetzt eine Weile zu Hause bleiben?"

„Darauf möcht' ich nicht schwören, Herr Amtmann. In unserem Fach lernt man nie aus. Neuerdings hört man die exzellenten Weine der Krim über den grünen Klee loben. Wieder ein Grund, den Koffer zu packen. Der alte Herr reist nicht mehr."

„Herr Overberg aus Bad Ems, Paula", stellte der Amtmann vor. „Meine Tochter Paula, zurück aus dem Pensionat in Nancy."

Der junge Mann verbeugte sich, und Paula knickste. Er hatte ihr unterwegs väterlich besorgt die Hälfte seiner warmen Pelzdecke über die Knie gelegt, und sie war nicht ganz sicher gewesen, wie man sich dabei zu verhalten hatte. Die gute Mère Monique hatte einen solchen Fall in ihrem Anstandsunterricht zu erwähnen vergessen.

„Ich dacht es mir, Herr Amtmann", sagte Herr Overberg. „Die unverkennbare Familienähnlichkeit ließ keinen Zweifel. Leider hatte ich keine Gelegenheit, mich mit der Demoiselle zu unterhalten."

Paula zog die Augenbrauen hoch. Auch noch unterhalten! Darüber jedenfalls konnte kein Zweifel sein, daß Mère Moniques schwarzes Lederbüchlein über den *Guten Ton in allen Lebenslagen* eine Unterhaltung mit fremden Herrn in einer Postkutsche nicht empfohlen hätte. Außerdem war sie so sehr mit ihren eigenen Gedanken beschäftigt gewesen, daß sie an einer Unterhaltung, mit wem auch immer, kein Interesse gehabt hätte. Halb war sie noch im Kloster bei den Freundinnen, den Schwestern, halb schon zu Hause gewesen während der Fahrt. Das Kloster war nah und vertraut, das Heim, das sie seit reichlich zwei Jahren nicht gesehen hatte, fast etwas Fremdes, zu dem sie sich erst wieder zurückfinden mußte. Sie hatte die Eltern gebeten, Weihnachten noch einmal im Kloster verleben zu dürfen, obwohl ihre Zeit in Nancy eigentlich im Herbst schon abgelaufen war. Im ersten Semester im Pensionat war sie fast vergangen vor Heimweh nach dem Elternhaus, und nun war ihr der Abschied so schwer geworden wie einst das Eingewöhnen. Unter ihrem halblangen schwarzen Mantel trug sie noch das graue Sonntagskleid der Klosterschülerinnen, dazu die graue Filzschute, unter der zu beiden Seiten eine Flechte von dunklem Haar das verfrorene kleine Gesicht rahmte.

Der Amtmann nahm den Arm seiner Tochter, und, begleitet von Herrn Overberg, gingen sie über das verschneite Kopfsteinpflaster der Grabenstraße dem Domhotel zu, wo Konrad Overberg den Wagen abwarten wollte, den sein Vater von Bad Ems für ihn herüberschickte. Auch der hatte sich wohl der verschneiten Straßen wegen verspätet. Die beiden Herrn unterhielten sich lebhaft; über Weine und ihre besten Lagen und Jahrgänge zuerst, ein unerschöpflicher Gesprächsstoff in dieser rebengesegneten Gegend Deutschlands; dann über Bücher, ebenfalls eine gemeinsame Liebe. An der Tür des Domhotels verabschiedete man sich. Overberg beugte sich tief über die Hand der schüchternen Siebzehnjährigen. Vater und Tochter gingen allein weiter, und nun wurde Paula gesprächig. „Wie geht's allen zu Hause?" fragte sie eifrig, sichtlich froh, den fremden Herrn loszusein.

„Gut und lebhaft wie immer", sagte der Vater. „Die Mama sorgt für uns alle und noch eine ganze Anzahl anderer Leute; wie sie es schafft, werde ich nie begreifen. Die Babett regiert die Küche von ihrem Sessel aus. Tante Stina schreibt immer noch Romane, schickt sie an den Damenalmanach, und der Damenalmanach schickt sie zurück. Jetzt setzt sie große Hoffnungen auf die neue *Gartenlaube*. Tante Rikchen malt Aquarelle und gibt mit Engelsgeduld den Buben Klavierstunden, sooft sie ihrer habhaft werden kann. Die Brüder wirst du am meisten verändert finden. August ist ja im vorigen Sommer schon fünfzehn geworden . . ."

„Wird er Jura studieren, wie du es so gern wolltest?"

„Erinnerst du dich nicht, daß die Mama andere Wünsche für ihn hatte? Ich glaube aber, was seinen zukünftigen Beruf betrifft, weder an die Römische Kirche noch ans Römische Recht. Er interessiert sich brennend für Geschichte, vom alten Ägypten bis zum neuen Preußen, das er für den Staat der Zukunft hält."

„Und Adolf?"

„Wie der sich einmal entwickeln wird, ist noch schwer vorauszusagen. In der Schule ist er nicht so glänzend wie August und nicht so faul wie Georg; kein Erziehungsproblem wie Ferdinand und kein ehrgeiziger Schüler wie Karlchen. Er schreibt recht gute Aufsätze für sein Alter. Daheim kann man ihn für alles gebrauchen, was mit Tieren zu tun hat. Ich mußte ihm streng verbieten, sich mit dem neuen Pferd abzugeben, von dem der Holwein behauptet, es wäre tückisch. Aber ehe ich mich entschließe, das schöne junge Tier zurückzugeben, will ich doch noch eine Weile warten. – Dir stand Adolf wohl immer am nächsten von den Brüdern, nicht wahr?"

„Ja, wir zwei konnten gut miteinander, vielleicht weil wir beide ein bißchen allein waren."

„Allein unter sechs Geschwistern? Wie meinst du das?"

„Nun, ich als einziges Mädchen, weißt du. Und Adolf als der mittlere von fünf Brüdern. Georg so unzertrennlich von August wie sein Schatten, sie sind ja auch nur ein Jahr auseinander. Ferdinand und Karl zu klein für ihn. Natürlich war August immer sein Held und Vorbild, genau wie für die anderen Brüder, aber Adolf konnte nie recht an ihn herankommen, weil Georg dazwischenstand."

„Und dabei sollte man denken, daß August mit Adolf mehr gemeinsam hätte als mit dem Leichtfuß Georg. Ich wette, August ahnt gar nicht, daß Adolf sich gern näher an ihn angeschlossen hätte. Er ist ein merkwürdig verschlossener kleiner Kerl."

„Ja? Mir gegenüber nicht. Er hat mir von allen Brüdern die nettesten und längsten Briefe geschrieben. Das Leitmotiv war seit vorigem Frühjahr meist sein Hund, Aquarius. Ich nehme an, so heißt er, weil Adolf ihn aus dem Wasser gezogen hat?“

„Richtig, das war eine Geschichte, sag ich dir! Du mußt sie dir mal von ihm selbst ausführlich erzählen lassen.“

Aber nun waren sie schon auf der Erbach angelangt, dem Platz, an dem das Amtshaus lag, daß heißt die Rückseite des Amtshauses mit der Eingangstür; die Front war dem Flusse zugekehrt. Drei Steinstufen führten zu der geschnitzten Eichentür hinauf, über der das Wappen des Abtes von Eberbach stand, der den langgestreckten Barockbau vor fast hundert Jahren als Außenstelle seines reichen Klosters am Rhein errichtet hatte. 1809 war der Besitz säkularisiert und dem Herzog von Nassau zugesprochen worden, aber noch immer glotzte der gekrönte Delphin im blauen Feld hoffärtig auf die Eintretenden herab, und über ihm hielt der schwarze Eberbacher Eber den Rautenvorhang.

„Willkommen daheim, Paulinchen!“ sagte der Amtmann und drückte den Arm seiner Tochter fester an sich. Sie lächelte zu ihm auf und rieb ihre kalte Backe an seinem Mantelärmel, wie sie es als kleines Mädchen immer getan hatte. Es war gut, wieder bei ihm zu sein.

„Wie schön das Haus ist!“ sagte sie überrascht und begierig, zu zeigen, daß sie etwas gelernt hatte. „Und wie komisch, daß ich es früher nie bemerkt habe. Unsere Mère Marie Ignace war eine richtige Gelehrte in Kunstgeschichte.“

Aufmerksam, mit zusammengezogenen Brauen sah sie an dem Haus empor, als sähe sie es zum erstenmal. Wie gut in den Proportionen, wie zurückhaltend und vornehm es war! Die Fensterlaibungen aus rotem Sandstein, das blasse Gelb der Wände, darüber das blaue Schieferdach mit den fünf ausgebauten Dachfenstern unter ihren spitzen Hauben – das alles war von überzeugender Harmonie. „Meistens hatten wir ja nur kirchliche Kunst, aber in der Architektur haben wir auch Profanbauten durchgenommen", sagte sie wichtig.

Ein angebauter Flügel des Gebäudes schob sich in den Garten vor, der sich am Fluß hinstreckte, bis zu dem grauen Felsen, über dem siebentürmig einer der ältesten Dome Deutschlands aufsteigt. In diesem Flügel war die große, steingepflasterte Küche, daneben das Zimmer der alten Babett, anschließend die Räume, die die Großtanten und Onkel Emmerich, des Vaters ältester Bruder, bewohnten, und zwei Gastzimmer.

Auf der breiten, dämmrigen Diele roch es wie einst nach gilbenden Akten, Tinte, Holzrauch und den nie gelüfteten Kleidern der Handwerker, Bauern und Hausierer, die an Gerichtstagen hier warteten, bis der Amtsdiener Wittich sie in den Verhandlungssaal rief.

Oben hatte man sie jetzt gehört. „Sie sind da!" rief Karlchens schrille Jungenstimme, und mit ohrenbetäubendem Lärm stürmten sie die Treppe mit dem blanken, geschwungenen Geländer herunter. Die vier Brüder riefen alle durcheinander, stießen einander, überkugelten sich fast in ihrem Eifer, die Schwester zu begrüßen. Nur August kam etwas gemessener hinterher, der Älteste, der Stammeshäuptling, der es nicht nötig hatte, sich vorzudrängen. Über die Köpfe der jüngeren Brüder hinweg reichte er Paula die Hand und zog die ihre an die Lippen. Aber schon hatte Georg ihre Linke ergriffen und schüttelte sie wie einen Pumpenschwengel – Georg, noch schöner als vor zwei Jahren, mit seinem glänzenden, leichtgewellten Haar und den herausfordernden Augen. „Hoffentlich biste kei Betschwester geworde im Kloster?" rief er. Ein zottiger Hund beteiligte sich mit lautem Bellen an dem Lärm, und eine rotweiße Katze saß auf dem Pfosten des Treppengeländers und putzte sich, als wolle sie andeuten, daß sie nur zufällig dabei war und der ganze Aufruhr sie nichts anging.

„Nicki, Onkel Emmos Kater, weißte noch?" Karlchen zupfte sie am Ärmel.

„Ich gehe schnell nochmal in die Kanzlei", sagte der Amtmann.

Die beiden Kleinen balgten sich um Paulas bestickte Reisetasche, klopften sie auf die Schultern, griffen nach ihren Händen, wobei sie ohne Punkt und Komma etwas erzählten, was Paula kaum verstand. Sie würde sich erst wieder an den nassauischen Dialekt gewöhnen müssen, in dem alle Endbuchstaben verschluckt wurden.

„Gebt acht, daß ihr sie nit in Stücke reißt!" mahnte August. „Solche Räubermaniern is sie sicher nit gewöhnt vom Kloster." Er war größer als die Schwester, schmal in Schultern und Hüften, ein junger Fechter, Turner, Schwimmer, mit den nachdenklichen Augen, dem humorvollen Mund und dem ovalen Gesicht des Vaters. Alle Geschwister hatten die dunklen Haare und Augen der väterlichen Familie; aber bei den vier jüngeren hatte sich die runde Gesichtsform der mütterlichen Sippe durchgesetzt, der volle, geschwungene Mund und die kleine Nase der Tours. Der zehnjährige Ferdinand war der dunkelste der Geschwister, mit den mandelförmigen, tiefbraunen Augen, dem sorglosen Mund eines Murillo-Gassenjungen. *Gamin!* dachte Paula und erinnerte sich an frühere Streiche dieses von klein auf unzähmbarsten der wilden Brüder. Karlchen, der Achtjährige, hatte noch die ganze Anmut der Kindheit, womit er alle Frauen des Hauses betörte. Nie traute ihm jemand zu, daß er sich oft an Ferdinands gewagten Unternehmungen mit viel Vergnügen beteiligte . . .

Adolf hatte seine Hand auf Paulas Arm gelegt, die andere lag am Halsband seines Hundes. „Das ist er, Aquarius", sagte er, und es war deutlich, daß es für ihn nichts Wichtigeres gab. „Er hat schon mehr Ratte gefange wie dem Onkel Emmo sein Nicki."

„Und Eier gestohle", sagte Georg.

„Sei still du! Dabei hat ihn noch keiner erwischt."

„Aber ne eiverschmierte Schnauz is en Indizienbeweis, da brauchste nur den Papa zu frage."

„Is er nit schön, Paulinche? Un noch viel gescheiter und treuer als schön, sag ich dir." Ein wiedererkennender Blick ging zwischen Adolf und der Schwester hin und her. Es machte gar nichts, daß dieser mittelgroße, struppige Hund keine Schönheit war; daß er klug war, sah man ihm an, und seine Augen waren unwiderstehlich. „Na?" fragte Adolf strahlend, und Paula nickte. Er selber, dieser mittelste Bruder, hatte fast ebenso struppige und dichte Haare wie sein Hund; es war, als beständen sie aus lauter Wirbeln, nie brachte er einen geraden Scheitel zustande.

Der Vater kam aus der Kanzlei zurück, wo er noch ein paar Unterschriften erledigt hatte.

„Warum kommt ihr denn nicht herauf?" rief die Mutter von oben. „Der Kaffee wird kalt. Die arme Paula ist sicher müde nach der langen Reise, und ihr laßt sie da unten stehen."

Sie wartete auf der obersten Stufe in ihrem blauen Hauskleid mit der weißen Rüsche am Hals, das dunkelblonde Haar über den Ohren geschlungen und zu einer kleinen Flechtenkrone auf dem Scheitel zusammengenommen. Ihre lebhaften blauen Augen blickten froh und gerührt der heimgekehrten Tochter entgegen; diese Augen, die so dunkel wie ein Gewitterhimmel werden konnten, wenn sie sich ärgerte, und es gab immer Anlaß zum Ärger in diesem tumultuösen Haus – über die Buben, über die beiden Mädchen, über den eigensinnigen alten Haus-, Büro- und Stalldiener Holwein, der schon zwei Vorgängern des Amtmannes gedient hatte, und über die alte Babett. Über die am meisten. Zum Glück war das Strohfeuer des hausfraulichen Zornes meistens so schnell ausgebrannt, wie es aufflackerte.

„Guten Tag, Mama!" sagte Paula mit Knicks und Handkuß. Die Mutter schloß sie in die Arme und küßte sie auf beide Wangen. Mein Gott, da hatte sie auf einmal eine erwachsene Tochter! Sie nahm die Heimgekehrte bei der Hand und führte sie mit ihrem Gefolge von Brüdern, Katze und Hund in das große Wohnzimmer, wo die übrigen Familienmitglieder warteten. Da saßen die beiden Großtanten, die aber der Einfachheit halber Tanten genannt wurden, noch in genau den gleichen grauen Alpaccakleidern, die sie schon vor zwei Jahren getragen hatten. In einer der drei tiefen Fensternischen stand Onkel Emmo, des Amtmanns älterer Bruder, im langen Rock mit gestickter Weste und gefälteltem Jabot, das Lorgnon, das er in begrüßender Geste hob, an einem schmalen Band um den Hals.

„Willkommen, willkommen, *chère enfant!*“ riefen die Tanten Christine und Ulrike. Wieder Knickse und Handküsse von Paula, zärtliche Küsse und Umarmungen der Tanten. Auch der Onkel ließ es sich nicht nehmen, die junge Nichte an seine schöne Weste zu drücken, diese Weste in petit point, die ihm alljährlich zu Weihnachten von den beiden Tanten in neuer Auflage gestickt wurde.

„Wie groß sie geworden ist!“ sagte Tante Stina. „Dem Vater aus dem Gesicht geschnitten.“

„Aber so blaß und dünn“, klagte Tante Rikchen. „Ihr seid wohl nie an die Luft gekommen im Kloster, wie? Nur gebetet und studiert und womöglich gefastet?“

„Aber keine Spur“, widersprach Paula. Die Tanten hatten wirklich keine Ahnung, was das Leben im Kloster betraf. „Wir haben durchaus keinen Hunger gelitten, manche von uns sind aufgegangen wie Pfannkuchen bei der Klosterkost. Nur ich hab halt kein Talent zum Aufgehen. In den Pausen zwischen den Schulstunden konnten wir, soviel wir wollten, in dem wunderschönen Garten umhergehen, und jeden Tag wurden wir eine ganze Stunde spazieren geführt.“

„An der Leine?“ fragte Georg.

„Quatsch! Zwei und zwei, genau wie bei de Pallottinerinne hier. E Nonn vorn und e Nonn hinne!" erklärte Ferdinand, der Bescheid wußte, denn die Elementarschule war ganz in der Nähe des Pallottinerinnen-Instituts.

„Grauenhaft!" sagte Karlchen und verdrehte die Augen.

Paula zuckte mit den Schultern. Woher sollten die Buben wissen, wie schön das alles gewesen war?

„Konrad Overberg läßt sich den Damen empfehlen, und dich wird er in den nächsten Tagen besuchen, Emmo", richtete der Amtmann aus. „Er fuhr von Frankfurt aus in der gleichen Post wie Paula."

Man setzte sich an den langen, weißgedeckten Tisch, in dessen Mitte ein Napfkuchen stand, der aussah, als wäre er für Roland den Riesen und ein halbes Dutzend seiner Kumpane gebacken worden.

„Ah", sagte Tante Rikchen, „so ist er also wieder im Lande!"

Die Tanten wechselten einen Blick. „Da werden die Herzen aller Mütter wie die Lämmerschwänzchen hüpfen", das war wieder Tante Rikchen. „Wär er nur nicht so ein Don Juan."

„Rikchen!" mahnte Tante Stina.

„Ein Mann von Welt", sagte Onkel Emmerich. „Weit gereist, gut belesen. Bin gespannt, was er wieder für die Bibliothek seines Vaters mitgebracht hat, oder gar für mich. Vielleicht ein *livre d'heures,* darauf spitze ich mich schon lange." Er leckte sich die Lippen wie ein Feinschmecker beim Duft einer Delikatesse.

Die Brüder hatten inzwischen emsig und verhältnismäßig schweigsam dem Empfangskuchen zugesprochen. So etwas gab es nur bei besonderen Gelegenheiten.

„Dürfe wir aufsteh?" fragte Georg, als der Kuchen bis auf ein paar Krümel dahingeschmolzen war wie Butter an der Sonne. „Aufs Eis, ihr Männer! Nur noch fünf Tag Ferien, dann fängt die Schinderei wieder an."

„Bei dir fängt sie doch jedes Jahr erst *nach* den Weihnachtsferien an", meinte Onkel Emmo. „Halte mich für Nachhilfe in Latein bestens rekommandiert, da ich annehme, daß du Ostern versetzt werden willst."

„Danke", sagte Georg ohne Begeisterung.

„Lauft nur, frische Luft ist gesund", sagte die Mutter, und im selben Augenblick waren sie auch schon draußen und polterten mit Geschrei, Gelächter und Hundegebell die Treppe hinunter. Nicki blinzelte von Onkel Emmos Schoß schläfrig hinter ihnen her.

„Dich bring ich jetzt in dein Zimmer, Paula", sagte die Mama. „Du mußt dir den Reisestaub abwaschen und die Haare kämmen. Ein frisches Hauskleid hängt im Schrank auf dem Flur."

„Ich muß nachher noch der Babett guten Tag sagen", sagte Paula, als sie mit der Mutter die Treppe zum Dachgeschoß hinaufstieg, wo ihr ehemaliges Zimmer zwischen dem der Buben und der Mädchenkammer lag.

„Und ob du das mußt, sonst ist sie eine ganze Woche beleidigt. Sie ist noch ganz die Alte, hilft beim Stopfen und Flicken und strickt unermüdlich. Außerdem gibt sie mir gute Ratschläge, wie ich meinen Mann behandeln, die Buben erziehen und den Haushalt führen soll. Dabei ist sie in den letzten Jahren doch ziemlich steif geworden und verläßt ihr Zimmer nur noch sonntags zur Kirche. Ich schicke oft am Nachmittag einen der Buben zu ihr, der ihr vorlesen oder sich von der glorreichen Zeit König Jérômes in Kassel erzählen lassen muß."

„Ja, ich weiß noch . . ." sagte Paula. Wie alle Kinder des Hauses war sie mit den Geschichten vom ehemaligen Kasseler Hof aufgewachsen. Die Babett war ein Erbstück aus des Amtmanns erster Ehe mit der schönen Françoise Dudon d'Enval, bei deren Mutter sie schon Kammermädchen gewesen war. Mit den beiden Damen, der belle-mère und der jungen Frau, war sie einst in Jacob Isberts Haus gekommen. Als Françoise nach einjähriger Ehe bei der Geburt einer Tochter starb und die unglückliche Mutter ihr bald folgte, war die Babett geblieben, und des Amtmanns Tanten, Christine und Ulrike, waren zu Trost und Hilfe des verwitweten Neffen herbeigeeilt. Zehn Jahre lang hatten sie gemeinsam mit der Babett den Haushalt geführt und die kleine Franziska aufgezogen. Jacob Isbert war damals noch ein junger Amtsrichter gewesen, der schnell Karriere gemacht hatte und fast alle zwei Jahre an einen anderen Ort des Herzogtums versetzt wurde, bis er vor acht Jahren die Amtmannsstelle in Limburg bekam, wo er nun für den Rest seiner Beamtenlaufbahn zu bleiben hoffte. Die Amtmänner in Nassau waren in ihrem Bezirk Richter und oberster Verwaltungsbeamter in einer Person.

Als Jacob Isbert zehn Jahre nach dem Tod der ersten Frau wieder heiratete und die junge Margaretha Tour die Zügel des Haushalts ergriff, kam niemand auf den Gedanken, den drei Frauen, die sich seiner und der kleinen Tochter so treulich angenommen hatten, als er sie brauchte, nun die Gastfreundschaft zu kündigen. Sie gehörten zum Haus wie Bett und Schrank, Tisch und Truhe und wurden so gut wie die von Ort zu Ort mitgenommen. Im Amtshaus am Fluß hatte sich vor vier Jahren Onkel Emmerich dazugefunden, Junggeselle, Antiquar, Büchernarr, der ein paar Wochen bei den Verwandten verbringen wollte und blieb. Platz genug gab es in der großen Dienstwohnung, die zum Amtshaus gehörte.

Franziska, die Tochter aus erster Ehe, lebte mit ihrem Mann, ebenfalls einem Richter, in einem kleinen Taunusstädtchen, nahe genug, daß die so viel jüngeren Halbgeschwister sie dort in den Ferien besuchen konnten.

An all das dachte Paula, als sie im frühen Dämmern des Wintertages in dem Zimmer stand, das sie jetzt wieder bewohnen sollte. Die Wände waren frisch geweißt, um Bett und Fenster hingen weiße Mullgardinen. Der Mahagonischreibtisch aus Mutters eigener Mädchenzeit war vom Boden heruntergeholt und ein alter Sessel mit buntem Kattun bezogen worden. Hinter einem offenbar von den Brüdern gebastelten und bemalten Paravant stand eine geblumte Porzellanwaschschüssel auf eisernem Gestell. In der Ecke gegenüber dem Bett war noch ihr altes Altärchen mit der Madonna, und auch das Weihwasserkesselchen an der Tür war noch das gleiche wie früher. Die Mama hatte ihre Fingerspitzen darin benetzt und der Tochter ein Kreuz auf die Stirn getupft, als sie miteinander ins Zimmer traten. „Gott segne deinen Eingang, Kind", und damit war sie wieder hinuntergegangen.

Es war kalt in dem Zimmer. Die Schlafstuben im Amtshaus wurden nicht geheizt, und wenn es Stein und Bein fror. An Abhärtung glaubte die Mutter genauso fest wie an Lebertran im Winter und Blutreinigungstee in der Fastenzeit; diesem und anderen heilsamen Kräutertees schrieb sie es zu, daß es außer Masern und Mumps noch keine ernsthaften Krankheiten bei ihrer Brut gegeben hatte.

Paula trat ans Fenster, um auf den Fluß und die wohlbekannte Landschaft hinunterzusehen, die sich jenseits der tausendjährigen Brücke in verschneiten Feldern, von Hecken eingefaßten Obstgärten und dunklen Wäldern hinzog. Der Fluß war eine einzige glitzernde Eisfläche, nur unterbrochen von der Insel mit ihren kahlen Bäumen; sie hieß noch immer die Pestinsel, denn einst waren die Pestkranken und Aussätzigen dorthin verbannt worden, und einer alten Chronik zufolge hatte ein aussätziger Barfüßermönch dort seine süßen Lieder zum Lob der Himmelskönigin gesungen. Die Eisfläche war rosig überhaucht vom letzten Abendschein und getupft von den hin und her flitzenden Gestalten der Schuljungen. Die drei Bögen der Brücke spannten sich zum anderen Ufer, drüben abgeschlossen von dem finsteren Brückenturm, früher Stadttor, jetzt Gefängnis. Fünf Jahre lang war Paula bei Regen und Sonnenschein, Kälte und Hitze, vorbei am

Heiligen Nepomuk auf dem mittleren Brückenbogen und unter dem Turm hindurch gegangen auf ihrem Weg in die Schule der Pallottinerinnen. Wie lang das alles zurücklag! Es war wie ein anderes Leben, und sie wußte noch nicht, wie sie den Faden wieder anknüpfen sollte.

Vom Eis klangen die Stimmen der Brüder herauf, die da mit ihren Kumpanen umhertollten, als wären sie mit Schlittschuhen an den Füßen geboren. Im Augenblick wurde ein Wettkampf ausgetragen, wer im vollen Lauf, ohne zu fallen, über ein Faß springen konnte, das sie sich wahrscheinlich aus dem Amtshauskeller geliehen hatten. Adolfs Hund war mit demselben Eifer beteiligt wie die Buben; er hatte es ohne Schlittschuhe und mit vier Beinen leichter als die Buben mit zweien. Es gab Geschrei und Gelächter, das bis zu ihr heraufklang. Die Gefallenen, die ein Stück auf dem Hosenboden oder auf dem Bauch übers Eis rutschten, wurden laut verhöhnt, die erfolgreichen Springer mit Klatschen und Bravorufen gelobt. Schade, dachte Paula, daß ich nie so gut Schlittschuh laufen lernte wie die Brüder. Ihre langen Röcke waren bei allem, was die Buben taten, hinderlich, und die Mama sah es nicht gern, wenn sie mit zerzausten Haaren oder womöglich einem aufgeschlagenen Knie nach Hause kam. Für Mädchen schickte sich so etwas nicht. Zudem mußte sie schon als Zehnjährige die kleinen Brüder hüten.

Wie anders war das Leben im Kloster gewesen. Es gab auch dort natürlich Pflichten und genaueste Regeln, aber immer geteilt mit vierzig gleichaltrigen Gefährtinnen, gewürzt mit schwärmerischen Freundschaften, kleinen Eifersüchteleien, tiefen Geheimnissen; mit Gesprächen über die paar sorgfältig ausgewählten Bücher, die sie außer ihren Schulbüchern lesen durften; mit der täglichen Spannung, wen eine verehrte Nonne beim Spaziergang an ihre Seite rief; oder wer dazu ausersehen war, vom nächsten Marientag an das blaue Band der Enfants de Marie zu tragen. Sie studierten Sprachen, Geschichte, Kunstgeschichte, Musik und Aquarellmalerei, alles in den Grenzen dessen, was man für Töchter aus guter Familie für angebracht hielt. Sie machten feine Handarbeiten, aber niemand verlangte von ihnen, daß sie gräßliche, endlos lange, schwarzwollene Jungenstrümpfe strickten, wie Paula es als kleines Mädchen schon mit feuchtheißen, ungeschickten Fingern hatte tun müssen. Und jeder Tag begann und endete in der schönen Kapelle; alle Stunden gingen still dahin auf dem Goldgrund einer süßen und ahnungslosen Frömmigkeit, auf die noch kein Schatten gefallen war. Wenn die Schülerinnen dann entlassen wurden, um in die Welt zurückzukehren, warnten sie die guten Schwestern eindringlich vor den Gefahren, die ihrer „da draußen" warteten. Wie diese Gefahren aussahen, davon hatten sie nur eine höchst nebelhafte Vorstellung.

Ich bin schrecklich gespannt, dachte Paula und schnupperte mit ihrer kleinen, geraden Nase, als könne sie den Pech- und Schwefeldunst erhaschen, der aus den Abgründen der bösen Welt aufstieg.

Sie zog das gute Sonntagskleid aus, wusch sich Gesicht und Hände in dem eiskalten Wasser, kämmte ihr langes, dichtes Haar, flocht es und steckte es neu auf. Dann zog sie das karierte Wollkleid an, das die Mama für sie in den Schrank auf der Diele gehängt hatte, und schickte sich an, hinunterzugehen, wo nun die Pflichten der Haustochter auf sie warteten.

Vom Dom und den anderen Kirchen der Stadt kam das Geläute der Abendglocken, und alle Dorfkirchen in der Umgebung gaben Antwort, auch Sankt Lubentius in Dietkirchen, dem Dom ebenbürtig an Alter und Würde, grüßte herüber.

Jetzt gingen sie in Nancy je zwei und zwei zum Angelus und Rosenkranz in die Kapelle, gefolgt von Mère Céleste, fiel Paula ein, und eine Welle von Heimweh schwemmte für Augenblicke jeden anderen Gedanken hinweg, während sie den *Engel des Herrn* betete. Aber dann war mit den Stimmen der Glocken plötzlich auch Mère Célestes geliebte Stimme bei ihr in dem kalten Zimmer. „Geduld!“ sagte sie, wie sie es so oft gesagt hatte; und wie so oft schüttelte Paula verlegen lächelnd den Kopf. „Geduld ist keine hervorstechende Eigenschaft meiner Familie, ma mère!“ Nur der Papa war geduldig, wie hätte er sonst auch Richter sein können!

„. . . aber du wirst nun zeigen müssen, was du bei uns gelernt hast, ma petite Paulette!“ sagte die Stimme, und nun war darin die sanfte Unerbittlichkeit, gegen die es keinen Widerspruch gab.

„Oui, ma mère“, antwortete Paula, bereit, das neue Leben zu beginnen.

ZWEITES KAPITEL

Am Tag nach Dreikönig, dem ersten Schultag nach den Weihnachtsferien, ging Adolf zum erstenmal in der Morgenfrühe zum Dom hinauf, um die Angelusglocke zu läuten und bei der Messe zu dienen.

Die schönen Ferien waren vorbei, nun fing der Ernst des Lebens wieder an. Der Silvesterabend war, wie jedes Jahr, mit einem Schwarm von Verwandten und Freunden im Amtshaus gefeiert worden. Zwei Tage vorher schon hatten die Frauen dafür in der Küche gewerkelt, denn an dem Abend selbst gab es nur ein kaltes Buffet, damit die Mädchen freihaben konnten, um tanzen zu gehen. Der große Silvestersalat mußte ohnehin am Tage vorher gemacht werden, damit er gut durchgezogen war. Paula hatte den Tanten bei der unendlichen Schnippelei geholfen. Sie saßen zu dreien an dem blankgescheuerten Küchentisch und schnitten den kalten Kalbsbraten in schmale Streifen, die Äpfel und Sellerieknollen, harte Eier und gut gewässerte Salzheringe, Rote Rüben und Gurken und die länglichen Nierenkartoffeln, die jedes Jahr dafür im Garten gezogen wurden. Nüsse wurden geknackt und gehackt, denn auch die gehörten in den Salat. Der schwarze Eisenherd glühte. Es wurden Windbeutel und Käsestangen und Weißbrot gebacken. Der Amtmann und Onkel Emmerich verhandelten eingehend über die Wahl der Weine. Am Tage selbst füllte die Mama große Schalen mit den Resten des Weihnachtsgebäcks, mit Zimtsternen und Mandelbrot, Honigkuchen, Buttergebäck, Pfeffernüssen und Haselnußmakronen. Die Brüder bekamen ihren Anteil vorher ausgeliefert, einen Teller voll jeder, denn wer konnte sagen, ob die Gäste etwas übriglassen würden.

Der große Salon neben dem Wohnzimmer war geöffnet

und die Hüllen von den Möbeln genommen worden. In den Prismen des Kronleuchters spiegelte sich vielfarbig das Licht von vierzig Kerzen. Bis lange nach Mitternacht wurde gefeiert, und am Neujahrstag trafen sich dann alle wieder zum Hochamt im Dom.

Gestern nun waren die Heiligen Drei Könige durch das Städtchen gezogen, die gleichen altbekannten Gestalten wie jedes Jahr am 6. Januar. Sie gingen von Haus zu Haus, sangen fromm die endlosen Strophen ihres Liedes, sammelten ein paar Kreuzer ein und mußten sich dann der großen Kälte und der anstrengenden Frömmigkeit wegen in jedem Wirtshaus, das an ihrem Weg lag, ein wenig stärken und aufwärmen. Ach, sie waren von Natur weder heilig noch königlich noch weise, niemand hielt sie dafür, sie selbst am allerwenigsten. Dennoch war an diesem einen Tag im Jahr unter dem Mantel aus abgeschabtem Samt, dem Burnus aus geflickten Bettlaken, einem Stück zerschlissenem Brokat ein wenig Glanz aus alten Legenden um sie. Der Stern von Goldpapier schwankte über ihren Köpfen mit den verbogenen Kronen. Immer abenteuerlicher schwankte der Stern, je weiter der Abend vorschritt, je rauher die Altmännerkehlen wurden. Es gab böse Zungen, die über sie lästerten, aber jeder hätte sie vermißt, wären sie am Dreikönigsabend nicht durch die Straßen gezogen. Sie gehörten zum Jahresablauf, sie waren, wenn auch selber nicht ehrwürdig, doch eine ehrwürdige Erscheinung, ein Teil des feststehenden frommen Ritus, der das Leben gliederte und bestimmte.

Adolf war an diesem Wintermorgen schon wach gewesen, als die Uhr vom Sankt-Georgs-Dom einen einzigen sonoren Schlag über die schlafende Stadt hinsang – ein Viertel nach fünf. Es wäre nicht nötig gewesen, daß im gleichen Augenblick die Mama von unten mit dem immer bereitstehenden Besenstiel an die Decke klopfte.

„Gehst du mit mir in die Frühmess?“ hatte Adolf

gestern abend die Schwester gefragt. Aber heute war der Tag, an dem Brot gebacken wurde, und Paula sollte zum erstenmal selbst den Teig ansetzen.

Im Zimmer der Buben standen zwei Betten an jeder Längswand. August und Georg schliefen noch fest an der gegenüberliegenden Wand. Ferdinand und Karl lagen zusammen in *einem* Bett auf Adolfs Seite. Sie hatten es gut, im Winter besonders: zu zweien wurde man schneller warm als allein. Dafür hatte Adolf seinen Hund als Fußwärmer, wenn auch durchaus nicht offiziell. Ein alter Teppich lag für den Aquarius neben seinem Bett, aber jeden Abend, sobald die Mama mit den Söhnen gebetet, gute Nacht gesagt und die Kerze gelöscht hatte, sprang der Hund zu Adolf herauf, kuschelte seinen Kopf in die Achselhöhle des Jungen, und sie schliefen friedlich zusammen ein.

„Du kannst nit mit heut", sagte Adolf, als er im Dunkeln nach seinen Kleidern tastete. „In die Kirch darfste nit, un drausse is es zu kalt." Der Hund verstand ihn, er verstand alles, was sein Herr sagte. Dem Nachkommen vieler Generationen von Hirtenhunden lag es im Blut, jedem Wort, jedem Wink zu folgen.

Das Hemd, das die Mama jeden Samstag abend mit der übrigen frischen Unterwäsche für die Buben herauslegte, wurde Tag und Nacht getragen – eine wohltätige Einrichtung, denn so brauchte man morgens nicht in ein kaltes Hemd zu schlüpfen und konnte etwas von der tröstlichen Bettwärme mit in die kalte Welt hinausnehmen. Adolf zog die langen Unterhosen an, die schwarzen, handgestrickten Strümpfe, dann den dicken Winteranzug, und fertig war die Morgentoilette. Die gründliche Wäsche fand im Winter abends im Waschhaus neben der Küche statt, von der noch ein wenig Herdwärme herüberstrahlte. Samtags wurde der kupferne Waschkessel geheizt, und alle Familienmitglieder badeten in einem großen Waschzuber. Immer wieder mußte Holwein frisches Holz aus dem Schuppen hereinschleppen;

immer wieder hatte er abwechselnd mit den Mägden und den Buben zur Pumpe zu laufen und die Wassereimer neu zu füllen. Der Samstag war ein Tag des Verdrusses für Holwein.

Adolf fuhr sich schnell einmal mit dem Waschlappen durchs Gesicht (er war gefroren und knisterte bösartig) und mit dem Kamm durch die Haare. Die Kerze anzünden durfte er nicht, das hätte die Brüder gestört, die noch nicht aufzustehen brauchten. Wer erwachsen genug war, morgens zum Läuten zu gehen, zog sich im Dunkeln an, das war abgemacht. Bisher waren es nur August und Georg gewesen. Nun durfte Adolf abwechselnd mit den großen Brüdern jede dritte Woche allein den Weg zum Dom hinauf machen.

Er schlang den gestrickten Schal um den Hals und schlich mit den Schuhen in der Hand die Treppe hinunter. Auf der Diele im Erdgeschoß standen zwei Bänke, eine vor des Vaters Amtszimmer, eine vor dem Verhandlungssaal. Weiter hinten war die Kanzlei, wo die jungen Accessisten mit ihren Federkielen in dicke Schweinslederfolianten oder auf Papier mit dem eingeprägten Wappen des Herzogs schrieben und wo die Aktenschränke bis zur Decke hinaufgingen. Gleich neben der Haustür hatte das Faktotum Holwein sein Zimmer, aber da rührte sich noch nichts.

Adolf setzte sich auf eine der Bänke und schnürte sich die hohen Stiefel zu. Von dem Verschlag unter der Treppe kamen die schweren Atemzüge eines Schlafenden. Da wurde zuweilen über Nacht ein Verdächtiger eingesperrt, den spät am Abend noch der Gendarm Wittich oder der Nachtwächter aufgegriffen hatte und den der Amtmann früh am nächsten Morgen verhören würde.

Als der Junge aus der Haustür trat, stand der Januarmorgen grimmig kalt über Fluß und Tal und Stadt. Er zog die Schultern hoch, kroch mit dem Kinn tiefer in die Falten des wollenen Schals und grub die Hände in die Hosentaschen. Mäntel trugen und besaßen die Schuljungen nicht.

Selbst die reichen Trombettas, die welche besaßen, zogen sie nur sonntags in die Kirche an.

Schnell stieg Adolf die steile Gasse hinauf, die vom Amtshaus zum Dom führte. In einigen der niederen Kleinleutehäuser flackerte schon Kerzenlicht. Niemand ließ es sich einfallen, morgens die Lampe anzuzünden; das teure Petroleum wurde für die langen Winterabende gespart.

Wo die Gasse sich öffnete, tat sich plötzlich der große Nachthimmel auf, mondlos und verhangen. Der scharfe Frühwind, der das Flußtal herunterkam, fiel den Jungen an, als hätte er auf ihn gewartet, biß ihn in die Backen und trieb ihm das Wasser in die Augen. Die Straße war jetzt breit; sie führte in gerader Linie auf das Domportal zu. Links zog sich die Friedhofsmauer hin. „Wer an der Friedhofsmauer läuft, ist ein Feigling“, hatte Georg gesagt, als Adolf ihn in den Weihnachtsferien einmal begleitet hatte. Und „Ich lauf nit!“ sagte er halblaut vor sich hin, aber unversehens ging er doch noch schneller und sah stramm nach rechts. Wußte man denn, was man zu sehen bekam, wenn man nach links blickte, wo um diese Stunde die Kreuze als dunklere Flecken in der wolligen Dunkelheit standen und zwischen den Grabhügeln Morgendunst und Nachtschatten miteinander tanzten? Die Babett hatte oft genug von grausigen Dingen erzählt, die Leuten begegnet waren, wenn sie bei Nacht am Friedhof vorbeigingen. Wer hätte das besser wissen sollen als die Babett, die Uralte, die mit den Seelen der Abgeschiedenen sprach wie mit Gegenwärtigen. Die Armen Seelen, die noch im Fegefeuer schmachteten, weckten sie oft aus ihrem leichten Altfrauenschlaf und gaben sich nicht zufrieden, ehe sie ein Vaterunser für sie gebetet hatte. Keine Nacht, in der sie sich nicht durch Pochen an der Bettlade und Knistern im Gebälk bemerkbar machten. „Ich hab soviel Bekannte unter ihne“, sagte die Babett. „Helf ich ihne jetzt, helfe sie mir später.“

Schon hatte Adolf die kleine Steinpforte erreicht, hinter

der die Stränge der Frühglocke hingen. War er erst im geweihten Raum, dann konnte ihm kein Spuk mehr etwas antun. Der Schlüssel lag in der Mauernische, verborgen in den Gewandfalten eines steinernen Heiligen. Adolf schloß schnell auf, tastete nach Feuerzeug und Kerze, und als der Docht Feuer fing und die Flamme hell aufflackerte, blieb alles Gruseln zurück, das er draußen deutlich im Rücken gefühlt hatte. Es war gut, den rauhen Hanf des Glockenseils in seinen Händen zu spüren. Die Glocke antwortete ihm; klar und schön fielen drei Glockenschläge durch den Schacht des Turmes herab. Droben wurden die Dohlen wach und in der Stadt die Menschen. Adolf wußte genau, wie es gemacht wurde. Unter Aufsicht der großen Brüder hatte er schon mehr als einmal geläutet; heute tat er es zum erstenmal ganz allein.

Der Türmer Michel Anderwand, der hoch droben in seiner Turmstube hauste, benachbart den Dohlen und dem Himmel, würde horchen, ob alles seine Richtigkeit hatte. Er war alt, und das Reißen plagte ihn grausam, darum hatten ihm die Herren des Domkapitels erlaubt, sich einen Ersatzmann für das Morgenläuten zu suchen, als vor zwei Jahren seine Frau gestorben war. Der Michel kannte die fünf Amtmannsbuben von klein auf, und auch den Amtmann selber. Der stieg zuweilen die vielen Stufen zu ihm herauf, um sich die Welt von oben anzusehen. „Da versteht man manches besser", sagte er zu dem Michel, der jedes Dach da unten kannte und jede Menschenseele unter den Dächern. Er läutete ihnen zu Geburt und Taufe und Tod, und er wußte Bescheid. Seit fast vierzig Jahren hatte er von da droben die Stadt bewacht. Seine Wahl für das Läuten war auf August gefallen, den ruhigen und zuverlässigen. Georg, der nie ruhte, bis er es in allem dem Bruder gleich tat, löste ihn vom zweiten Jahr an ab. Und nun durfte Adolf die Ehre und das frühe Aufstehen mit den großen Brüdern teilen. Er hatte sich gewundert, daß sie seinen

Bitten schließlich nachgegeben hatten. Seitdem er heute zum erstenmal allein den Weg durch Dunkelheit und Kälte am Friedhof entlang gemacht hatte, wunderte er sich viel weniger.

Dreimal drei Doppelklänge, eine kurze Pause zwischen jedem, als hielte die Welt den Atem an bei der Botschaft des Engels – dann das jubilierende Morgenlied der Glocke. – Das Läuten machte Adolf froh, aber als er nun in die Sakristei hinüberging, war ihm etwas unbehaglich zumute. Der Pfarrer Müller war ein strenger Herr, der ihm jeden Fehler schwarz ankreiden würde. Er kannte ihn seit drei Jahren als Religionslehrer und Beichtvater, und als Religionslehrer jedenfalls war er ein heiliger Schrecken. Man brauchte nur eine einzige Frage aus dem Katechismus nicht wie aus der Pistole geschossen zu beantworten, und *richtig* zu beantworten, schon hieß es nachsitzen, und nicht nur das. Es gab drei Schläge mit dem Lineal auf die zusammengelegten Fingerspitzen, und wenn es ganz schlimm kam, dann gab es eine Tracht auf den Hosenboden mit dem Haselstecken, der immer neben dem Pult stand. Adolf seufzte. Georg hatte gesagt, der Pfarrer Müller läse seit Weihnachten die Frühmesse im Dom.

Aber als Adolf in die Sakristei kam, kniete da ein unbekannter junger Kaplan auf dem Betstuhl und las in seinem Brevier. Seine Hände und seine Nasenspitze waren blau vor Kälte. Adolf fühlte eine große Erleichterung und ging auf Zehenspitzen umher, um den betenden jungen Priester nicht zu stören. Er nahm die Meßgewänder der Weihnachtszeit heraus und legte sie bereit, darauf Zingulum, Albe und Schultertuch. Dann schlüpfte er selbst in seinen roten Rock und das weiße Chorhemd und ging in den Dom hinüber, um auf einem Seitenaltar die Kerzen anzuzünden. In den vorderen Bänken knieten ein paar Frauen; die Fransen ihrer Umschlagtücher hingen bis auf den Steinboden hinunter, wo das Licht der Ewigen Lampe eine rote Pfütze gemalt hatte. Der Atem stieg wie weiße Fähnchen aus ihren betenden Mündern.

Der Kaplan stand schon fertig angezogen da, als Adolf wieder in die Sakristei zurückkam. „Guten Morgen, Hochwürden", sagte er. „Ich bin der Adolf aus dem Amtshaus."

„Guten Morgen, Adolf", antwortete der junge Priester so freundlich, als wäre er ein alter Bekannter. „Du heißt sicher nach dem Herzog?"

„Ja, der Herzog is mein Pate, aber mein andern Pate, den Onkel Adolf Waterlo in Montabaur, den kann ich besser leide."

„Ja, auch Paten sind Geschmacksache. Ich bin der Kaplan Knodt. Du kannst deine Eltern von mir grüßen und ausrichten, daß ich ihnen bald meine Visite machen werde. Die Isberts und die Knodts sind ja verwandt. Du bist zwölf Jahre, schätze ich, stimmt's?"

„Im August werd ich dreizehn."

„Tertianer?"

„Ja, Herr Kaplan."

„Da werd ich jetzt dein Religionslehrer, und wahrscheinlich bekomme ich eure Klasse auch in Latein."

„Au, da freun wir uns aber! Un der Herr Pfarrer Müller?"

„Der Herr Pfarrer Müller ist jetzt in Wiesbaden. Und nun laß uns nur noch an die heilige Messe denken, Adolf."

Der Junge nahm das Meßbuch und trug es vor dem Priester her zum Altar. Es war schwer und groß für einen Zwölfjährigen, er konnte kaum darüber hinwegsehen und mußte gut aufpassen, daß er nicht auf den Altarstufen stolperte. Das war ihm einmal bei den Pallottinerinnen passiert, aber da war er erst zehn gewesen. Ein paar von den Schülerinnen hatten gekichert, und hinterher hatten sie es auch noch ihren Brüdern erzählt, und Adolf wurde so lange damit gehänselt, bis er die zwei größten Großmäuler, den Müller Emil und den Bastian Meckel, einmal ordentlich verdrosch. Es wurde ihm angenehm warm bei der Erinnerung an die süße Rache. Aber dann fiel ihm ein, was der Kaplan gesagt hatte, und er gab sich richtig Mühe, nur noch an die heilige Handlung zu denken.

„Lieber Gott, ich danke dir, daß wir einen neuen Religionslehrer bekommen!" betete er. Der Kaplan gefiel ihm. Er bewegte sich so langsam und feierlich, daß es richtig schön anzusehen war, und er sprach so deutlich, daß man jedes der lateinischen Worte verstand und darauf antworten konnte. So ähnlich, meinte Adolf, müsse auch sein Bruder August aussehen und zelebrieren, falls er Priester würde. Aber wahrscheinlich hatte er das nicht vor, denn in seinem Kopf war nichts als Weltgeschichte. Die Brüder und Freunde hatten unter seiner Führung von den Ägyptern, Griechen, Persern und Römern an ziemlich alle Geschichtsperioden in ihren sommerlichen Spielen durchlaufen. Sie fanden, daß das mehr Spaß mache als das ewige Räuber-und-Gendarm-Spielen, wie es schon seit Jahrzehnten bei der Schuljugend in Schwung gewesen war. Selbst so berühmte Räuber wie der Schinderhannes konnten auf die Dauer langweilig werden. Aber wenn August abwechselnd Alexander, Theseus, Hannibal oder Cäsar war und die ganze Bubenhorde aus dem Brückenviertel als glorreicher Feldherr bis in den Hindukusch, nach Kreta, über die Alpen oder nach Gallien führte, Mann! dann war von Langweile keine Rede. Die Domfelsen, die steil zum Amtshausgarten abfielen, konnten gut jedes Gebirge der Erde darstellen, und die Lahn alle sieben Weltmeere. Adolfs Lieblingsperiode aber war das ritterliche Mittelalter. Als Walter von der Vogelweide oder der Tannhäuser von Burg zu Burg zu ziehen mit der Harfe oder Laute als einzigem Gepäck, Lieder zu singen, alte Sagen zu erzählen, das wäre ein Beruf für ihn gewesen. Für verfolgte Unschuld Turniere zu fechten; Drachen zu besiegen, die mit Jungfrauen gefüttert wurden; mit dem Jagdfalken auf der Faust durch endlose Wälder zu reiten – wie gut hatten es die Menschen damals gehabt! Aber jetzt war alles so schrecklich modern, daß es kaum auszuhalten war für einen Jungen mit Abenteurerlust. – O liebe Güte! Nun waren ihm seine Gedanken doch wieder durchgegangen, er mußte froh sein, daß er bei der Messe keinen Fehler gemacht hatte.

„Du hast es gut gemacht, Adolf", lobte der junge Kaplan, als sie sich verabschiedeten, und Adolf wurde rot vor Freude. Aber nun hatte er es eilig, heim und zu seinem Frühstück zu kommen. Die Dämmerung stand jetzt grau über dem Flußtal mit einer ersten Andeutung von Tageslicht. Adolf sah etwas huschen am Fuß der Friedhofsmauer, und trotz aller Eile bückte er sich und tastete mit den Händen. Es war nichts Huschendes, entdeckte er, es war etwas Flatterndes. Ein Vogel? Eine Fledermaus? Ja – ein verletzter oder halb erfrorener Vogel, der nicht imstande war, aufzufliegen. Adolf zog schnell die Fäustlinge aus und griff nach dem Tier. Behutsam, aber fest legte er seine Hände über den Vogel, dessen einer Flügel schlaff herabhing. Ein scharfer Schnabel fuhr ihm in den Daumenballen; Krallen hakten sich in seine Hand. Adolf wurde plötzlich heiß bei aller Kälte. Ein Raubvogel! Wenn es ein Falke wäre!

„Stell dich nit so an", beschwichtigte er das wilde Ding und leckte sich das Blut von der Hand. „Dummer Kerl! Wenn ich dich da liege laß, frißt dich die Katz, und die Krähe picke dir die Auge aus."

Er schob den Vogel unter seine Jacke und hielt ihn mit einer Hand fest, damit er sich in seiner wütenden Gegenwehr nicht noch mehr verletzte. Dann lief er in großen Sprüngen die steile Gasse hinunter. In einer der leeren Boxen im Stall stand noch der Käfig von Tante Stinas verstorbenem Papagei. Dahinein setzte er den Vogel, der noch einmal gehässig nach seiner Hand hackte, dann auf den Boden des Käfigs sank und erschöpft liegenblieb.

Als Adolf ins Haus kam, saß schon ein Mann auf der Bank

vor dem Zimmer des Vaters, ein dunkler, magerer Kerl, der nicht aufblickte, als der Junge guten Morgen sagte. Das war wohl der, der die Nacht auf der Pritsche im Treppenverschlag geschlafen hatte. Holwein legte gerade den Ofen an, der von der Diele aus alle Amtsräume heizte; dabei hatte er ein wachsames Auge auf den unheimlichen Gast.

Aquarius kam die Treppe herunter, um seinen Herrn zu begrüßen; es war immer wieder die gleiche stürmische Freude, wenn er ihn nach kurzen Trennungen wiedersah, als könne er nie ganz sicher sein, daß Adolf nicht für immer aus seinem Leben verschwunden war.

Die Familie saß schon am Frühstückstisch im Wohnzimmer, das gleichzeitig als Eßzimmer diente. Nur die Tanten fehlten; sie frühstückten im Winter im Bett, damit sie nicht herausbrauchten, ehe das Haus erwärmt war. Adolf setzte sich schnell an seinen Platz, und der Hund legte sich unter seinen Stuhl. Er hatte längst gelernt, daß er im Wohnzimmer nur geduldet wurde, wenn er sich mäuschenstill verhielt.

„Wie war's?“ fragte die Mama. „Hast du alles richtig gemacht?“

„Tadellos“, sagte Adolf. „Und was meint ihr, der neue Kaplan heißt Knodt und sagt, er wär verwandt mit uns und tät euch bald besuche komme. Wir bekomme ihn als Religionslehrer und vielleicht auch in Latein. Buwe, hawwe wir Glück, daß wir den Müller los sin!“

„Wen?“ fragte der Papa.

„Den Herrn Pfarrer Müller. Er is jetzt in Wiesbade.“

Die Brüder wollten mehr über den neuen Kaplan wissen, und Onkel Emmo sagte, er gehöre sicher der Familie des verstorbenen Kanonikus Knodt an, mit der die Isberts verschwägert waren.

Am Kopfende des Tisches saß der Papa, glatt rasiert,

im hohen Vatermörderkragen mit der breiten schwarzen Binde. Andere Väter trugen zimtfarbene oder pflaumenblaue Fräcke, aber ihren Vater kannten die Kinder nur in Schwarz. Nur wenn er zu Hofe ging, zog er den blauen, goldbestickten Rock der herzoglichen Räte an, mit den beiden Ordenssternen auf der Brust, dem kleinen Dreispitz unterm Arm und dem kurzen Degen an der Seite. In seinem dichten dunklen Haar war noch keine Spur von Weiß, obwohl er sich schon den sechzig näherte.

Die Mutter hatte ihren Platz ihm gegenüber. Vor ihr lag ein Berg deftiger Brotscheiben, die strich sie eine nach der anderen mit Butter, gerecht bis an den äußersten Rand, dabei aber mit großer Geschicklichkeit die Löcher in dem hausbackenen Brot überspringend, damit nicht soviel von der teuren Butter darin hängenblieb. Die Kinder durften wählen, ob sie Butter oder Pflaumenmus zum Frühstück haben wollten, beides zusammen gab es höchstens an Sonn- und Feiertagen.

Adolf dachte an nichts anderes als an den kranken Vogel, während er sein Brot aß und die heiße Milch dazu trank. Ob er es fertigbringen würde, den gebrochenen Flügel zu heilen?

„Iß, Adolf, und träume nicht", sagte die Mama, als er eine Weile ohne zu kauen vor sich hinstarrte. „Was hast du denn mit deiner Hand gemacht? Du blutest ja?"

„Och, nix Besonderes", sagt Adolf, und zum Glück fiel der Mama gleich etwas anderes ein. „Paula, Karlchen hat keine Milch mehr."

Paula beeilte sich, Karls Becher neu zu füllen. Sie vergaß immer wieder, daß sie die beiden Kleinen bei Tisch mit versorgen sollte, und übrigens fand sie, Karl hätte sich selber melden können: er war doch sonst nicht auf den Mund gefallen.

„Könntest du mir später Paula eine Stunde zum Schreiben hinunterschicken?" fragte der Papa. Er litt an Schreibkrampf, und sie war die einzige der Geschwister, die eine deutliche Schrift schrieb. Die Brüder hatten allesamt eine entsetzliche Klaue. Für Paula gab es nichts Schöneres, als sich aus dem Trubel des Haushalts für eine Weile in das stille Zimmer des Vaters zu flüchten.

„Sobald sie mit dem Brot fertig ist, Jacob", sagte die Mama. „Es kommt jetzt in den Ofen, und während es bäckt, kann sie Betten machen und bei den Tanten Staub wischen."

Der Amtmann nickte. „Den Mann schick ich dir später in die Küche, nachdem ich mit ihm gesprochen habe." Die Eltern hatten anscheinend in aller Frühe schon ein Gespräch geführt, das jetzt fortgesetzt wurde.

„War's wirklich nötig, daß dich der Wittich mitten in der Nacht aufgeweckt hat wegen dem Landstreicher?" fragte die Mama.

„Doch, das war es. Wittich konnte nicht die Verantwortung übernehmen, den offenbar kranken Mann in den Brückenturm zu sperren. Hätt er ihn nicht in dem Heuschober hinter der Mühle gefunden, dann wär er heut nacht erfroren. Wir hatten fünfzehn Grad unter Null. Er hustet, und außerdem scheint er verletzt zu sein. Er brauchte dringend einen Schluck Branntwein. – Gib ihm ein ordentliches Frühstück und ein Glas heiße Milch mit Honig."

„Und dann?"

„Wir werden sehen. Jedenfalls denke ich nicht daran, ihn in diesem heruntergekommenen Zustand ins Arbeitshaus zu sperren, und ich werde ihn auch nicht über die Landesgrenze abschieben."

„Und doch sind das die beiden Möglichkeiten, die das Gesetz vorschreibt bei Landstreicherei, wenn ich nicht irre."

„Du irrst nicht", sagte der Amtmann in bester Laune. Nichts amüsierte ihn mehr, als wenn seine Frau sich über juristische Fragen äußerte. „Aber das Gesetz ist für die Menschen da, nicht die Menschen fürs Gesetz. Der Mann muß für den Winter ein Dach überm Kopf haben. Was sage ich, Mann! Er ist ein Junge, neunzehn höchstens, ein Zigeuner, vermute ich. Wahrscheinlich ist er aus irgendeinem Grund von seinem Stamm ausgeschlossen worden."

Die Buben hörten aufmerksam zu. Die Mutter schwieg.

„Du klagst doch immer, daß der Holwein nie genug Zeit hat für alles, was er im Haus und Hof helfen sollte. Nun, die Knechtskammer hinterm Stall steht leer, und wenn der Zigeuner sich erst erholt hat, kann er sich im Stall nützlich machen. Solange er Unterkunft und sein Essen hat, braucht er nicht zu stehlen, und damit ist schon viel gewonnen. Wenn man einen so jungen Burschen ins Gefängnis steckt, verdirbt man mehr, als man gut macht. – Ich verlaß mich auf dich, Margarete."

Die Mutter stand auf und strich sich die Falten ihres weiten Rockes glatt. Sie hatte auf einmal ein kleines Lächeln um die Augen, das sich wie in einem Spiegel in denen des Vaters wiederholte.

„Zeit für euch, Buben!" sagte sie. „Oder wollt ihr am ersten Schultag gleich zu spät kommen? – Paula, jeder bekommt einen Wasserweck und einen Apfel zum Zehnuhr mit. Sieh nach, ob die zwei Kleinen saubere Taschentücher haben, und dann setz dein Brot in den Ofen. Leg erst ein Stück Papier in die Röhre, wenn's hellbraun wird, ist die Hitze richtig."

„Ja, Mama." Paula sah müde aus. Adolf strich ihr im Vorbeigehen schnell einmal über die glatten Haare. „Ich muß dir was erzähle", flüsterte er ihr ins Ohr. Für sein Leben gern hätte er schnell noch einmal nach dem Vogel gesehen. Er hatte noch kein Wort zu den Brüdern darüber gesagt. Wenn ihm etwas wichtig war, sprach er nicht gern in Gegenwart von Georg davon, der sich bei jeder Gelegenheit über ihn lustig machte. All seine Gedanken waren bei dem Vogel. Wäre er vielleicht doch wieder aufgeflogen, wenn er ihn nicht gehascht hätte? Nein, dann hätte ihn die

Katze erwischt, widersprach er der anklagenden Stimme seines Gewissens. – Nun und? antwortete die Stimme. Vielleicht wäre ein schneller Tod gnädiger gewesen für den freien Raubvogel als Gefangenschaft.

Aquarius lief mit den Brüdern wie jeden Morgen auf dem Schulweg. Es störte ihn immer wieder, wenn sich Ferdinand und Karl schon an der ersten Ecke von den großen Brüdern trennten. Sie gingen noch in die Elementarschule, die Großen ins Gymnasium. Jeden Morgen wieder guckte Aquarius fragend zu seinem Herrn auf, ob er nicht seinem Hirtenhund-Instinkt folgen und die Herde schön beieinanderhalten sollte. Es war so leicht, er brauchte die Ausreißer nur ein wenig ins Bein zu zwicken, und sie wußten, daß sie dabeizubleiben hatten. Aber Adolf schüttelte den Kopf: „Komm Aqua. Laß die zwei."

Es wurde jetzt bald ein Jahr, daß er den Hund bei Hochwasser aus dem Fluß gezogen hatte, als er, an die Reste seiner Hütte angebunden, jämmerlich winselnd in den lehmigen Wellen der Lahn am Amtshausgarten vorübergetrieben war. An einem kalten, windigen Märztag war es gewesen, und alle Nebenflüsse der Lahn waren von der Schneeschmelze in den Bergen und den heftigen Regenfällen angeschwollen. Ohne einen Augenblick zu überlegen, war Adolf mit Schuhen und Kleidern in das reißende Wasser, das den Uferweg überschwemmt hatte, erst gewatet, dann, als er keinen Boden mehr unter den Füßen hatte, geschwommen und hatte den Hund an Land gezogen. Die Brüder begleiteten vom Ufer aus das Unternehmen mit lautem Schreien und guten Ratschlägen: „Mensch, paß auf, daß dich der Balke nit erwischt! – Mehr rechts rüber. Ja! – Jetzt kannste'n packe. Streif 's Halsband ab! – So!" Stangen und hilfreiche Hände streckten sich ihm entgegen, als er selber triefend das triefende, wasserspeiende Tier ans glitschige Ufer zog. Seitdem wäre der Hund für ihn durchs Feuer gegangen, aber durchs Wasser nicht. Davor hatte er seit diesem Abenteuer eine unüberwindliche Abneigung. Für Adolf setzte es dabei eine ordentliche Tracht Prügel, hauptsächlich wegen der verdorbenen Kleider, und auch weil er sich so leichtsinnig in Lebensgefahr begeben hatte. Aber was hieß schon Lebensgefahr für einen Buben, der am Wasser aufgewachsen war und wie ein Otter schwamm? Und was für ein erbärmlicher Schlappschwanz hätte man sein müssen, wenn man einen armen Hund einfach hätte ersaufen lassen!

„Untersteh dich und bekomme auch noch Lungenentzündung!" hatte die Mama gesagt. „Und bilde dir ja nicht ein, daß ich einen Hund im Haus dulden werde."

So war Aquarius zunächst in den Stall gezogen, aber eine ideale Lösung war das nicht, das mußte auch die Mama einsehen. Es kam nur dabei heraus, daß Adolf praktisch ebenfalls im Stall wohnte. Stillschweigend wurde schließlich dem Aquarius Familienanschluß gewährt, nachdem alle Nachforschungen nach seinem rechtmäßigen Besitzer erfolglos geblieben waren. Der Amtmann hatte darauf bestanden, daß eine Anzeige in die Limburger Zeitung gesetzt wurde, und Adolf hatte ein paar schlaflose Nächte verbracht vor lauter Angst, daß sich jemand melden könnte. Es meldete sich niemand, und Aqua war Adolfs Hund geworden, obwohl er im Anfang oft wie suchend umherlief und manchmal im Schlaf tief aufseufzte.

„Ein Zigeuner hat der Papa gesagt, habt ihr's gehört", sagte August diesen Morgen auf dem Schulweg.

„Den werd ich mal ausfrage nach der Vagabundesprach un dene Zeiche, die wo se de Leut an die Haustür mache", sagte Georg.

„Was für Zeiche?" fragte Adolf.

Georg warf dem Bruder einen mitleidigen Blick zu. „Dich hawwe se als Kind auf de Kopp falle lasse. Noch nie was von Gaunerzeiche gehört? Die mache sie doch mit

Kreide oder Kohle ans Hoftor, damit die andern, die nach ihne komme, sehn: da kriegt einer was, da hat die Hausfrau en Herz für en arme Deiwel. Oder: da wern die Hund auf ein gehetzt."

„Gemeinheit, Hund auf ein zu hetze!" Adolf war immer bereit, die Partei des Unterlegenen zu ergreifen.

Aber August fand, daß man sich doch gegen Diebespack schützen müsse. „Habt ihr nit gehört, wie die Mama neulich gesagt hat: die drehn em Hinkel de Hals erum, eh's gack sage kann. Un die Zigeuner, die mache mit em Hinkel nit Schluß, die nehme auch en Gaul oder en Kalb mit, wenn's grad paßt. De Gäul stutze sie die Schwänz un die Mähn un mache sie zurecht, daß sie ihr eige Mutter nit wiedererkenne tät auf'm Viehmarkt. Bei dene Brüder is Stehle e Wisseschaft, die kleine Kinner kriege's schon beigebracht."

„Die sin mit alle Wasser gewasche", sagte Georg anerkennend. „Wißt ihr noch, wie sie vorig Jahr den Braune vom Wiesehof geklaut hawwe?"

„Aber drei Tag drauf sin se doch geschnappt worde", warf Adolf ein. „Un en Dreck hat's ihne geholfe, daß sie dem Gaul zwei weiße Füß angeschmiert un sei Bläss mit Schuhwichs zugemalt hawwe."

„Un der Papa hat se verknackt, drei Woche auf'm Wiesehof zu schaffe, statt se ins Spinnhaus zu schicke", erinnerte sich August, voller Bewunderung für die höchst persönliche Rechtsprechung des Vaters.

„Die Jauchegrub mußte sie auspumpe un de Puddel aufs Feld fahrn", kicherte Georg.

„Das war dem Wiesebauer lieber, als wenn sie hätte brumme müsse, gell?"

Inzwischen waren sie in der Nähe des Gymnasiums angelangt, und von allen Seiten stießen Kameraden zu ihnen.

„Mach's gut, Aqua", sagte Adolf. „Dich hetze wir nit auf Vagabunde, das steht fest."

DRITTES KAPITEL

Die Brüder waren aus dem Haus, und plötzlich herrschte eine Stille wie nach dem Sturm. Paula stand einen Augenblick da und horchte ihnen nach, schüttelte den Kopf und dachte: liebhaben muß man sie halt doch, die Lauser. Sie ging in die Küche, um ihre Brote in den Ofen zu schieben. „Sind sie auch genug aufgegangen, Kättche?“ fragte sie besorgt. „Müßten sie nicht viel höher sein? Wenn sie nun sitzen bleiben?“

Das Küchenmädchen mußte lachen über die Unerfahrenheit der Haustochter. Sie hatte längst vergessen, wie ungeschickt sie selber gewesen war, als sie vor vier Jahren ins Haus kam; wieviel Tränen es gegeben hatte. „Nur kei Angst, Fräulein Paula“, beruhigte sie. „Die bleiwe nit sitze. Ich könnt sie selwer nit besser mache.“

Paula steckte ein Stück Papier in den Ofen, besah es nach einer Weile, und da es sich schön gebräunt hatte, sagte sie: „So! – Hinein mit euch!“ Es war wie in Schillers Glocke: dem dunklen Schoß der heilgen Erde vertrauen wir der Hände Tat . . . „Gott walt's!“ sagte die Kättche und machte ein Kreuz über die Backofentür.

Aber nun klopfte nebenan das zornige Staccato von Babetts Stock auf den Boden. „Mein Kamilletee! Denkt denn heut morje keiner an mein Kamilletee?“

Paula nahm schnell das blaue Steingutkännchen und die dazugehörige Tasse von der heißen Herdplatte und trug alles zu der Alten hinein. Sie saß in Decken und Schals gehüllt am Fenster, die Füße auf einem angewärmten Stein. Gretel, das Hausmädchen, half ihr jeden Morgen beim Aufstehen und Anziehen. „Hast mir noch nit emal gute Morje gesagt, Mädche“, brummelte sie.

„Guten Morgen, Babett. Als ich heut früh den Brotteig

angesetzt und später geknetet hab, hast du noch fest geschlafen.“

„Geschlafe! Kei Aug hab ich zugetan die ganz Nacht. – Weißte was, ich denk als, ich wär besser aufgehobe im Altersheim. Da hat man immer ne Ansprach, un wenn man aus'm Fenster guckt, sieht man die Leut vorbeigeh un die Post-Chaise vorbeifahrn. Hier seh ich nix wie Wasser un Bäum. Aber ich kann's doch dem Herrn Amtmann nit antu, daß ich fortgeh, so wie der an mir hängt.“

Der Amtmann sah jeden Tag einmal bei der Babett herein; er wußte, was einem alten Herzen wohltat. Trotzdem zweifelte Paula, daß er untröstlich sein würde, wenn sie den Platz im Altfrauenheim der Kirche annehmen würde, den ihr der Herr Pfarrer schon zweimal angeboten hatte. Aber natürlich konnte man ihr den Auszug nicht nahelegen, obwohl sie allmählich doch eine rechte Belastung geworden war. Es gab nichts, wozu sie nicht ihren Senf gab; sie war rechthaberisch, sie war launisch und herrschsüchtig, aber sie gehörte zum Haus, basta.

So, und nun hinauf zum Bettenmachen! Im Schlafzimmer der Eltern wirtschaftete schon die Gretel mit Besen, Wachsdose und dem schweren Blocker für die Parkettböden. Sie war ein starkknochiges Landmädchen mit roten Backen, die blonden Haare trug sie straff nach oben gekämmt und genau in der Mitte des Kopfes zu einem festen Knödel gedreht, den an Sonn- und Feiertagen zum Kirchgang das winzige schwarzseidene Käppchen mit den langen Bändern bedeckte. Ihr weiter, handgewebter Rock mit den vielen abgestuften Unterröcken schwang lustig hin und her bei ihren flinken Bewegungen, darunter kamen die weißen Strümpfe hervor. Neben der feingliedrigen Paula mit der elfenbeinblassen Haut und den großen, dunklen Augen wirkte die Gretel wie einer von den derben, nützlichen Westerwälder Steingutkrügen neben einer durchsichtigen Meißnertasse. Drei Jahre hatte sie im Amtshaus gedient; damals scheute man nicht zurück vor dem Wort „dienen“. Im Herbst würde sie auf den Hof ihrer Eltern bei Dietkirchen zurückkehren und den Sohn eines Nachbarn heiraten, dessen Äcker so gut zu den ihren paßten. Wenn man in die Stadt in Dienst ging, verdiente man sich etwas zur Aussteuer, und alljährlich zu Weihnachten gab es Geschenke in Bett- und Hauswäsche. Die Bäuerinnen aus der Umgebung gaben gern ihre Töchter bei der Frau Amtmann in Dienst. Sie mußten stramm arbeiten, aber sie lernten auch etwas bei der tüchtigen Hausfrau, und sie waren gut behütet.

„Wie stellst du's nur an, Gretel, daß du immer so schöne rote Backen hast?“ fragte Paula beim Bettenmachen. Die Gretel lachte. Sie lachte oder sang den ganzen Tag bei all ihrer Arbeit. „Ei gar nix mach ich. Es is ganz von selwer so. Wisse Sie was, Fräulein Paula? Blaß is viel feiner wie rot. Rote Backe hat jed Bauernmagd.“

Das war kein Trost für Paula. Die Tanten bedauerten sie immer ihrer Blässe und Magerkeit wegen, und sie wußte selber, daß sie anders aussah als zum Beispiel die beiden jungen Mädchen, die mit ihren Eltern an der Silvesterfeier teilgenommen hatten. Wie sie mit den jungen Herren gelacht und sich geneckt hatten bei den Gesellschaftsspielen, und so vergnügt und frisch und reizend waren sie gewesen. Beneidenswert!

Die Brote waren wohlgeraten, die ersten, die sie von A bis Z ganz allein gemacht hatte. Sobald sie ausgekühlt waren, sollte sie einen Laib zu der alten Frau Feiler bringen, die sechs Jahre lang im Amtshaus bei den großen Wäschen geholfen hatte. Jetzt war sie zu alt und krank zum Waschen. Inzwischen langte es Paula gerade zu einer knappen Stunde beim Papa, in dem stillen, nach dem Fluß zu gelegenen Amtszimmer, wo das Bild seiner ersten Frau über dem Schreibtisch hing, die farbige Kreidezeichnung eines sehr jungen Mädchens mit drei gedrehten Locken zu jeder Seite des schmalen Gesichtes. Sie war schön, dachte Paula jedesmal wieder, wenn sie hier saß und für den Vater schrieb. Wie mußte er sie geliebt haben, daß er zehn Jahre wartete, bis er sich entschloß, zum zweitenmal zu heiraten.

Heute bekam sie ein Aktenstück, das dem Herzog eingereicht werden sollte. „Laß dir Zeit", sagte der Papa, und es war schön, sich einmal nicht eilen zu müssen. Gemächlich füllte sie das glatte, schöne Papier mit ihrer klaren Schrift.

„Vielen Dank, Paula", sagte der Papa, als sie ihm den fertigen Brief reichte. „Keiner von den Kanzlisten hat eine so hübsche Schrift wie du, von deinen Brüdern ganz zu schweigen." Es war auch schön, zur Abwechslung einmal gelobt zu werden!

Kurz nach zwölf erschienen die Brüder zum Mittagessen; um zwei mußten sie wieder in der Schule sein. Bei Tisch war die Rede von dem Zigeuner, der inzwischen in der Knechtskammer Quartier bezogen hatte.

„Also tatsächlich ein Zigeuner!" sagte Georg. „Hat er geklaut?"

„Ja, ein Zigeuner", antwortete der Amtmann. „Oder ein Rom, wie er sich selber nennt."

„Bleibt er bei uns?" fragte Karl.

„Einstweilen. Ich bitt mir aus, daß ihr ihn in Ruhe laßt. Der Junge hat eine verschleppte Erkältung und eine Stichwunde in der Hüfte. Wie schlimm, weiß ich nicht: er wollte sie mir nicht zeigen; aber er hinkt ein wenig und preßt die Hand auf die Stelle beim Gehen. Wahrscheinlich mußte er einer Messerstecherei wegen von seinem Stamm weg. Janosch heißt er."

„Wie romantisch!" seufzte Tante Stina, in deren nie veröffentlichten Romanen Zigeuner gelegentlich eine Rolle spielten.

„Willst du dran denken, ihm ein paar saubere Lappen in den Stall zu legen, Margarete", bat der Amtmann. „Und stell auch eine Flasche Arnikatinktur dazu. Vor einem Doktor würde er sofort ausreißen."

„Wie unverständig!“ sagte Tante Rikchen. „Hoffentlich hat der Wittich gründlich nachgesehen, ob er sein Messer nicht mehr bei sich hat. Wie leicht könnte er bei uns im Parterre ins Fenster steigen und uns allen die Hälse abschneiden.“

„Bestimmt käme er erst zu mir“, sagte Onkel Emmerich. „Dann würde ihm Nicki ins Gesicht springen, und ich hätte Zeit, mein altes Rapier von der Wand zu nehmen und mich zu verteidigen. Ich garantiere, daß ihm dann die Lust vergangen wäre, euch zu überfallen.“

„Scherze nicht, Emmo. Es ist noch keine vier Jahre her, seit im Rheinland ein Mord geschehen ist.“

„Wenn ich dächte, der Mann sähe nach einem Raubmörder aus, hätte ich ihn bestimmt nicht ins Haus oder auch nur in den Stall genommen, Rikchen. Außerdem habt ihr ja auch den Klingelzug in unser Schlafzimmer hinauf dicht neben deinem Bett.“

„Wir wollen danken“, sagte die Mama, die sah, daß ihre Buben ungeduldig vor den leergegessenen Tellern saßen. Sie mußten unbedingt noch für eine Stunde aufs Eis, ehe die Schule wieder anfing.

„Gesegnete Mahlzeit!“ riefen sie, nachdem Karl das Gebet gesprochen hatte, und dann ging's mit Hallo die Treppe hinunter. Am Seiteneingang schnallten sie die Schlittschuhe an und stelzten über die hartgefrorenen Gartenwege und durch die untere Mauerpforte auf den Fluß, wo schon ein paar Freunde auf sie warteten. Nur Adolf, sonst der eifrigste Eisläufer, blieb zurück; er hatte heute Wichtigeres zu tun. Von Aqua gefolgt, ging er zum Stall hinüber.

Der Fremde stand in der Box des grauen Wallachs, den die Jungen Silberling getauft hatten. Aqua knurrte leise, war aber sofort still, als Adolf ihn mahnend auf den Kopf klopfte. „In Ordnung, Aqua“, flüsterte er. Der Hund zögerte einen Augenblick, schnupperte und folgte dann seinem Herrn zu den beiden Ziegen, die weiter hinten ihren Stand hatten. Das junge Pferd wieherte hinter Adolf her. Es bewegte unruhig die Ohren, schnaufte laut die Witterung des Fremden ein, und als der Mann ihm mit der flachen Hand über den Hals strich, lief ein Zittern über die glatte Haut.

„Er is gut, wenn man's mit ihm versteht", sagte Adolf. „Silberling heißt er. – Ich muß nach mei'm Vogel gucke."

Der Mann antwortete nicht. Er stand neben dem Pferd und berührte es dann und wann mit der Hand. Adolf mußte daran denken, was die Brüder auf dem Schulweg über Pferdediebe gesagt hatten. Man muß aufpassen, dachte er. Und dann schämte er sich.

In der leeren Box neben dem Stand des Wallachs saß der Vogel auf der untersten Stange des Käfigs, die Federn aufgeplustert, die gelben Augen geradeaus ins Leere gerichtet. Er nahm so wenig Notiz von Adolf wie der Zigeuner.

Der Junge füllte den Trinknapf mit frischem Wasser. Er hatte ein Stück Fleisch von seinem Teller in die Hosentasche geschmuggelt, das schob er jetzt zwischen die Gitterstäbe. Der Vogel rührte sich nicht.

„Stirb nur nit", flüsterte Adolf. „Heute abend bring ich dir ne Maus, wenn ich eine in der Fall find."

Er stand unbeweglich da und sah den Vogel an, die Hand auf dem Kopf seines Hundes, der nicht von seiner Seite wich. Es war ein Wanderfalkenmännchen, was er da gefangen hatte, ein schönes, starkes Tier, mit gelblich gesprenkelter Brust und scharfem Raubvogelschnabel. Aber der rechte Flügel hing lahm herab. Eines Tages, wünschte Adolf mit brennender Inbrunst, würde er wieder gesund sein und ihn dann nicht mehr so hassen. Er wollte ihn zähmen, wie die Ritter ihre Falken gezähmt hatten. Onkel Emmerich hatte zwei Bücher über Falknerei, die würde er ganz genau studieren.

„Der Flügel is gebroche", sagte er über die halbhohe Trennungswand der Boxen zu dem Zigeuner. Das stolze Leiden des Vogels hätte ihm das Herz zersprengt, wenn er mit niemand darüber gesprochen hätte. Der Mann legte den Striegel hin, mit dem er angefangen hatte, das Pferd zu putzen, und kam zu ihm herüber. Der Hund beschnupperte die Hand, die er ihm ruhig hinhielt, machte eine höfliche kleine Bewegung mit der Schwanzspitze, stellte sich aber zwischen den Fremden und seinen Herrn. „Mißtrauisch", sagte der Mann höhnisch und wies mit dem Kinn auf den Hund. „Mißtrauisch wie du." Adolf spürte, wie er rot wurde, und stand atemlos dabei, während der Mann mit zusammengezogenen Brauen den Vogel musterte.

„Janosch!" sagte er flehend. „Ich heiße Adolf." Aber was ging das den Fremden an. Ein Blick traf den Jungen so wild wie der des Falken. „Ja", sagte er. „Flügel kaputt", preßte die Hand auf die Hüfte, als wäre seine Verletzung und die des Vogels eins. Er machte eine wegfegende Handbewegung zur Tür. „Geh!" Silberling wieherte noch einmal, als wolle er Adolf erinnern, daß er noch keinen Apfel bekommen hatte. Adolf ging. Der Hund folgte ihm mit eingezogenem Schwanz.

Die Eltern waren nach Tisch allein im Wohnzimmer geblieben, wie jeden Tag um diese Zeit. Der Amtmann rauchte seine Pfeife, die Mutter hatte eine Näherei vorgenommen. „Ich hab's mir ganz anders vorgestellt mit einer großen Tochter im Haus", sagte sie. „Sie ist noch gar nicht richtig hier mit ihren Gedanken, vergißt alles, macht mehr Fehler als eine neue Magd. Verlange ich denn zuviel von ihr?"

„Wenn du mich fragst, muß ich ja sagen", antwortete der Amtmann. „Laß ihr Zeit. Es ist ihr doch alles noch ganz fremd hier."

„Ja, halt du ihr nur auch noch die Stange!" sagte sie. „Als wär's nicht genug, daß die Tanten mich vorwurfsvoll ansehen und die Babett, das alte Reibeisen, mir ins Gesicht sagt, ich sei zu streng mit dem armen Kind."

„Sie ist kein armes Kind, und wie ich sie kenne, will sie

nichts weniger, als bedauert sein. Aber vergiß nicht, daß sie aus einer anderen Welt kommt. In Nancy gab es keine fünf Brüder, die das Haus bis zum Bersten mit Unruhe füllen, für die sie plötzlich verantwortlich sein, deren Strümpfe sie stopfen, deren Hosen sie flicken und deren Schulaufgaben sie beaufsichtigen soll. Wenigstens die der zwei Kleinen. Wir brauchen uns nicht zu wundern, wenn sie sich zunächst vorkommt, als wäre sie in einen Hexenkessel geraten."

„Manchmal ist es auch ein Hexenkessel", erwiderte Margarete, die blauen Augen glänzend von unterdrückten Tränen. „Wer fragt denn danach, ob ich nicht auch manchmal ein wenig Ruhe nötig hätte."

„*Ich* frage danach, Liebe. Und ist es denn wirklich so, als hättest du nie Ruhe? Sind unsere Abende nicht still und schön, wenn die Kinder schlafen, und wir spielen Schach miteinander oder sitzen einfach behaglich zusammen? Aber auch *mit* den Kindern, wenn wir zusammen singen, oder einer von uns erzählt Geschichten, ehe die Lampe angezündet wird. Und unsere Wanderungen im Sommer, oder die Abende auf der Terrasse am Fluß, wenn wir mit Freunden ein Glas Wein trinken. Möchtest du unser Leben denn anders haben? Bequemere Kinder vielleicht, denn ich gebe zu, bequem ist unsere Brut nicht. Oder nicht ganz so viele? Einen anderen Mann, der dir nicht drei alte Frauen mit in die Ehe gebracht hat, und dir zum Überfluß gelegentlich einen Vagabunden zum Durchfüttern aufhalst? – Hm?"

„Einen anderen Mann!" sagte Margarete, und jetzt funkelte es ganz gefährlich in ihren Augen. „Sag das nie wieder!"

Er hatte die Hände auf ihre Schultern gelegt und sah sie an. „Margarete!"

„Was willst du denn nun noch?"

„Der Junge, der Zigeuner, er hat nämlich doch gestohlen. Er hatte Hunger. Aber bitte, laß es die Buben nicht wissen."

Am nächsten Morgen, als Adolf vor der Schule schnell in den Stall ging, um dem Falken eine fette Maus aus der Speisekammer zu bringen, war der Flügel mit einem Holzspan geschient. Diesmal hatte er auch den Silberling nicht vergessen und ihm einen Apfel mitgebracht, seinen eigenen Zehnuhrapfel, denn die Winteräpfel waren um diese Zeit schon rar. Das Pferd zerknirschte den Apfel und suchte in seinen Taschen nach mehr. Adolf überlegte, ob er sich bei dem Zigeuner bedanken solle, daß er sich des Falken angenommen hatte, da kam Georg in den Stall und fiel mit einem Schwall von Fragen über den Janosch her. Dämliche Fragen nach Zigeunerzeichen und solchem Kram. Adolf war wütend. „Halt die Schnauze!" zischte er dem Bruder zu. „Haste nit gehört, daß der Papa gesagt hat, wir sollen ihn in Ruhe lasse?"

„Du ausgenomme, wie? Was haste denn da wieder für e dreiviertels krepierte Kräh aufgelese?"

„Haha! Du kannst en Falke nit von ere Kräh unterscheide. Der krepiert nit, un wennste platzt."

Janosch war im hinteren Teil des Stalles und füllte bei den Ziegen den Wassertrog nach. Er tat, als gäbe es keinen Georg auf der Welt, was Adolf mit Genugtuung erfüllte. Freilich war auch kein Adolf für ihn da.

An diesem Morgen bekam Adolf von dem netten Kaplan Knodt in der Religionsstunde einen Verweis wegen Unaufmerksamkeit. Es war überhaupt ein Tag der Anfechtungen. Als er am Nachmittag wieder in den Stall kam, um dem Falken ein Stück Fleisch zu bringen (die Maus vom Morgen war verschwunden, ein Zeichen, daß er wenigstens keinen Hungerstreik beabsichtigte), stand da Tante Stina mit Schreibblock und Bleistift und sprach Janosch an, der das Pferd fütterte. Adolf hielt den Atem an. Es kam ihm genauso unmöglich vor, als hätte sie versucht, den Falken plump vertraulich zu streicheln.

„Guten Abend, Janosch", hörte er sie sagen mit ihrer

feinen, damenhaften Stimme. „Würden Sie vielleicht die Freundlichkeit haben, mir ein paar Fragen über das Leben der Zigeuner zu beantworten?“

O ihr Götter! Adolf machte ihr ein Zeichen, still zu sein, zu verduften, in die Erde zu versinken, aber sie verstand es nicht. Und nun kam Janosch aus der Box des Pferdes, knallte die Tür zu, warf auf Tante Stina einen seiner dunklen Blicke, drehte ihr und Adolf den Rücken (auch mir, dachte Adolf unglücklich, auch mir!) und ging wieder in den Hintergrund des Stalles, nicht allein zu den Ziegen diesmal, nein, sogar zu dem Schwein, als könne er damit seinen Abscheu gegen Zudringlichkeit noch deutlicher zeigen.

Es war schon Februar, als Paula eines Abends in ihrem Zimmer saß und mit klammen Händen einen Brief an mère Céleste schrieb. Das runde Eisenöfchen war kalt. Warum sie denn ihre Briefe nicht im behaglich warmen Wohnzimmer schriebe, hatte die Mama gefragt, als sie heute früher als sonst heraufgegangen war. Aber da müßte man schon die eisernen Nerven der Mama haben, rebellierte Paula. Briefe schreiben in Gegenwart dieser überwältigenden Familie! Noch dazu, wenn man dauernd unterbrochen wurde. – „Paula, an meiner Jack baumelt en Knopp!“ – „Du, helf mir doch mal mit der verflixte französische Übersetzung. Wozu habe wir dich nach Frankreich geschickt?“ Das war Georg. Oder die Mama: „Sei doch so gut und hole das heiße Wasser für Vaters Schlummerpunsch herauf; und bring dabei gleich eine Tasse Fencheltee zu Tante Stina. Sie sah beim Abendessen aus, als wäre wieder eine ihrer Erkältungen im Anzug.“

Manchmal las der Papa vor, oder Onkel Emmerich brachte einen Bildband zum Anschauen herauf. Aber Paula hätte lieber für sich allein gelesen; es gab so vieles in der Weltliteratur, das sie noch nicht kannte. Fast alles, dachte sie, sooft sie die Bücher in Onkel Emmos Zimmer beim Abstauben in der Hand hielt. Plötzlich hatte sie ein Eifer ergriffen, als müsse sie nun alles auf einmal verschlingen. Die Mama las oft am Abend, aber sie strickte dabei. Konnte Paula denn nicht stricken beim Lesen? – Nein, auch das gehörte zu den Dingen, die man sie im Kloster nicht gelehrt hatte. Abends in der *Récréation* gab es keine Arbeit mehr; kein Stricken, und schon gar nicht schwarze, dicke, abscheuliche Jungenstrümpfe.

„Ma chère mère", schrieb Paula, „ich habe entdeckt, daß es unmöglich ist, in der *Welt* fromm und gut zu bleiben. Ich jedenfalls kann es nicht. Jeden Tag werde ich ein dutzendmal ungeduldig – mit den Brüdern, mit den Tanten, mit der alten Babett, die immer etwas will, mit der Mama, die so streng ist und soviel von mir verlangt. Abends bei der Gewissenserforschung schäme ich mich dann, daß ich böse und zornige Gedanken hatte. Die Tage sind so mit Unruhe und Pflichten angefüllt, daß nie Zeit bleibt für ein stilles Gebet; von früh bis spät ist man mit Irdischem beschäftigt. Nicht einmal in die heilige Messe gehen kann ich jeden Tag. Denken Sie, jetzt wird ein Kleid für meinen ersten Ball genäht, und oh, ma mère, wenn Sie sehen könnten, wie ausgeschnitten es ist! Die alte Babett, die sich noch an den Hof von König Jérôme erinnert, sagt zwar, das wäre überhaupt kein Ausschnitt, da hätte ich mal die Damen bei den Bällen im Kasseler Schloß sehen sollen. Aber das ist ein halbes Jahrhundert her, und ich habe nicht die mindeste Lust, eine große Dame zu sein, schon gar nicht eine von 1811. Die Tanten aber, die sprechen immer in den höchsten Tönen von der *Impératrice Eugénie,* die sie die schönste Frau des Jahrhunderts nennen. Und warum ist sie so schön? Weil sie jeden Tag ihr Gesicht in Regenwasser oder in Molken wäscht. Woher sollte ich dazu die Zeit nehmen, selbst wenn ich es wollte? Die Kaiserin Eugénie trägt zu den Bällen ein Kleid mit ganz nackten Schultern! Nackte Schultern, ma mère! Was haben wir Mädchen uns für falsche Vorstellungen vom Leben in der Welt gemacht! Wie gut haben es die Postulantinnen im Kloster. Ich wünsche mir, eines Tages zu ihnen zu gehören . . .“

Sie war so in ihren Brief vertieft, daß ihr jetzt erst die Unruhe im Bubenzimmer bewußt wurde. Natürlich, es war ja Vollmond! Auch im Januar waren die Brüder bei Mondschein abends außer Rand und Band geraten. Gleich würde von unten an die Decke geklopft werden und die Stimme der Mama heraufrufen: „Hörst du denn nicht, Paula, daß es bei den Buben Mord und Totschlag gibt?“ Dabei war es sicher nur eine harmlose Kissenschlacht, oder eine dramatische Aufführung frei nach Schiller, wobei nicht viel passieren konnte.

Aber nun kam plötzlich von nebenan ein erschreckend dumpfer Ton, wie von einem schweren Fall. Sie hörte hin und her rennende Schritte, das Patschen nackter Füße über den Flur zur Besenkammer, gedämpftes Rufen – und nun, wie sie es erwartet hatte, das gefürchtete Klopfen von unten. Paula eilte hinüber, und als sie die Tür zum Bubenzimmer öffnete, fand sie sich am Rande eines Schlachtfeldes. Eine der großen Wasserkannen war umgestoßen worden, ein Kopfkissen schwamm im Wasser, und der Mond betrachtete in unbekümmerter Heiterkeit sein Spiegelbild in der Überschwemmung. August saß wie ein Pascha mit gekreuzten Beinen auf seinem Bett und dirigierte seine Heerscharen. Georg und Adolf versuchten mit Lappen aus der Besenkammer die Flut aufzuwischen. „Auch unter den Betten, Kameraden!“ mahnte August. Ferdinand hielt Karl fest, der mit Händen und Füßen um sich schlug. Er stand da in seinem kurzen Hemd, die Backen glühend von Kampflust und wollte sich mit aller Gewalt auf Georg stürzen, mit dem er augenscheinlich etwas auszufechten hatte. „Der Knabe Karl fängt an, mir fürchterlich zu werden“, sagte August. „Wird abgeführt und füsiliert!“ – Karl tat einen tiefen Atemzug angesichts dieser Drohung, um genügend

Luft zum Brüllen zu haben, aber Georg klatschte ihm den nassen Lappen um die Ohren, und Adolf stürzte herbei, um ihm den Mund zuzuhalten. Wenn die Mama unten ihr Nesthäkchen schreien hörte, kam sie bestimmt herauf, und dann setzte es etwas.

„Ruhe!“ zischte Paula. „Ins Bett mit dir, Karl. Nein, erst muß ich dir die Füße abtrocknen. Seid ihr denn ganz von Sinnen? Laß ihn los, Ferdinand.“

„Geh heim, alt Betschwester“, rief Ferdinand. „Hier is e Männerstubb, da hawwe Mädcher nix zu suche.“

„Männer!“ rief Paula zornig. „Als ob sich Männer nachts mit Kopfkissen bewürfen.“ Sie ergriff den sich sträubenden Karl, bugsierte ihn zu einem Stuhl und fing an, seine nackten, eiskalten Füße trocken zu reiben. „August!“ bat sie, „sprich doch endlich ein Machtwort.“

„Schluß jetzt!“ kam es vom Bett des Sultans. „Macht, daß ihr in die Bette kommt, Mannsleut, sonst kriegt morge die Paula ihr Fett von der Mama, un wir dürfe nit aufs Eis.“

Sie folgten augenblicklich; so plötzlich, als hätte nie eine Schlacht stattgefunden, trat Ruhe ein. Paula wischte noch den Rest der Nässe vom Boden auf. Das Wasser war eisig, und ihre vorher schon kalten Hände fühlten sich an wie abgestorben, als sie endlich wieder in ihr Zimmer zurückkam. An Briefschreiben war nicht mehr zu denken. Sie stand ein paar Minuten am Fenster und sah auf den Fluß hinunter, auf dessen Eisdecke das Mondlicht wie ein Fleck von geschmolzenem Silber lag. Der Narrenmond! dachte sie. In vier Tagen war Fastnachtssonntag, und sie würde mit den Eltern zu ihrem ersten großen Ball im Casino gehen. – Eigentlich war es ganz rührend, wie alle Frauen des Hauses mit Rat und Tat geholfen hatten, sie einigermaßen vorteilhaft herauszuputzen. Das Kleid war aus weißem Schweizer Stickereistoff, den der Händler Isidor, der dreimal jedes Jahr durch Limburg kam, extra für die Frau Rat auf der Frankfurter Messe besorgt hatte. Es hatte schrecklich viel Arbeit gemacht: drei Reihen von dicht gekrausten Volants auf dem vier Meter weiten Rock über der Krinoline aus mit Roßhaar versteiftem Leinen. „Millionen Stiche", sagte Tante Stina, „aber wie wird er beim Tanzen schwingen!" Dazu noch zwei Reihen von kleinen Volants um den Ausschnitt, „das macht sie ein wenig voller", sagte Tante Rikchen. Die von Natur schon so schmale Taille wurde vom Schnürleibchen zusammengehalten, daß sie aussah wie ein Blumenstengel, den ein Windstoß abbrechen konnte.

Es war ein bezauberndes Kleid, das mußte Paula zugeben, wenn sie auch den Ausschnitt immer noch etwas gewagt fand. – Aber freute sie sich denn nun eigentlich auf ihren ersten Ball? Doch, sie spürte schon so etwas wie eine aufgeregte kleine Spannung und Vorfreude, aber mit Sorge gemischt. Denn womöglich würde sie sitzenbleiben, weil sie so dünn und blaß war, und wie peinlich wäre das für die Ihren! Die zweite beunruhigende Möglichkeit war, daß jeder wildfremde junge Mann sie zum Tanz auffordern, den Arm um sie legen und sie an sich pressen konnte. Einfach den Arm um sie legen, wo sie doch bisher fremden jungen Männern höchstens die Fingerspitzen gereicht hatte! Eins war fast so beklemmend wie das andere! Wie unbekümmert lustig waren dagegen die Fastnachtstage im Kloster immer gewesen, mit Theatervorstellungen der Schülerinnen, mit Tanz im Speisesaal jeden Abend bis zehn, während sie sonst um neun in den Betten liegen mußten. Drei Tage lang, Sonntag, Montag und Dienstag, jeden Abend Tanz und Lustbarkeit, ohne die Andeutung eines männlichen Wesens natürlich, nur im Kreis der Mitschülerinnen. Da brauchten auch die unscheinbarsten Mädchen keine Angst vor dem Sitzenbleiben zu haben.

Paula hatte sonst nicht nahe ans Wasser gebaut; die Isbert-Kinder hatten alle früh gelernt, ihre Gefühle zu beherrschen. *Contenance* nannte es der Papa. Aber jetzt brach auf einmal all das aufgestaute Heimweh der letzten Wochen aus ihr heraus. Sie legte die Arme auf den angefangenen Brief und den Kopf auf die Arme und weinte. Nur daß man in diesem Haus nicht einmal in Frieden weinen konnte! Es klopfte schon wieder jemand an der Tür. Adolf, gefolgt von dem unvermeidlichen Aquarius, der sofort teilnehmend eine Pfote auf ihr Knie legte.

„Was is'n los, Paulinche? Brauchst doch nit gleich zu heule, wenn wir mal e bissche Krach mache. Wir wollte dich doch nit ärgern, un wenn die Mama dich morge ausschimpft, dann sage wir all, wir wär'n ganz allei schuld gewese."

Paula stand auf und wischte sich die Tränen ab. „Ich weiß, daß ihr es nicht mit Absicht tut", sagte sie, setzte sich auf ihre Bettkante, zog Adolf neben sich und breitete das dicke Federbett über seine nackten Waden und über ihre eigenen Knie. Aquarius sprang ohne besondere Aufforderung zu ihnen herauf, und da hockten sie zu dreien ganz behaglich und warm beieinander.

„Nein, mit Absicht tut ihr's nicht, aber es läuft doch immer darauf hinaus, daß ich verantwortlich gemacht werde, wenn ihr Unfug treibt oder wenn sonst was nicht klappt. Wenn Karl mit einem dreckigen Taschentuch zum Essen kommt, weil er sich die Schuhe damit abgeputzt hat; wenn Ferdinand sich nicht den Hals gewaschen oder wieder mal die Hälfte seiner Schularbeiten vergessen hat, wer ist dran schuld? Ich. Nächstens bekomm ich noch Vorwürfe, wenn er die Schule schwänzt."

„Im Winter schwänzt er fast nie", sagte Adolf. „Aber wart nur, wenn's erst Frühling wird."

Das war ein schwacher Trost. „Siehst du, in Nancy waren wir alle Kinder", sagte Paula, „es wurde uns genau gesagt, was wir zu tun und zu lassen hatten, und nachdem man ein paar Wochen dort war, ging alles wie am Schnürchen. Und nun soll ich hier plötzlich erwachsen sein und an alles selber denken und hundert Dinge können, von denen ich vor zwei Monaten noch keine Ahnung hatte. Brot backen! Ja, es macht schon Spaß, wenn die Laibe fertig daliegen, so rund und braun und glänzend; aber die Arme tun mir den ganzen Tag weh, wenn ich zwanzig Pfund Mehl geknetet habe, das kannst du mir glauben. In Nancy kam das Brot weiß und frisch jeden Morgen vom Bäcker, und wir haben nur gelernt, schön verzierte Torten zu backen."

„Wir habe gar nix gege verzierte Torte. Zu Ostern mußte mal ei backe, gell?"

„Ach, bis Ostern ist's noch lang. Erst muß ich am Sonntag den Ball überstehen und mit lauter fremden Herrn tanzen oder als Mauerblümchen an der Wand sitzen. Ich pfeife auf das alberne Erwachsensein, daß du's nur weißt. Und der ewige Radau im Hause! Im Kloster gab es keine lauten Stimmen, kein Türenknallen, kein Gepolter. Auf den Fluren und Treppen wurde überhaupt nicht gesprochen, und vom Abendgebet bis zum nächsten Morgen nach der Messe hörte man nicht einmal flüstern, denn da herrschte das Große Schweigen."

„Schauderhaft!" sagte Adolf in ehrlichem Entsetzen. „Hast du gehört, Aqua: nit emal flüstern!"

„Gar nicht schauderhaft, dummer Junge. Wenn man abends im Bett lag, war es so still wie in einer Kirche. Nur die Rosenkranzperlen der mère vom Dienst, die zwischen unseren weißen Zellen auf und ab ging, rasselten leise; dabei schlief man so geborgen ein. Und tagsüber fand man immer mal ein paar Minuten Zeit, um in die Kapelle zu gehen, *visiter le bon Dieu* nannten wir das. Hier ist man den ganzen Tag im Trab, und alles dreht sich um alltägliche Dinge, wie Hosen flicken, und die Eier im Hühnerstall holen, und Betten machen, und die Mama wird gleich so ärgerlich, wenn ich mal was vergesse."

„Och, das meint sie nit so. Du wirst dich schon wieder bei uns eigewöhne, Paulinche", sprach ihr Adolf zu.

„Weißte, der Aqua, der war die erste Zeit auch so komisch, immer unruhig, immer als ob er etwas suche tät. Aber jetzt is er mein Hund, gell Aqua? Jetzt gehörn wir zwei zuenanner fürs ganze Lebe, un er hat alles vergesse, was vorher war."

„ Ich denk manchmal . . . Kannst du schweigen, Adolf?"

„Klar. Wie en Grab."

„Bestimmt? Gib mir die Hand drauf. Also ich hab in letzter Zeit oft gedacht, daß ich ins Kloster zurückgehen möchte. Für ganz, verstehst du. Ehe ich achtzehn bin, nehmen sie mich ja nicht, und es ist auch gar nicht leicht, sich klar zu werden, ob man die Berufung hat. Im November, nach meinem Geburtstag, will ich mit den Eltern drüber sprechen."

„Jetzt mach aber en Punkt. Ins Kloster brauchste doch nit gleich zu geh, weil die Mama manchmal ungeduldig mit dir is, un weil wir soviel Krach mache un soviel Hose un Strümpf zerreiße. Bestimmt, wir gebe uns jetzt Müh."

„Betschwester hat mich der freche Ferdinand vorhin genannt, der hat ja keine Ahnung, wie vergnügt wir waren und wieviel wir gelacht haben! Manchmal, wenn eine von uns ein Freßpaket von daheim bekommen hatte, haben wir abends im Bett, sobald die mère vom Dienst schlafen gegangen war, Schokolade genascht, geschwatzt und gekichert, daß wir uns die Kissen in den Mund stecken mußten, damit man uns nicht hörte. Denn wenn wir erwischt wurden, war es schrecklich. *Romper le silence*, denk nur! Einmal durfte unser ganzer Schlafsaal drei Tage nicht an der Abend-Recreation teilnehmen, aber noch viel schlimmer war, daß mère Céleste diese ganzen drei Tage nicht mit uns sprach. Wir waren einfach Luft für sie, und wir liebten sie doch so. – Könnt ich nur wieder zurück, barfuß würd ich laufen!"

Adolf konnte das alles schwer verstehen. Stillschweigen im Schlafzimmer, wo bei ihnen oft der größte Spaß erst anfing mit Blindekuhspielen und Kissenschmeißen und Gespensterln. Aber wenn er auch nicht verstand, daß man sich nach so etwas zurücksehnte, daß Paula traurig war, das verstand er, und es tat ihm schrecklich leid. „Es is ja nit für immer, daß du hierbleibe mußt", sagte er und legte den Arm um ihre Schulter. „Mädcher heirate doch. Die Franziska hat mit achtzehn geheirat, aber da war ich noch so klei, daß ich nix von der Hochzeit gehabt hab. Ich freu mich schon auf dei Hochzeit, Paulinche. Dann besuch ich dich in all meine Ferie, oder vielleicht heiratst du auch ein von hier."

„Schlag dir das aus dem Kopf, Adolf. Ich heirate nicht, und es wird mich auch gar keiner nehmen, Männer wollen Mädchen mit einem Rosen- und Lilien-Teint, und mit *Figur,* die Tante Rikchen hat mir's schon oft gesagt. – Und jetzt mach, daß du ins Bett kommst, sonst verschläfst du morgen früh. Vielleicht komm ich mit in die Messe." Sie strich schnell einmal über seine Hand, die über ihre Schulter herabhing. „Du bist doch der beste von allen, Adolf."

Er grinste verlegen. „Toujours à votre service, mademoiselle. – Morge guckst du dir mal mein Falke an, gell? Sein Flügel ist schon ziemlich heil. Der Janosch meint, er wird wieder ganz gesund. Nur so arg wild is er noch. Der Janosch sagt, Raubvögel täte nie zahm werde. Aber ich weiß doch, daß man Falke zähme kann, ich hab mir doch schon immer en Jagdfalke gewünscht – grad so sehr, wie ich mir wünsch, daß der Janosch mein Freund werde tät. Aber der wird auch nit zahm . . ."

VIERTES KAPITEL

Der Ball am Fastnachtssonntag war jedes Jahr der letzte der Saison, und alles, was in der Stadt Rang und Namen hatte, versammelte sich dazu im Saal der Casino-Gesellschaft. Alle kannten einander, jeder wußte, wer und was jeder war; selbst die Auswärtigen, die bei solchen Gelegenheiten von Wetzlar oder Dietz oder Bad Ems herüberkamen, waren keine Fremden. Man nickte und grüßte von Tisch zu Tisch; die Damen machten einander Komplimente über ihre gegenseitigen Töchter; Titel schwirrten hin und her – Exzellenz, Herr Hofrat, Frau Professor, Frau Hofapotheker, denn auch die Frauen wurden mit den Titeln ihrer Männer angeredet. Die Frau des Amtmannes wurde Frau Rat genannt, wie einst Goethes Mutter, denn der offizielle Titel ihres Mannes war der eines Herzoglich Nassauischen Hof- und Appellationsgerichtsrates.

Der erste Tanz des Abends war immer eine Quadrille, an der sich alt und jung beteiligte. Danach zogen sich die älteren Herrschaften an die weißgedeckten Tische zurück, die im Quadrat die Tanzfläche umgaben, und unterhielten sich oder beobachteten die tanzende Jugend. Wenn der Abend etwas weiter vorgeschritten war, schob man wohl auch ein paar Tische zusammen, um seine Beobachtungen besser austauschen zu können. Die Herren verschwanden gern für eine Stunde im Nebenzimmer, um ein Spiel Whist oder Tarock zu machen, eine Zigarre zu rauchen und über Politik zu sprechen.

„Sie sieht tatsächlich ganz niedlich aus“, sagte Tante Stina, als Paula mit einem jungen Mann im eleganten hellgelben Schwalbenschwanz vorbeitanzte. „Nur schade, daß der Ausschnitt so klein ist. Bei Hofe könnte sie damit nicht erscheinen.“

„Schau, der junge Overberg tanzt schon zum zweitenmal mit ihr“, bemerkte Tante Rikchen, der nicht so leicht etwas entging. „Wenn er dem Kind nur nicht den Kopf verdreht.“

„Wer denkt denn gleich an Kopfverdrehen“, sagte die Mutter. „Er tanzt mit ihr, weil er ein Freund des Hauses ist, genau wie die Söhne unserer anderen Bekannten. Keiner würde daran denken, die Tochter des Amtmannes sitzenzulassen auf ihrem ersten Ball. Tanzen hat sie übrigens gelernt im Kloster, das muß man sagen.“

„Auch das gehört zu einer standesgemäßen Erziehung“, sagte Tante Stina zufrieden.

Tante Rikchen war noch in Gedanken mit dem jungen Overberg beschäftigt. Es war das erstemal nach der Affaire mit der Tochter des Ministerialrates Brendel, daß er sich wieder bei einem Ball im Casino sehen ließ. Die „Affaire“ war nichts anderes gewesen, als daß er einen ganzen Winter lang auffallend viel mit der hübschen Natalie getanzt hatte. Daraus waren voreilige Schlüsse gezogen worden; die Kleinstadt hatte gesummt von Gerüchten, um so peinlicher, als es nicht das erstemal war. Und wie bei den anderen Malen war dann Konrad Overberg auf eine seiner Auslandsreisen verschwunden. Die Mütter seufzten auf, äußerlich indigniert, innerlich erleichtert: er war noch zu haben. Was Natalie betraf, so war es glücklicherweise nicht so schlimm gewesen mit ihrem gebrochenen Herzen. Die Eltern hatten sie den Sommer über zu Verwandten aufs Land geschickt, und sie hatte sich an den darauffolgenden Weihnachten mit einem jungen Hofbeamten des Herzogs verlobt.

„Das Schneeweiß zu ihrem blassen Gesicht war vielleicht doch etwas gewagt“, sagte Tante Rikchen. „Zu schade, daß sie nicht deine lebhaften Farben geerbt hat, Margarete.“

„Ach, die lebhaften Farben! Ihr ahnt nicht, wie oft ich in meiner Jugend vor einem Ball ans Mehlfaß gegangen bin.“

„Mir gefällt sie in Weiß“, sagte der Amtmann. „Mein Kompliment den geschickten Händen, die das hübsche Kleid gemacht haben!“

„Aus der neusten Nummer der *Modenwelt*!“ sagte Tante Rikchen stolz. „Es hätte dich wenigstens 50 Gulden gekostet, Jacob, wenn wir es in einem der Frankfurter oder Wiesbadener Modesalons gekauft hätten.“

„Sie ist das aparteste Mädchen im Saal“, bemerkte Onkel Emmo. „Nenne sie nicht immer blaß, Tante Rikchen. Das ist eine Beleidigung für ihren Kamelienteint. Sie erinnert mich an das Porträt eines jungen Mädchens in der Düsseldorfer Kunstgalerie mit ihren großen dunklen Augen, die immer aussehen, als stünde sie vor einem Weihnachtsbaum.“

„Meine Güte, Emmo, du wirst ja ganz romantisch in deinen alten Tagen.“ Tante Stina lächelte, denn sie hatte gerade beschlossen, daß die Heldin ihres nächsten Romans wie Paula aussehen sollte.

„Man kann sich's leisten, romantisch zu sein, wenn es nicht mehr gefährlich ist“, erwiderte Emmerich. „Gehen wir ein Spielchen machen, Jacob? Der Sanitätsrat hat schon zweimal gewinkt, und mich gelüstet nach meiner Pfeife.“

„Enchanté, Mademoiselle“, sagte inzwischen Konrad Overberg zu Paula. „Sie tanzen wie eine Pariserin.“

„Ich habe es in Nancy auch von einer Pariserin gelernt“, sagte Paula, berauscht von der anmutigen Menuettmusik und erleichtert, daß sie kein Mauerblümchen war. „Madame Hortense, unsere Tanzmeisterin, wäre entsetzt gewesen über die Fehler der jungen Herren bei der Quadrille vorhin. Sie sind der einzige, der seine Figuren richtig kann, Herr Overberg.“

„Verbindlichsten Dank! Dann darf ich um die zweite Quadrille bitten? und um den nächsten Walzer?“

Sie nickte ohne Zögern, ohne die kleinen Theatertricks,

die ihn bei anderen so oft irritierten. Hier war noch keine Spur von Koketterie; man konnte ihre Gedanken lesen wie ein aufgeschlagenes Buch. Sie tanzte gern mit ihm und scheute sich nicht, es zu zeigen. Aber er kannte Frauen gut genug, um zu wissen, daß ihre Freude nicht ihm persönlich, sondern nur dem guten Tänzer galt. Andererseits war dieses junge Ding so reizend, daß er sich selber zur Vorsicht mahnen mußte.

„Warum waren Sie denn in der Postkutsche so finster ablehnend?" konnte er sich nicht enthalten zu fragen. „Ich hätte mich gern ein wenig mit Ihnen unterhalten. Wir sind doch alte Bekannte."

„So, sind wir das? Ich kann mich nicht erinnern, und mit einem fremden Herrn unterhält man sich nicht in der Diligence."

„Jedenfalls nicht, wenn man frisch aus dem Kloster kommt. Wissen Sie wirklich nicht mehr, wie ich einmal dahergeritten kam, als Sie sich, ich sage es mit Bedauern, mit drei viel größeren Buben regelrecht balgten? Ihr Herr Vater war erst kürzlich herversetzt worden, man kannte Sie noch nicht in der Stadt, ich aber wußte, wer Sie waren. Und da standen Sie mit dem Rücken gegen eine Mauer und wehrten sich wie eine Wildkatze. Ihre Nase blutete, ihre Haare waren zerzaust, Ihr Kleid hatte einen Riß. Sie hatten keine Chance, keine Chance auf der Welt, und der rotznäsige Junge, den sie augenscheinlich verteidigt hatten, lief inzwischen heulend davon. Als ich die großen Bengel vertrieben hatte, waren Sie keineswegs dankbar: Sie fanden es offenbar eine Anmaßung, daß sich ein Fremder in Ihre höchst persönlichen Angelegenheiten mischte, warfen mir einen wilden Blick zu aus Ihren schwarzen Augen und liefen ebenfalls weg."

Sie lachte. „Mon Dieu, das waren Sie! Ja, an die Begebenheit erinnere ich mich schon. Ihr Pferd war ein Apfelschimmel, stimmt's?"

„Ungemein schmeichelhaft, daß Sie sich wenigstens an mein Pferd erinnern."

Es war eine ganz unmögliche Situation gewesen: ungefähr zehn Jahre mußte sie damals gewesen sein, und ihre Neigung, sich auch in hoffnungslosen Fällen der verfolgten Unschuld anzunehmen, hatte sie wieder einmal zu einer Dummheit verleitet. Die großen Burschen hatten einen viel Kleineren in der Klemme, von dem es durchaus nicht einwandfrei feststand, daß er wirklich ein weißes Unschuldslamm war. Aber drei Große gegen einen Kleinen, da konnte Paula nichts anderes tun als sich einmischen. „Ich glaube, ich war ein richtiges Lausmädel", sagte sie zerknirscht. „Wenn ich Sie wäre, tät' ich mit so einer nicht tanzen."

Humor hat sie auch, dachte er entzückt. „Ich tu' es auch nur, weil unser Menuett so großartig klappt. Ein Menuett à la Reine ohne Fehler ist schon eine Leistung! Und inzwischen hat man also eine wohlerzogene junge Dame aus Ihnen gemacht. Waren Sie denn gern im Kloster?"

Sie drehte eine Pirouette unter seiner erhobenen Hand und versank in den tiefen Hofknicks, der den Tanz abschließt.

„Es war eine wunderbare Zeit", sagte sie.

Als das Orchester später einen der neuen Walzer von Johann Strauß dem Jüngeren anstimmte, holte er sie wieder vom Tisch der Eltern, und schon während er sie auf die Tanzfläche führte, fing er an, sich französisch mit ihr zu unterhalten. „Was haben Sie denn außer dem hübschen Nancy von Frankreich gesehen?" fragte er.

„Das Münster von Straßburg", sagte Paula, „aber das ist ja von einem deutschen Baumeister. Auch nach Colmar haben wir einmal eine kleine Reise gemacht – was für ein reizendes mittelalterliches Städtchen! Mère Monique, unsere Kunstgeschichtslehrerin, hat uns Schongauers Madonna im Rosenhag gezeigt, aber der war doch ein Deutscher, nicht wahr?"

„Das Elsaß ist Grenzland", sagte Overberg, „und alle große Kunst ist universell. Straßburg und Chartres, die Stifterfiguren im Naumburger Dom und der Isenheimer Altar, die Schätze im Palazzo Pitti in Florenz und im Rijksmuseum in Amsterdam, das alles gehört einem jeden von uns, weil es ein Teil unserer westlichen Kultur ist, und es spielt keine große Rolle, wo wir ihm begegnen."

„Haben Sie das alles gesehen?" fragte sie wißbegierig, und er erzählte ihr von französischen Schlössern und Kathedralen, die sie nicht kannte. Sie hörte zu, gefesselt von seiner lebendigen Schilderung, und warf manchmal eine Frage dazwischen. Ihre Schüchternheit hatte sie ganz vergessen. Dabei tanzte sie, von dem leichten Druck seiner Hand geführt, so beschwingt, so völlig im Einklang mit der hinreißenden Wiener Musik und mit ihrem Partner, wie sie noch nie im Leben getanzt hatte – auch nicht mit den Freundinnen in Nancy. Als ihr dabei das Kloster wieder einfiel, spürte sie doch einen Stich im Herzen. Konnte man sich denn so leicht von den Freuden der Welt ablenken lassen?

„Im März muß ich wieder fort", sagte Overberg. „Diesmal nach Rußland, auf die Krim hauptsächlich. Aber auf der Rückreise, wenn es nicht mehr ganz so kalt ist, werde ich mir bestimmt Petersburg und die Eremitage ansehen. Da sollen unter anderem ein paar der allerschönsten Rembrandts hängen. Im Früh-Herbst will ich zurück sein und erbitte mir heute schon die erste Quadrille auf unserem nächsten gemeinsamen Ball."

„Wenn ich dann noch hier bin", sagte Paula, die jetzt wieder mit ihren Gedanken weit weg war.

„Wie meinen Sie das? Wollen Sie uns etwa verlassen und wieder in Ihr Kloster zurückgehen?"

„Wie kommen Sie darauf?" fragte Paula betroffen.

„Sie haben mir doch gesagt, wie glücklich Sie dort waren, und es liegt so nahe, sich nach einer abgeschlossenen Lebensperiode zurückzusehnen, wenn man sich in der gegenwärtigen noch nicht ganz zurechtgefunden hat."

„Nein, das allein ist es wirklich nicht. Ich glaube ..." Und damit hielt sie inne und wunderte sich, daß sie mit diesem fremden Menschen von ihren geheimen Plänen sprach. Nun, es war gut, daß er bald wieder wegging, und bis er wiederkam, hatte er sicher alles vergessen. „Ich glaube", wiederholte sie, „es ist gar nicht unmöglich, daß ich eines Tages ins Kloster zurückgehen werde. Für immer. Ja. – Aber versprechen Sie mir, keinem Menschen etwas davon zu sagen."

Er drückte ihre Hand. „Kein Wort, Mademoiselle. Und versprechen Sie mir dafür, daß Sie sich diesen Schritt sehr gründlich überlegen werden."

Sie nickte. „Ehe ich achtzehn bin, nehmen sie mich gar nicht. Ja, ich muß sehr nachdenken und viel beten, um den rechten Weg zu finden."

Konrad Overberg meinte, eine so seltsame Ballunterhaltung habe er bis jetzt noch nicht erlebt.

„No, wie war's auf deim erste Ball?" fragte Adolf die Schwester am nächsten Tag, als er sie einen Augenblick allein auf der Treppe traf. Sie hatte oben August und Georg beim Anziehen ihrer Kostüme für den Maskenzug in der Stadt geholfen. Jetzt eilte sie in das Zimmer der Babett, wo die beiden Kleinen für die Lustbarkeit des Nachmittags zurechtgemacht wurden.

„Wie hab ich eigentlich ausgesehen?" fragte Paula anstelle einer Antwort, und Adolf sagte: „Ordentlich. Wirklich sehr ordentlich. Nichts dran auszusetze. Du bist doch nit sitzegebliebe?"

„Niemand ist sitzengeblieben, denn es waren mehr Herren als Damen da. Und die Mama hat gesagt, die Tochter des Amtmannes könnten sie schon aus Höflichkeit nicht sitzenlassen. Aber der Herr Overberg aus Bad Ems hat nicht aus reiner Höflichkeit mit mir getanzt, sondern weil wir so gut miteinander konnten."

„Das ist der, wo die schönste Gäul in der ganze Gegend hat. Aber ich hätt gedacht, zum Tanze wär er eigentlich e bißche zu alt."

„Er tanzte besser als sämtliche Jungen. Gavotte und Menuette und Quadrille, sag ich dir, und Walzer tanzte er einfach hinreißend. Im März reist er nach Rußland."

„Was macht er'n da?"

„Oh, auf die Krim, weißt du. Da sollen sie so gute Reben haben. Tante Stina hat gesagt, sein Papa hätte eine Weinkellerei und Weinberge am Rhein. Seit seine Mutter gestorben ist, lebt der alte Herr in Bad Ems, weil die heißen Quellen dort so gut für seine Gesundheit sind. Wenn ich nur wüßte, warum mich Tante Rikchen vor ihm gewarnt hat – jetzt meine ich den jüngeren. Sie sagt, er wäre ein Don Juan, der schon viele Mädchen unglücklich gemacht hätte. Weißt du, was ein Don Juan ist?"

„Eine Oper von Mozart."

„Natürlich, soviel weiß ich selbst, wenn ich sie auch noch nicht gesehen habe. Wieso soll er mich unglücklich machen, wenn er so wunderbar tanzt und so hübsch von fremden Ländern erzählt? Tante Rikchen hat manchmal komische Ideen. – Wann gehst du denn zum Maskenzug?"

„Später", sagte Adolf. „Erst muß ich mein Falke füttern, und dann geh ich mit dem Aqua aufs Eis, damit er sei Bewegung hat. In die Stadt möcht ich ihn heut nit mitnehme, bei dem Tumult."

„Ruf mich dann, wenn du beim Anziehen Hilfe brauchst. Jetzt muß ich helfen, daß die Kleinen rechtzeitig wegkommen."

Der Maskenzug am Montag war der Höhepunkt der Fastnachtstage für die Kinder. Es gab keine Mutter, die so arm oder so ungeschickt war, daß sie es nicht fertiggebracht hätte, irgendein buntes Kostüm aus alten Lappen für ihre Sprößlinge zusammenzuflicken, damit sie dabeisein und in dem großen Zug mitlaufen konnten. Der Montag- und Dienstag-Nachmittag dieser Woche waren schulfrei, und auch die strengsten Lehrer hatten ein Einsehen und gaben über diese Tage keine Hausarbeiten auf.

August und Georg waren die ersten aus dem Amtshaus, die sich auf den Weg in die Stadt machten. Vorige Woche schon hatte ihnen Paula Goldtressen auf alte Röcke von Papa und Onkel Emmo genäht. Sie wollten friderizianische Offiziere darstellen. Vorhin hatte Paula ihrer Kostümierung noch den letzten Pfiff gegeben, die Zöpfe aus Stroh mit schwarzem Band umwunden, ein paar Wattelocken seitlich unter den spitzen Pickelhauben befestigt, flotte Bärtchen auf die Oberlippen gemalt. Sie sahen wirklich ganz glaubwürdig aus, zumal man sich darauf verlassen konnte, daß sie niemand begegnen würden, der noch leibhaftige Offiziere des Alten Fritz gesehen hatte.

In der Stube der Babett fand sie alle Frauen des Hauses um Ferdinand und Karl versammelt. Sogar die beiden Mädchen standen in der offenen Küchentür und sahen sich die Verwandlung der beiden Jüngsten an. Karl hatte beschlossen, als Napoleon zu gehen. Auch ihm hatte man Tressen, Goldknöpfe und Ordenssterne auf eine alte Jacke genäht. Die Mutter hatte aus gelber Wolle prächtige Epauletten gehäkelt und Tante Rikchen einen Dreispitz aus schwarzem Glanzpapier geklebt. Die Babett, die als einzige im Haus den großen Korsen noch persönlich gesehen hatte, unterzog alles einer strengen Prüfung.

„In Kassel, ihr Buwe, hab ich ihn leibhaftig geseh, wie er sein kleine Bruder Jérôme, den König von Westfale, besucht hat“, erzählte sie, und alle hörten respektvoll zu, obwohl sie die Geschichte schon oft gehört hatten. „Bei dene große Bäll im Schloß hab ich immer in der Garderob auf mei gnädig Fräulein warte müsse, un sooft die Flicheltürn aufgange sind, hab ich eneilinze könne. Kinner, da hat's geblinkt un geblitzt von Diamante wie en ganzer Himmel voll Stern. Aber die schönst von all dene schöne Dame war mei Fräulein, obwohl sie am wenigste geblitzt hat, denn ihr Familie war arm, vornehm, aber arm. Un ob sie wollte oder nit, der deutsche Feudaladel mußt am Hof verkehre. Der Capitain Dudon d'Enval, den wo mei Fräulein später geheirat hat, der hat auch nix Hartes in seinem Hosesack gehabt wie sein Hausschlüssel. – Wart nur, Karlche, mei Gold, ich mach dich zurecht, daß dich keiner kennt vom Napoleon."

Wenn die Babett von Napoleon sprach, konnte es sich immer nur um den Ersten, den Großen handeln. Den Dritten, der jetzt in Frankreich regierte, hatte sie noch nicht anerkannt.

„Aber der Schinderhannes, Babett!" drängte Ferdinand, denn er wollte als der berühmte Räuberhauptmann gehen, der vor hundert Jahren das ganze mittelrheinische Gebiet in Angst und Schrecken versetzt hatte. Schon zu Lebzeiten hatten sich so viele Legenden um ihn gebildet, daß er eine Art Nationalheld geworden war, wie Robin Hood in England. Trotzdem hatte man ihn im Jahre 1777 auf dem großen Platz in Mainz mit zwanzig seiner Gesellen geköpft. „Haste den auch gekannt, den Schinderhannes?" fragte Ferdinand.

„Wo denkste hin, Kind! Da müßt ich ja iwwer hunnert Jahr alt sei. Un mit so Räuwerpack hätte mei Herrschafte auch nit verkehrt."

„Awwer ich will genauso aussehe wie der Schinderhannes."

„Sollst du auch, Herzchen, sollst du auch", beruhigte ihn Tante Stina. „Ich hab nochmal genau nachgesehen in dem alten Moritaten-Büchelchen von Onkel Emmo."

Die Tanten kramten in der Lappenkiste, die vom Boden heruntergeholt worden war. „Da!" rief die Babett, als Tante Rikchen etwas hervorzog und hochhielt. „Gewwe

Sie emal das gehl Hemmed her und die ausgefranst Hos. Probier se an, Ferdinändche. Ich sag's ja, nur die Bei e bissi kürzer, un sie paßt."

Die Mutter nahm schnell Nadel und Faden.

„Und die rote Schärpe wickeln wir dir um den Bauch", sagte Tante Stina. Inzwischen hatte die Mama noch ein damastenes Ordensband für Napoleon gefunden.

„Hier!" rief Paula, angesteckt von dem allgemeinen Eifer. „Die schwarze Rabenfeder stecken wir dem Schinderhannes auf sein durchlöchertes Hütchen."

„Und jetzt einen Korkstopfen, Kättche", befahl die Mama. „Brenzel ihn an über der Kerze, Paula. Stillgehalten, Musje Schinderhannes!"

Die verkohlte Korkkante fuhr Ferdinand über die ohnehin schon rabenschwarzen Augenbrauen und malte sie doppelt so dick. Auf die Oberlippe bekam er einen martialischen Bart, aber sofort gelüstete nun auch Napoleon nach einem Schnurrbart. „Bis stille, Kind", entschied die Babett. „Der Napoleon war glatt rasiert, wie dein Babba. Aber wart – mal ihm en paar schwarze Franse auf die Stirn, Paula, wie auf dem Bild da drüwe, damit unser Karlche auch was Schwarzes hat. Un jetzt guckt ins Spiegelche iwwer meiner Kommod. No, wie gefallt ihr euch?"

„Komisch", sagte die Mama nachdenklich, „was ich für eine kriegerische Brut in die Welt gesetzt hab. Fürchten könnt man sich vor euch. – Und wo steckt der Adolf, Paula?"

„Im Stall. Und dann wollte er noch mit dem Hund aufs Eis."

„Was? Nicht zum Maskenzug?"

„Sein Kostüm vom vorigen Jahr hat er sich bereitgelegt. Er wird später noch hingehen", sagte Paula.

Adolf brachte dem Falken, was er der Köchin abbetteln konnte; Kopf und Eingeweide eines Brathuhns; die knorpeligen Stücke vom Suppenfleisch; oft auch ein Stück Fleisch von seinem eigenen Teller, und alles, was er in den Fallen in Speisekammer und Keller fand. Es gab auch Fallen im Stall und auf dem Heuboden, die fand Adolf immer leer. Wahrscheinlich nahm Janosch, was er darin fand, und gab es dem Vogel.

„Wie geht's ihm?“ fragte Adolf jedesmal sofort, wenn er in den Stall kam. Janosch antwortete einsilbig, wenn überhaupt. Er hatte die Schiene an dem gebrochenen Flügel schon vor einer Weile abgenommen; das Glied war noch steif, aber es wurde zusehends beweglicher.

An diesem Februartag stand Janosch auf die Mistgabel gestützt in der offenen Stalltür und schaute über die niedere Mauer hin, die den Wirtschaftshof vom Garten trennte. Die Sonne hatte ein paar Stellen schneefrei getaut. Zum erstenmal seit vielen Wochen war wieder Geruch von feuchter Erde in der Luft. Der Zigeuner schnupperte wie ein Jagdhund, der eine Fährte wittert. Er nahm sich Zeit bei der Arbeit, gleichsam als wolle er zeigen, daß er kein Bedienter war, dem jeder Befehle geben konnte. Er half hier und dort, wie ein Gast, der sich erkenntlich zeigen will, aus einer Art kavalierhafter Gefälligkeit. Seine Wunde schien ihm keine Beschwerden mehr zu machen; nur bei Neumond preßte er noch manchmal die Hand auf die Stelle und zog einen Moment die Augenbrauen zusammen. Eins versäumte er nie, das Pferd zu putzen, seine Box sauber zu halten, es zu füttern und zu tränken. Auch die Ziegen und das Schwein versorgte er, wahrscheinlich weil er nicht wollte, daß der Holwein in den Stall kam, den er nicht leiden konnte. Die beiden waren wie Feuer und Wasser; der unabhängige Vagabund und der subalterne Beamte, der in Janoschs Augen seine Seele verkauft hatte für die klägliche Sicherheit einer festen Pfründe.

Adolf hatte sich vorher schon um die Tiere gekümmert, denn „Der Holwein hat nit für drei Kreuzer Tierverstand“, sagte er zu den Brüdern. Den alten, phlegmatischen Schimmel hatte Adolf immer zum Schmied geritten, und im Sommer zur Schwemme weiter oben am Fluß. Aber der Amtmann hatte bestimmt, das junge Pferd müsse am Halfter geführt werden, bis man genau wisse, ob es gutartig sei. Nun aber hatte Janosch, der von dem Verbot nichts wußte, den Wallach vor zwei Wochen in die Schmiede geritten, und Adolf war mit seinem Hund hinterhergelaufen. Der junge Zigeuner saß lässig auf dem ungesattelten Pferderücken, den Zügel lose in der Hand, mit kaum merklichen Bewegungen der Schenkel den Wallach lenkend, der tänzelnd wie ein Zirkuspferd unter ihm ging. Pfundig! dachte Adolf; nie hatte er den Silberling so schön gesehen. Er stand dann schweigend im Tor der Schmiede, sah, wie Janosch den Kopf des ängstlichen jungen Tieres hielt, ihm die Augen mit den Händen zudeckte, wenn das Schmiedefeuer aufflammte; hörte, wie er in unverständlichen Worten zu ihm sprach, so sanft, wie eine Mutter ihr erschrecktes Kind beruhigt. Als das Pferd fertig beschlagen war und Janosch die Arbeit des alten Schmiedes mit einem gnädigen Kopfnicken gebilligt hatte, hob er ohne ein Wort Adolf auf das Pferd und ging nebenher, während der Junge, schwindlig von Stolz und Glück, den Silberling nach Hause ritt. Unterwegs warf Janosch ihm ein paar kurze Befehle zu über Schenkelschluß und Haltung, sonst ließ er ihn gewähren.

Am gleichen Abend hatte Adolf zu seinem Vater gesagt: „Ich hab heut den Silberling geritte. Der Janosch war dabei, der Silberling is lammsgut, un der Holwein is . . .“

„Der Holwein ist ein alter Mann, und du wirst nichts Despektierliches über ihn sagen“, hatte der Vater erwidert. „Wenn der Janosch dabei ist, kannst du meinetwegen das Pferd reiten. Er hat ein paar Jahre mit einer Kunstreitertruppe in einem Zirkus gearbeitet und weiß mit Pferden Bescheid.“

Seitdem hatte Janosch Adolf fast jeden Tag eine Reitstunde gegeben, wenn man seine kurzen, rauhen Anweisungen als Unterricht gelten lassen wollte.

An diesem Fastnachtsmorgen hatte der Amtmann wieder einmal im Stall nach dem Rechten gesehen, und später sagte er zu seiner Frau: „Er hat eine gute Hand mit Tieren."

„Mit Tieren ja," mußte sie zugeben, „und mit dem Adolf anscheinend auch. Der steckt in jeder freien Minute bei ihm. Und wenn er abends auf seiner Geige spielt, werden mir die Mädchen verrückt. Weißt du, daß er heut im *Ochsen* zum Tanz aufspielt?"

„Er hat es mir mitgeteilt", sagte der Amtmann gelassen. „Ich sehe keinen Grund, es ihm zu verbieten."

Was seine Frau am meisten kränkte, war, daß der Zigeuner bei der gesunden Kost des Amtshauses so mager blieb wie eine herrenlose Katze. Der und die Paula, dachte sie erbost, die machen meiner Küche keine Ehre.

Während nun im Zimmer der Babett die große Kostümprobe vor sich ging, saßen Adolf und Aquarius eng nebeneinander im Stroh gegenüber dem Käfig und ließen kein Auge von dem Falken. Adolf dachte noch immer, er könne den Vogel allmählich besser kennenlernen, könne ihn an sich gewöhnen und vielleicht endlich etwas von dem fremden Wesen erraten, das sich ihm so hartnäckig verschloß. Nach einer Weile ließ Janosch seine Mistkarre stehen und stellte sich stumm hinter Adolf. Der Falke hüpfte auf die oberste Stange, öffnete den Schnabel mit vorgestrecktem Hals und starrte mit seinen bernsteingelben Augen. Es kam Adolf vor, als sähen die beiden sich an, der Zigeuner und der Vogel; er hatte von Anfang an das Gefühl gehabt, daß sie etwas gemeinsam hatten, auf eine unverständliche und unheimliche Weise. Und fast noch seltsamer war, daß er zu niemand ein Wort darüber sagte, er, der sich früher so oft Georgs Spott zugezogen hatte, weil er alles arglos und ohne viel zu überlegen herausplauderte, was ihn grade beschäftigte. Nun hatte er in ein paar Wochen gelernt, sich zu verbergen.

„Wenn du mal aufs Eis möchtest“, sagte er jetzt, „ich leih dir meine Schlittschuh.“ Immer wieder versuchte er, womit er dem Zigeuner vielleich eine Freude machen könne. Aber „Wozu?“ fragte Janosch. Wenn er wollte, gelang ihm alles, was er anfaßte. Die Mädchen brachten ihm Gerät aus Haus und Küche zum Ausbessern: einen durchlöcherten Topf; einen lockeren Besenstiel; ein stumpfes Messer. Noch nie waren Messer so schnell stumpf geworden wie in diesem Winter, dachte die Frau Rat. Ins Haus ging Janosch nie. Die an der Pumpe gefüllten Wassereimer und den Tagesbedarf an Ofenholz stellte er an der Seitentreppe ab. Wer etwas von ihm wollte, mußte in den Stall kommen. Er bekam jede Woche eine kleine Summe für seine Arbeit ausgehändigt, den Rest hob der Amtmann für ihn auf. Zuerst hatte er das Kaninchen bezahlen müssen, das er damals bei dem Kleinbauern gestohlen hatte. Wittich hatte das blutige Fell, ein paar Knochen und ein Häufchen Asche, sorgfältig mit Schnee gelöscht, in der Nähe des Heuschobers gefunden, in dem Janosch eingeschlafen war.

„Warum hast du ihn nicht dort arbeiten lassen, wo er gestohlen hatte?“ fragte Frau Margarete. „Das hätte ein Unglück gegeben“, antwortete der Amtmann. „Der Bauer ist ein roher und jähzorniger Mensch.“

Janosch schlief auch nicht in der sauberen Knechtskammer, in der Bett und Tisch und Stuhl und ein Öfchen standen, sondern in der Box mit dem Vogelkäfig. Da lag er auf einer Strohschütte, in einen Woilach gewickelt. Könnt ich nur auch bei dem Falken schlafen, dachte Adolf.

„Brauchst du ein Messer?“ fragte er in einem plötzlichen Einfall. Er besaß ein Taschenmesser, das vor ihm Georg und davor August gehört hatte. Es wurde viel hin und her getauscht zwischen den Brüdern; jeder hatte eine Pappschachtel unter seinem Bett stehen, worin er seine Schätze aufbewahrte, als gäbe es keinen Schrank im Hause, wo so kostbare Dinge sicher gewesen wären. Das Messer war vorigen Herbst nach verwickelten Verhandlungen in Adolfs Besitz gekommen, und obwohl man ihm seine lange und aufreibende Laufbahn im Dienst von drei Buben ansehen konnte, bedeutete es für Adolf doch eine Kostbarkeit. Der Georg, der Glückspilz, hatte seit kurzem ein nagelneues Messer, über dessen Herkunft er sich nicht äußerte.

Adolf, sein Messer auf der ausgestreckten Hand, sagte schnell, ehe es ihm wieder leidwerden konnte: „Da! Ich schenk es dir."

Janosch nahm das Messer, betrachtete es aufmerksam, ohne Spott oder Herabsetzung, sondern mit dem Respekt, der einer solchen Gabe gebührte – und gab es Adolf zurück. Dann sagte er, freundlicher als er je vorher mit Adolf gesprochen hatte, „Selber Messer. Sieh!" Und aus dem Stiefelschaft zog er eine Klinge von solcher Pracht, daß Adolf der Atem stockte und alle berühmten Schwerter der großen Helden sich wie ein glühendes Rad in seinem Kopf zu drehen begannen: Excalibur, Balmung, Joyeux ... „Oh!" sagte er.

„Schön?" fragte Janosch mit einem Lächeln, hinter dem er seinen Stolz verbarg, und ließ das lange, schmale, tödliche Ding wieder in die Scheide gleiten, die noch im Schuh steckte.

„Schrecklich schön", seufzte Adolf und fühlte sich beschenkt, wo er hatte beschenken wollen. Er griff noch einmal in seine Tasche und zog seinen Nachmittagsproviant heraus. „Willste en Krebbel, Janosch?"

Nun hatte Janosch allerdings schon verschiedene Krebbelgaben empfangen. Die Mutter hatte durch Holwein einen Teller voll in den Stall geschickt, denn Krebbel gehörten zur Fastnacht, jeder im Haus mußte daran teilhaben. Dann hatte Kättche ein paar in einem Kessel verborgen, dessen

Henkel locker geworden war. Die Gretel hatte in ihrer Schürzentasche zwei große, mit Pflaumenmus gefüllte herübergebracht, als sie frühmorgens die Hühner fütterte. Trotzdem sagte Janosch nicht nein, und es machte ihm nichts aus, daß Adolfs Krebbel aus der Nachbarschaft von Bindfäden, Nägeln, etwas feuchtem Lehm, einem alten Korkstopfen und einem nicht sehr sauberen Taschentuch kamen. In Eintracht verzehrten sie zu dreien das fette, zimtduftende Gebäck. Aquarius leckte sich hinterher genießerisch die Schnauze und nahm noch das letzte Krümelchen mit der Zunge von Adolfs Jacke. Er war jetzt mit Janosch so gut Freund, daß er ihn jeden Morgen im Stall besuchte, wenn Adolf in der Schule war.

„Zwei Waschkörb voll backe sie jed Jahr", erklärte Adolf. „Am Fastnachtsdienstag abend is kein einziger mehr übrig. Dann fängt die Fastezeit an, un am Aschermittwoch gehn wir all morjens früh in die Kirch un lasse uns das Aschekreuz auf die Stirn mache. Das darf man de ganze Tag nit abwasche. Tun das dei Leut auch?"

„Tun wir auch", sagte Janosch. Er ging jeden Sonntag in die Messe, woran man sehen konnte, daß die Zigeuner keine Heiden waren, wie der Holwein behauptete.

„Tut ihr auch die Faste halte?"

Janosch schüttelte den Kopf. „Rom fasten ganze Jahr, ob will, ob nicht will." Rom oder Romni nannte er sein Volk, das bedeutet Mensch, hatte der Vater den Buben erklärt. Alles andere waren Gadsche, Barbaren. „Gadsche vollfressen elf Mond und dann ein Mond fasten, bah!"

Nach dem gemeinsamen Vespern stand Adolf auf und ging wieder zu dem Vogel. Der Falke hob die Flügel und stieß einen zornig heiseren Schrei aus. „Was wär, wenn ich ihm jetzt die Käfigtür aufmache tät?"

Der Zigeuner wiegte den Kopf. „Fliegen hinaus, schschsch . . . Aber nicht stark genug. Sterben."

„Da hörst du's", sagte Adolf zu dem Vogel. „Und du,

Janosch? Dein Bein is doch jetz ganz heil, und huste tust du auch nit mehr."

„Bein heil, ja." Er besann sich einen Augenblick. „Amtmann befiehlt, du gehst nicht in Spinnhaus, du bleibst hier, bis ich sage. Amtmann Wort gut, Janosch Wort auch gut."

Damit ging er wieder an seine Karre zurück und warf mit Schwung eine Gabel voll Mist darauf, wie ein großer Herr, der sich seiner Gesundheit zuliebe ein wenig Bewegung macht. Dann packte er die Griffe der Karre und schob sie zum Garten hinüber.

Adolf schnallte die Schlittschuhe an, war im Nu an der Mauerpforte, mit einem Sprung auf der Eisfläche und lief los. Aquarius umkreiste ihn mit vergnügtem Bellen. Wenn er wüßte, daß Wasser unter dem Eis ist, brächten ihn keine zehn Pferde hierher, dachte Adolf. Er selber war so froh, daß er am liebsten Purzelbäume auf dem Eis geschlagen hätte. Er lief, so schnell er nur konnte, ruderte mit den Armen und sang dazu aus voller Kehle auf seine eigene Melodie: „Excalibur und Balmung, Balmung und Joyeux", in endloser Wiederholung. „Er hat's mir gezeigt, das Messer", sagte er dann zu seinem Hund. „Und richtig unterhalte hat er sich mit mir. Und er sagt jetzt nie mehr Geh! zu uns, wie im Anfang manchmal, hast du's gemerkt?" – „Jaj jap!" bellte Aquarius und freute sich mit ihm. Sie waren ganz allein auf der Eisfläche, alle anderen waren längst in die Stadt zum Maskenzug gegangen; nur sie beide, er und sein Hund, die zusammengehörten, die nichts mehr trennen konnte.

Adolf versuchte, ein paar Kunstbogen zu laufen. In dem Überschwang von Lebensfreude, der ihn bis zum Bersten füllte, war er zu allem fähig, selbst zum Kunstlauf, in dem August und Georg ihm sonst weit überlegen waren. Dabei fiel ihm ein, daß sein Klassenlehrer, Professor Merkelbach, ihnen einen Aufsatz über die Freuden des Winters angekündigt hatte. Sie sollten sich das Thema inzwischen überlegen.

Nun, darüber konnte man Seiten und Seiten schreiben. Es war nur ein bißchen unsicher, ob der Professor dasselbe darunter verstand wie seine Schüler. Eislauf, eine Schneeballschlacht, schön und gut. Aber wußte er auch etwas von dem atemraubenden Vergnügen, bei Tauwetter von einer treibenden Eisscholle zur anderen zu springen bis zum jenseitigen Ufer hinüber? War er selber je auf dem Bauch, Kopf voran den Domberg hinuntergesaust auf einem selbstgebastelten, schmalen Kastenschlitten? Hoppla über die vereisten Stufen, daß es einen hoch in die Höhe schleuderte; um die Kurven, je knapper, desto besser; um Haaresbreite an scharfen Hausecken vorbei, immer im letzten Augenblick den Zusammenstoß mit einem ebenso waghalsigen Konkurrenten um die Meisterschaft von der Domtreppe vermeidend. Es war ein berauschendes Spiel mit der Gefahr, genau wie das Eisschollenreiten oder das Schlittschuhlaufen, wenn es im Eis schon krachte wie von fernem Donner. Der letzte auf dem Eis, der Kühnste beim Schollenspringen und Schlitteln war tagelang der bewunderte Held der Klasse. – Immerhin, wenn man einen Aufsatz über die Freuden des Winters schrieb, war schon ein wenig Vorsicht nötig. Denn die größten Freuden des Winters waren ja die verbotenen.

Aber jetzt mußte er umkehren, wenn er noch etwas vom Maskenzug sehen wollte. „Komm, Aqua, genug für heut!" Aqua hatte nie genug, aber wohin sein Herr ging, ging er auch. Zu Hause hängte Adolf die Schlittschuhe an seinen Haken (den mittleren von fünfen) in der unteren Diele und klopfte an Onkel Emmos Tür. Der Onkel saß am Kaminfeuer, die Pfeife im linken Mundwinkel, den Bleistift hinterm Ohr, einen Notizblock neben sich und den aufgeschlagenen Virgil in der Hand. „Na, ich denke, ihr seid alle ausgeflogen?"

„Hab nur erst en Stündche den Aqua ausgeführt. Kann er jetzt bei dir bleibe?"

„Schon gut“, sagte der Onkel, „wenn er nicht jault oder an der Tür kratzt.“

Adolf war beinahe beleidigt. „Du kennst ihn doch. Er hat Maniern wie en Großfürst. – Bleib schön, Aqua!“

Der Hund legte sich mit einem tiefen Schnaufer auf den ausgetretenen Teppich vor dem Kamin und kreuzte, in sein Schicksal ergeben, die Pfoten. Wenn Adolf sagte Bleib, dann gab's nichts als bleiben. Auf einem der Büchergestelle, in einer Lücke zwischen Äschylos und Euripides saß Nicki, striegelte mit betonter Gleichgültigkeit gegen den Besuch seine Hinterschenkel, stand dann plötzlich auf, machte einen Buckel und landete im nächsten Augenblick auf Aquas Rücken. Mit eingezogenen Krallen legte der Kater seine Pfoten um den Hals des Hundes und bearbeitete ihn mit den knetenden Bewegungen, die sein Ausdruck von Zärtlichkeit waren. Dann legte er sich zwischen Aquas Pfoten, schloß die Augen und schnurrte.

„Guten Abend mitenanner“, sagte Adolf und verschwand.

Er hatte sich früher schon draußen sein altes Fastnachtskostüm vom vorigen Jahr zurechtgelegt. Es war sein eigener Entwurf eines Minnesänger-Gewandes: ein halblanges Wams aus blauem Samt, das ihm die Mutter am Rand mit einem roten Rautenmuster bestickt hatte, dazu ein Mützchen aus rotem Brokat, ein hölzernes Schwert am Gürtel und eine Laute aus Pappe. Tagelang hatte er damals in sämtlichen Mottenkisten auf dem Boden gekramt, bis er fand, was einem ritterlichen Sänger angemessen war.

Als er in die Stadt kam, summte es von Lärm und Fastnachtslust. Durch alle Gassen strömten Kinder mit und ohne Masken vor dem Gesicht, aber alle irgendwie verkleidet, sei es auch nur mit ein paar aufgenähten Rosetten auf dem Alltagsanzug und einer Harlekinsmütze. Die Jungen waren mit Pritschen bewaffnet, mit denen sie derb aufeinander einschlugen und die Mädchen in quietschenden Schrecken versetzten. Überall war Gelächter und Gekreisch.

Es wurde gesungen und gerufen und in langen Ketten durch die Straßen getanzt. Aus den vorgebauten Erkern der Häuser guckten die Erwachsenen, soweit sie sich nicht auch am Zug beteiligten, auf das Vergnügen der Jugend herab.

Jetzt aber kam schon der eigentliche Zug heran, und alles gliederte sich ein. Der erste Wagen rollte die Hauptstraße entlang, begrüßt von bewunderndem Ah und Oh der Zuschauer. Jedes Jahr gab es wieder eine andere Überraschung. Diesmal kam der alte Heidengott Neptun auf schwankendem Ochsenkarren daher, ganz mit Strähnen von giftgrün gefärbtem Bast behangen, denn wo hätte man hier im Binnenland Seetang hernehmen sollen. Er hielt eine nagelneue silberbronzierte Mistgabel als Dreizack in der Hand, und um ihn her waren in malerischen Stellungen allerhand Wesen der Ozeane und Flüsse gelagert. Fischgeschwänzte Tritonen bliesen auf Muschelhörnern und ließen sich von gefälligen Meermädchen immer wieder ihre Bierseidel füllen, denn Blasen macht Durst. Auf dem zweiten Wagen stand Prinz Karneval selber, im Purpurmantel mit echtem Kaninchenhermelin verbrämt, die Krone auf dem Haupt, das Zepter in der Rechten, und den linken Arm um seine Prinzessin geschlungen, die selig verschämt lächelte. Er war der Provisor von der Ratsapotheke; sie die Tochter einer Hofratswitwe, ein Mädchen mit allen Kurven am rechten Platz und schön gekräuseltem Haar, das ihr wie eine Löwenmähne um die Schultern wehte. Es tat der Bewunderung ihrer Mitbürger keinen Abbruch, daß ihre nackten Arme blaugefroren und mit Gänsehaut bedeckt waren. Für die Ehre, Prinzessin Karneval sein zu dürfen, lohnte es sich schon zu frieren. Zwei Wagen – mehr gab es nicht. Schließlich war man ja nicht in Köln oder Mainz, wo der Rosenmontagszug viele Stunden dauerte. Die Limburger fanden ihren Zug herrlich und waren zufrieden damit, und das Fußvolk war wirklich zahlreich und bunt.

Da marschierten Ritter und Soldaten, schwarze Neger, gelbe Chinesen, rothäutige Indianer, Sankt Georg, der Schutzpatron der Stadt, führte an langer Kette einen giftgrünen Drachen. Und nun kamen die Kinder. Malerisch zerlumpte Zigeunerinnen schlugen ihre Tamburine; Spanierinnen klapperten mit Kastagnetten; zierliche Dämchen trippelten im Staat aus Mutters Mottenkisten. Eine Gruppe von Hexchen umtanzte auf Besenstielen die Wagen, und zwei rote Teufelchen mit Schwanz und Hörnern verfolgten sie mit ihren Bratspießen. Es kamen bunte Clowns und Zauberer in hohen, mit Silbersternen bestickten Hüten; Tiroler und Tirolerinnen; Schneewittchen mit ihren Zwergen. Aschenputtel mit einem Täubchen auf der Schulter. Napoleon rief und winkte dem Bruder Adolf leutselig zu, der Schinderhannes schwenkte sein durchlöchertes Hütchen, beide schlugen mit ihren Pritschen um sich, glühend vor Ausgelassenheit und Fastnachtsfreude. Und da kamen ja auch die beiden friderizianischen Offiziere, stramm und elegant, eine zierliche Rokokodame zwischen sich führend.

Trillerpfeifen schrillten, Blechtrompeten schmetterten, Pritschen klatschten, Hunde bellten und Pferde wieherten in das jubilierende Geschrei der Kinder, das Händeklatschen und die bewundernden Zurufe der Erwachsenen aus den Fenstern und von den Straßenrändern.

Aus allen Häusern drang der Duft von fettem Schmalzgebäck, von Braten und siedenden Würsten. In den Wirtshäusern fingen die Musikanten schon an, ihre Instrumente zu stimmen, denn drei Tage lang war jeden Abend Tanz in allen Gaststätten der Stadt. Und wie der Rosenmontag-Nachmittag den Kindern gehörte, so der Abend den Dienstmägden und Näherinnen, den Bauerntöchtern, die vom Lande hereinkamen mit ihren Burschen, Soldaten und Handwerkern, Bäcker- und Fleischergesellen, Ladnerinnen und Kleinbürgertöchtern. Auch die Mägde aus dem Amtshaus durften heut zum Tanz gehen, begleitet von guten

Ermahnungen der Frau Rat, der Tanten und vor allem der Babett. Kättche hatte seit einiger Zeit einen Schatz mit ehrlichen Absichten bei der herzoglichen Miliz. Für die Gretel war der Bräutigam vom Dorf hereingekommen. Beide Kavaliere hatten in der Küche des Amtshauses mit ihren Mädchen zu Abend gegessen und sich die Speckpfannekuchen mit Bratkartoffeln gut schmecken lassen, während die Mädchen selbst vor Aufregung keinen Bissen herunterbekommen konnten. „Un wo gehn wir hin?" fragten die Bräutigame. „Ei in de *Ochs* natürlich! Da spielt unsern Janosch die erst Vichelin."

Adolf war ein Stückchen mit dem Kinderzug gelaufen, hatte Kameraden begrüßt, wurde vorübergehend in eine Pritschenschlacht verwickelt und schlenderte dann am Rand des Getriebes weiter, weil er da mehr zu sehen bekam, als wenn er mitten drinsteckte. An der Ecke Grabenstraße stieß er fast mit dem Kaplan Knodt zusammen. „Ei, gute Abend, Herr Kaplan. Schö, gelle?"

„Prächtig, Adolf. Es sind jetzt sieben Jahre, daß ich nicht mehr dabei mitgetan habe, und weißt du, als was ich das letztemal ging?"

„No, als Mönch vielleicht?" riet Adolf. „Als Sankt Georg? Oder vielleicht als Drache?"

Der Kaplan lachte. „Als Teufelchen mit langem Schwanz, roter Maske und schwarzen Hörnern." Die Vorstellung war so komisch, daß sie nun beide lachten wie zwei vergnügte Buben. Die Schüler des jungen Priesters fanden, einen so netten Lehrer hätten sie noch nie gehabt. Die Professoren des Gymnasiums waren strenge und erhabene Halbgötter in jener Zeit, und was sie ihren Schülern boten, waren zwar gründliche, aber staubtrockene Kenntnisse, deren Einprägsamkeit gelegentlich durch den Rohrstock unterstützt wurde. So war es wenigstens bei den meisten. Der Kaplan Knodt gehörte nicht zu ihnen. Bei ihm war selbst die sonst so gefürchtete Religionsstunde nicht langweilig, und auch die lateinischen Verben verloren ihre Schrecken.

„Bis morgen, Adolf, ich muß weiter“, sagte der Kaplan.

„Un ich heim. – Da komme August un Schorsch.“

„Da biste ja, Adolf!“ rief August. „Hast du die Kleine geseh?“

„Grad sin se um die Eck von der Schied mit dem Philippche Derf un dem Anton Mehlhaus.“

Die drei großen Brüder schlugen einen Haken und fingen Karl und Ferdinand an der Grabenstraße ab. Die sahen zwar aus, als hätten sie noch viel vor, wurden aber umzingelt und abgeführt.

„Marsch, heim!“ kommandierte August. „Wenn wir zu spät komme, wern wir mit leere Bäuch ins Bett geschickt.“

Daheim ging's im Sturmschritt die Treppen hinauf. Im Bubenzimmer wurden die Fastnachtskostüme abgeworfen wie bunte Schlangenhäute, die bemalten Gesichter und Hände gewaschen, die Haare gebürstet und die Scheitel frisch gezogen. Vom Dom schlug es sieben, als sie die Treppe herunterkamen. Sie hatten Glück: Onkel Emmo stieg gerade erst von unten herauf, an jedem Arm eine der Tanten, gefolgt von Nicki und Aquarius, der Adolf begrüßte, als wären sie nicht Stunden, sondern Monde und Jahre getrennt gewesen.

Auf dem Abendbrottisch standen zwei große Platten mit belegten Broten. Selbstgeräucherter Schinken lag in rosa Scheiben darauf, hausschlachtene Blut- und Leberwurst, Schwartemagen und Knackwurst, verziert mit Scheibchen von hartgekochten Eiern und Salzgurken. Gekaufte Wurst kam das ganze Jahr nicht ins Haus. „Wer weiß denn, was die Metzger da hineinmengen!“ sagte die Frau Rat. Zur Feier des Tages durften auch die Buben heute alles mitessen, sonst bekamen sie abends nur jeder ein weiches Ei, Butterbrot und Milch. „Schweres Essen abends macht Kindern schwere Träume“, sagte die Mama.

„War's schön, Buben? Erzählt mal, aber möglichst nicht mehr als drei auf einmal."

Sie berichteten eifrig und ausführlich. Und ob es schön gewesen war! Womöglich noch schöner und prächtiger als im vorigen Jahr. Ferdinand und Karl erzählten, wie ihre Kostüme bewundert worden waren, und beschrieben die der Freunde. Im stillen hofften sie, daß bei ihren farbigen Schilderungen die Mama ein einziges Mal den Lebertran vergessen würde. Drüben auf dem Buffet stand noch eine große Schüssel mit den letzten Krebbeln; es wäre jammerschade, sich mit dem abscheulichen Tran den Geschmack daran zu verderben, gleich ob man ihn vorher oder nachher schlucken mußte. Aber wenn sie dachten, die Mama ablenken zu können, dann hatten sie sich geschnitten. Es war die feste Überzeugung der Frau Rat, daß der dickflüssige braune Tran unbedingt zur Erhaltung der Gesundheit ihrer Brut nötig sei. Ein Glück für die Buben, daß er wenigstens nur im Winter verabreicht wurde.

„Paula!"

„Ja, Mama?"

„Den Lebertran! Kannst du denn nie selbst daran denken?"

Ach ja, denken schon, aber man mußte sich ja nicht mit Gewalt bei den Brüdern unbeliebt machen. Und außerdem war Paula auch selbst unter den Leidtragenden. Sie habe es am allernötigsten, fand die Mama. Paula verschwand in dem kleinen Anrichtezimmer nebenan und kam mit Flasche, Löffel und der Schachtel mit Pfefferminzpastillen zurück.

Die großen Brüder hatten in langjähriger Übung gelernt, das verhaßte Zeug mit stoischer Ruhe zu schlucken. Aber Ferdinand und Karl protestierten immer noch.

„Mei Kinner brauche nie Lewertran zu nehme, das sag ich euch!" brummte Karlchen. „Meinswege soll sie krank wern."

„Oder sterwe", sagte Ferdinand. „Dann brauche se wenigstens nit in die Schul zu geh."

Frühling

ERSTES KAPITEL

Der Märzwind pfiff das Tal entlang und trieb den Saft in die winterschwarzen Bäume am Fluß. Die Pappelallee am anderen Ufer sah noch aus wie eine Reihe von Besen, die ein paar Riesenmägde dort hatten stehenlassen. Nur in den hängenden Zweigen der Trauerweiden war schon ein schüchterner Glanz von Gold, und die Birken hatten zwischen ihrem Geäst lila Schleier aufgehangen. Nachts hörte man manchmal die Wildgänse schreien, die nach Norden zogen.

„Dann flattert er im Käfig“, sagte Janosch. „Flattert, schreit, weckt mich auf. Bald kannst du ihn fliegen lassen.“

„Fliege lasse?“ sagte Adolf. „Ich will'n doch zähme, Janosch. Als Jagdfalke, du weißt doch.“

„Geht nicht, hab's dir gesagt“, sagte Janosch böse. „Kannst nicht Wanderfalken zähmen, wenn du nicht aus Nest genommen, ganz klein.“

Janosch wandte sich ab, sprach den ganzen Tag nicht mehr mit Adolf und blieb verbissen stumm auf alle seine Fragen.

Langsam sanken die Wintersternbilder unter den Horizont. Über der Stadt lag die Fastenzeit wie ein grauer Mantel. Sonst war es eine fröhliche kleine Stadt, nahe beim Rhein, wo man gern lacht und singt und wo der Wein die Herzen leicht macht. Aber jetzt klang abends keine Tanzmusik aus den Wirtshäusern. Kindtaufen und Hochzeiten wurden bis nach Ostern verschoben, und nach den Beerdigungen, die sich nicht gut verschieben ließen, gab's jetzt keine üppigen Leichenschmäuse. Statt dessen tönten in den Kirchen die mahnenden Stimmen der Fastenprediger. In den Häusern wurden abends früher als sonst die Lampen gelöscht; wenn man sich nur einmal am Tag satt essen darf, muß man die mangelnde Nahrung durch vermehrten Schlaf ersetzen.

Die Tanten, die Babett und Onkel Emmerich waren ihres Alters wegen dispensiert vom Fasten, aber es ergab sich von selbst, daß auch für sie in diesen Wochen der Küchenzettel magerer wurde.

„Fasten ist gesund“, sagte die Frau Rat heroisch, denn sie war den Freuden einer guten Küche zugetan. „Aber hungern allein tut's nicht. Es gehört mein Blutreinigungstee dazu, wie der Schwengel zur Glocke.“

Die gute Wirkung dieses Heil- und Reinigungstees wurde von niemand angezweifelt; über den Geschmack bewahrte die Familie höfliches Schweigen. Jedes Jahr von Frühjahr bis zum Herbst wurden die Bestandteile gesammelt, getrocknet und in Leinenbeuteln in der Vorratskammer aufgehängt. Die ersten zarten Löwenzahnblätter, junges Brennesselkraut, Dornschleh- und Lindenblüten, Fenchelsamen, Rhabarberwurzel, das alles gehörte zu diesem Tee, den schon die Urgroßmutter Thour angewendet hatte. Der würzig bittere Geruch der Kräuter durchzog nun jeden Abend alle Räume des Amtshauses. Onkel Emmo und der Amtmann wechselten einen amüsiert-betrübten Blick, wenn sie nach Tisch ihren Becher Tee tranken statt des rumduftenden Schlummerpunsches. Sie trösteten sich selbst und die Kinder damit, daß der heiße, ungesüßte Aufguß ein wahres Purgatorium für Leib und Seele sei, daß es den Kopf klar mache und den Geist von Schlacken befreie.

Zwei von den Brüdern hatten in diesem Jahr einen klaren Kopf dringend nötig. Es war mehr als fraglich, ob sie das Klassenziel erreichen und versetzt werden würden. Beide hatten sich nach Ansicht ihrer Lehrer verhalten wie die törichten Jungfrauen der Bibel, die erst an das Öl für ihre Lampen dachten, als der Bräutigam schon vor der Türe stand. Ferdinand, der fröhlich-leichtsinnige, ließ sich selbst von der Aussicht, sitzen zu bleiben, nicht allzusehr bedrücken. Wäre es nicht nett, wenn dann Karl und er in die gleiche Klasse kämen! Aber natürlich, versicherte er, würde er sich den Eltern zuliebe ganz fürchterlich anstrengen. Die Babett habe versprochen, jeden Tag für ihn zu beten. Und der Onkel Emmerich schinde ihn seit Weihnachten schon mit Diktaten und Rechenaufgaben, daß ihm oft ganz elend davon sei. Nein, um ihn brauche sich niemand Sorgen zu machen.

„Du jedenfalls machst dir keine", sagte die Mutter. „Aber du bist schon einmal aus purer Faulheit sitzengeblieben, und wenn es wieder passiert, kommst du ins Internat zu den Jesuiten. Denk daran!"

„Jaja, ich weiß. Aber es wär arg herzlos von euch, en arm, unbegabt Kind in die Fremde zu schicke."

Bei Georg sah die Sache wieder anders aus. Seine Eitelkeit hätte eine Schlappe wie Sitzenbleiben nicht ertragen; und er hatte auch nicht die geringste Lust, die langweilige Schulzeit unnötig um ein weiteres Jahr zu verlängern. Er tat also, was er jedes Jahr getan hatte, setzte sich nach den Weihnachtsferien hinter die Bücher und arbeitete wie besessen. Da er ein fabelhaftes Gedächtnis hatte, füllte er seine schlimmsten Lücken schnell aus und verließ sich auf seine Fähigkeit, mit allen möglichen rednerischen Tricks auf genau das die Rede zu bringen, worauf er vorbereitet war. Sein Freund, Carlo Trombetta, behauptete, wenn er nach Karl dem Großen gefragt würde, drehe er die Sache im Handumdrehen so, daß er dem Lehrer schließlich mit einem brillanten Vortrag über Ludwig den Vierzehnten Sand in die Augen streue, über den er zufällig vor ein paar Tagen etwas gelesen hatte. „Der reinste Zauberkünstler", sagte Trombetta.

„Man könnte auch sagen Hochstapler", meinte der gründliche und zuverlässige August. Und Adolf, der sich das ganze Jahr hindurch redlich angestrengt hatte (wenn er sich auch manchmal durch Träumen im Unterricht seine Noten verdarb), fand es wieder einmal ungerecht, daß so ein fauler Kerl wie der Georg schließlich doch immer durchschlupfte.

Sitzenbleiben also war Georgs geringste Sorge. Eines Abends jedoch, nachdem die Kleinen eingeschlafen waren, hatten die drei großen Brüder ein ernstes Gespräch.

„Wie biste bloß in das Schlamassel gerate?“ fragte August. „Schulde mache! Wenn das der Papa erfährt, kannste dir gratuliere. Du weißt doch, wie bös er das vorigemal war, un da warn's nur ein paar Kreuzer beim Bäcker Maldaner für Lakritze, die du hast anschreibe lasse. Wofür haste denn so nötig Geld gebraucht?“

„Frag nit so blöd“, sagte Georg. „Du weißt doch selber, wie knapp uns der Papa hält. Un der Trombetta hat immer die Tasche voll. Ich mußt unbedingt Ersatz habe für mei Messer, das wo mir der Adolf vorige Herbst abgeluchst hat.“

„Abgeluchst?“ rief Adolf böse. „Mei schönst Schleuder hab ich dir dafür gegebe.“

„Kurz un gut, ich hab en Messer gebraucht. Wie kann der Mensch ohne Messer auskomme? Un in Pinners Lade lag so en schönes im Fenster.“ Er zog es aus der Tasche und betrachtete es verliebt. Es war ein Prachtstück von Messer mit Perlmuttschale, zwei scharfen Klingen, Pfriem und Korkzieher. In Gegenwart der Erwachsenen durfte er es natürlich nicht sehen lassen, sonst hätte es unbequeme Fragen gegeben.

„Kein Grund, sich Geld zu pumpe. Noch dazu vom Trombetta, mit dem seim Vater unser Papa so oft zusammekommt.“

„Jetzt halt aber die Luft an, August. Der Carlo hat mir's selbst angebote, wie wir zusamme vorm Lade gestande sin, un ich hab nur alsfort das Messer angeguckt. ‚Wieviel soll ich dir leihe?‘ hat er gefragt un in seiner Tasch mit de Gulde geklimpert. ‚Natürlich mußte mir *parole d'honneur* gebe, daß ich's vor Ostern wiederkrieg. Da brauch ich's, um jemand Gewisses in Wiesbade en Ring zu kaufe.‘ No, das war im November, un jetzt is vierzeh Tag vor Ostern, un ich brauch eifach die zwei Gulde.“

„Zwei Gulde, autsch!“ Adolf mußte ordentlich stöhnen bei der Vorstellung einer solchen Summe. Zwei Gulden war viel Geld. Wenn er einmal soviel von seinem Patenonkel bekam, legte es der Papa für ihn auf die Sparkasse. „Un woher willste die jetzt nehme?“

„Das kommt auf dich an, Adolf.“

„Auf mich? Ich hab doch nix mit deine Schulde zu tun.“

„Na, laß ihn wenigstens mal sage, was er sich denkt.“

„Ganz eifach. Der Papa hat doch gestern gesagt, der Onkel Waterlo wär in Dietz beim Onkel Jean Baptist und der Tante Helene zu Besuch, gell? Was für ne Freud tät der habe, wenn ihn der Adolf, sei lieb Patche, überrasche tät! Vielleicht bräucht der Adolf gar kei Wort zu sage, daß er Geld nötig hätt . . .“

„Hab ich's vielleicht nötig?“

„Klar. Du mußt doch deim Bruder aus der Patsch helfe. Also du schnallst dir morge nach der Schul gleich die Schlittschuh an, läufst nach Dietz enunner, schneist beim Onkel Baptist erei, sagst, du wolltst deim Pateonkel guten Tag sage. Un wenn der Onkel Waterlo nit von selbst en Geistesblitz hat, was mich wunnern tät, denn der is doch der splendidste von all unsere Pate – also wenn er nit von selbst drauf kommt, mußte halt e bissi diplomatisch die Red drauf bringe un zum Beispiel sage, manchmal bräucht en Mensch Geld für en edle, aber geheime Zweck un wüßt ums Verplatze nit, woher's nehme. Un wenn das kein edler Zweck is, hab ich nie ein geseh. – Los, Adölfche, sei kein Frosch un mach's. Wenn du mich sitze läßt, muß ich fortlaufe oder mir's Lewe nehme. Die Schand kann ich de Eltern nit antue.“

„Red kein Unfug“, sagte August. „Als ob dadurch die

Schand geringer werde tät! Haste denn mit dem Trombetta gered', ob er vielleicht noch warte kann?"

„Er sagt, er könnt nit warte. Un wenn er vor Ostern das Geld nit hätt, müßt er halt sein Vater um en Vorschuß bitte."

„Wenn's so is, bleibt gar nix übrig, als daß de zum Papa gehst un ihm reine Wein einschenkst. En Kavalier muß ausfresse, was er sich eigebrockt hat." Dabei klang die Stimme des großen Bruders so bekümmert, daß es Adolf ins Herz schnitt.

„Warum haste dir das mit der Schand für die Eltern nit vorher überlegt?" sagte er zornig. „Wer kann denn alles kaufe, wozu er Lust hat? Das mit Dietz schlag dir aus'm Kopp. Du weißt doch, daß wir bei Tauwetter nit aufs Eis dürfe, un seit vorgestern hat's von alle Dächer getrippelt."

„Guck emal an! Wer hat's denn sonst immer am schönste gefunde auf em Eis, wenn's e bißche riskant war? Un seit wann biste denn so a brav Bübche, daß de nix tun willst, weil's verbote is? Nee, sag's nur ganz ehrlich, du hast kei Courage. Nix zu mache mit dir. Dann kommt ebe der Stunk eraus, ich lauf fort, so wahr ich hier steh, un fröhliche Ostern für euch all mitenanner."

Georg stand gar nicht, er lag längelang im Bett, aber es fiel keinem der Brüder ein, das richtigzustellen. „Vielleicht könntest du's zu Fuß schaffe, Adolf?" schlug August vor.

„Du weißt doch, daß das dreimal so lang dauert, wie auf'm Eis, bei dem knietiefe Matsch auf der Landstraß. Da komm ich vor Dunkel nit heim, un wenn die Mama fragt, wo ich mich so lang erumgetriebe hab, dann gibt's erst recht en Saukrach."

„Tscha, dann bleibt mir nix übrig als Amerika", sagte Georg mit Grabesstimme. „Ich frag mich bloß, wofür man en Bruder hat, der wo der schnellste Schlittschuhläufer in der ganze Schul is un dazu en splendide Pateonkel hat, un wenn er eim en kleine Gefalle tun kann, dann hat er Angst."

„Angst!“ schrie Adolf und richtete sich mit geballten Fäusten in seinem Bett auf, und Aquarius knurrte böse. „Sag noch emal, daß ich Angst hab.“

„Ruhe, sonst weckt ihr die Kleine auf, un dann könnt ihr die ganz Geschicht gleich auf'm Markt ausschelle lasse“, mahnte August. „Vielleicht könnt uns die Paula helfe“, fiel ihm noch ein.

„Nee, keiner im Haus“, entschied Georg. „Die täte all sage, ich dürft's dem Papa nit verheimliche un sie täte nix hinter seim Rücke.“

Die Brüder mußten zugeben, daß das sehr wahrscheinlich war.

„Adolf!“ versuchte es Georg noch einmal. Aber jetzt kam aus dem Bett an der anderen Wand keine Antwort mehr. „Ich glaub wahrhaftig, der herzlose Schuft is eigeschlafe! Da siehste, August, daß auf den kein Verlaß is.“

„Halt den Mund“, hörte Adolf den großen Bruder sagen, denn er war keineswegs eingeschlafen. „Es ist wirklich en bißche viel verlangt vom Adolf.“

Viel verlangt, ja, das war's beim Zeus! Aber konnte er sich denn drücken? Der Onkel Waterlo würde bestimmt ein paar Gulden herausrücken, das tat er immer. Und wieviel Kummer bliebe damit den Eltern erspart! Schließlich war Georg ja auch sein Bruder, selbst wenn er sich oft über ihn ärgerte. August hatte ihnen von klein auf beigebracht, daß kein Bruder den anderen in der Tinte sitzenlassen dürfe. Das mit dem Eis war, ehrlich gestanden, eine Ausrede. Georg hatte ganz recht, er war schon oft gelaufen, wenn es bedenklicher aussah. Ein bißchen Tauwetter war eine Herausforderung, und noch nie war er gern einer Herausforderung aus dem Weg gegangen. Und der Georg hatte vorhin zum erstenmal zugegeben, daß er der schnellste Eisläufer war . . .

Adolf brummte der Kopf vor lauter Nachdenken. „Mal sehn, was morge für Wetter is“, sagte er noch in die Dunkelheit hinein.

Der nächste Morgen war frisch und klar. Alle Pfützen waren wieder zugefroren, als Adolf zum Dom hinaufging. Es war Mittwoch, der Tag des freien Nachmittags; da war es die Regel, daß die Brüder gleich nach Tisch ihre Schularbeiten machten. Danach waren sie dann bis zum Abendessen frei, zu tun und zu lassen, was sie wollten. Wenn nur niemand auf den Gedanken kam, etwas über das Tauwetter der zwei letzten Tage zu sagen!

Nach der Messe hatten Adolf und der Kaplan immer ein freundliches kleines Gespräch miteinander. Der Kaplan hatte längst alles über Janosch und den Falken erfahren; er war sogar einmal mit Adolf im Stall gewesen, als er zu Onkel Emmerich ging, um sich ein altes Meßbuch anzusehen. Kein Wort hatte er zu Janosch gesagt, nur freundlich gegrüßt, und fertig. Adolf rechnete ihm das hoch an.

Einmal waren sie zusammen im Dom umhergegangen, der Kaplan hatte ihm den schönen, romanischen Taufstein gezeigt, und sie hatten das Wappen der Knodts über dem dritten Chorstuhl rechts vom Hochaltar angesehen. Das war einst der Platz des Kanonikus Knodt gewesen, der ein Urgroßonkel sowohl des Kaplans wie auch des Amtmannes gewesen war. „Zwei Lanzen von einem Knoten zusammengehalten; die eine kämpft für Gott, die andere für Recht und Ehre, und der Knoten des Glaubens verbindet sie“, erklärte der junge Priester dem Jungen. „So wenigstens habe ich es mir zurechtgelegt.“

Adolf nickte dazu; es war dasselbe Wappen, was der Papa in seinem Siegelring trug. Aber heute war er zu sehr mit seinen eigenen Problemen beschäftigt, um sich für Familiengeschichte zu interessieren. Endlich rückte er mit der Frage heraus, die ihm so schwer auf der Seele lag. „Wenn Sie en Bruder hätte, Herr Kaplan“, fing er an, „un der Bruder wär en ziemliches Ekel, un Sie könnte ihn eigentlich nit besonders leide . . .“

„Mach's kurz, Adolf“, antwortete der Kaplan. „Der, den

du nicht ganz so gern hast wie die anderen, ist wohl der Georg. Und nun erklärst du mir vielleicht, was du mit dem vorhast."

„Och, vor hab ich nix mit dem. Ich wünscht bloß, er hätt nix mit mir vor. Aber jetzt verlangt er auf einmal, daß ich ihm en Gefalle tu. Un was täte Sie denn, Herr Kaplan, wenn Ihne Ihrn Bruder, der Sie das ganze Jahr nix wie ärgern tut, Sie plötzlich um was bitte tät?"

„Nun, Adolf, die Antwort weißt du doch selber. So viel wirst du wohl vom Religionsunterricht behalten haben, daß wir einem Bruder nicht nur siebenmal, sondern siebenzigmalsiebenmal verzeihen sollen. Wenn du dem Georg einen Gefallen tun kannst, dann ist das eine gute Gelegenheit, ihm zu zeigen, daß du gern gut Freund mit ihm sein möchtest, und bestimmt würde er sich dann auch Mühe geben, immer nett mit dir zu sein. Außerdem würde ich mich nicht wundern, wenn er sich genauso oft über dich ärgerte, wie du über ihn."

„Meine Sie?" fragte Adolf erstaunt. Ja, genau das meinte der Kaplan, der gut mit Buben Bescheid wußte, das merkte man in der Schule. Er war als Zweitjüngster von sieben Brüdern aufgewachsen. „Nun lauf", sagte er, „und tu deinem Bruder den Gefallen. Und wenn's dir schwer wird, dann tu's ad majorem dei gloriam."

So kam es also, daß Adolf an diesem Nachmittag, nachdem er seine Schularbeiten gemacht hatte, mit dem besten Gewissen von der Welt zum Fluß hinunterging. Niemand hatte das Tauwetter erwähnt, denn an allen Dachrinnen hingen wieder glitzernde Eiszapfen. Niemand fragte auch, was er vorhatte. Die Mutter war immer dafür, daß sie die kurzen Stunden Tageslicht, die nach der Schule noch übrig waren, im Freien verbrachten. Nur über die Pläne der beiden Kleinen sollte Paula Bescheid wissen.

Aquarius mußte Adolf wieder bei Onkel Emmo lassen, denn die Tante in Dietz war ein bißchen etepetete und konnte es schlecht vertragen, wenn Hundehaare auf ihren Möbeln zurückblieben oder Dappen von schmutzigen Hundepfoten auf ihren blanken Parkettböden. Die Eisdecke fühlte sich großartig fest und zuverlässig an, als er die ersten ausholenden Schritte machte. Er war so froh und frei wie ein Vogel, wie immer, wenn er auf Schlittschuhen stand; schoß geschwind unter dem Brückenbogen hindurch und kam ordentlich in Fahrt. Daß er nirgends einen seiner Kameraden auf dem Eis sah, fiel ihm nicht weiter auf. Nicht viele waren so wild auf den Eislauf wie die Amtmannsbuben. Die meisten hatten im März genug davon; nur das Eisschollenspringen war noch einmal ein Höhepunkt der Wintersaison, aber so weit war es dieses Jahr noch nicht. Sie konnten es kaum abwarten, sich wieder den Spielen der guten Jahreszeit zuzuwenden. Zwei hatten heute schon Säckchen voller Klicker mit in die Schule gebracht. Das war so sicher ein Frühlingszeichen wie das erste Schneeglöckchen.

Zwischen Limburg und Dietz macht die Lahn ein paar der malerischen Windungen, die ihren ganzen Lauf kennzeichnen. Der Fluß hat es nicht leicht, sich durch das schmale Tal zu schlängeln. Fast nirgends hat die Straße zwischen Berg und Wasser Platz, und die damals noch ganz junge Eisenbahn vom Rhein die Lahn hinauf konnte es nur mit Hilfe vieler Tunnels schaffen. Aber auf dem Fluß, im Sommer mit dem Ruderboot, im Winter mit Schlittschuhen an den Füßen, kam man schnell voran. Die Verwandten in Dietz waren zu jeder Jahreszeit ein beliebtes Ausflugsziel der Brüder. So hatte denn Adolf auch heute die Hälfte des Weges bald geschafft. Hinter dem nächsten Hügelrücken mußte er schon das finstere Dietzer Schloß sehen.

Als er merkte, daß unmittelbar vor ihm wie ein Schatten eine dunklere Stelle lag, war es schon zu spät. Es splitterte unter seinen Füßen, es zog ihn hinunter, die Beine sackten weg, die Kälte des Wassers nahm ihm für einen Augenblick das Bewußtsein. Aber gleich war er wieder hellwach. Nur nicht abtreiben, dachte er. Er spürte, wie die Strömung an ihm saugte, machte Schwimmbewegungen und wandte sich mit aller Kraft gegen den Strom. Es ging elend schwer in den nassen Kleidern, mit dem Gewicht von Schuhen und Schlittschuhen an den Füßen. Aber zum Glück hatte er beim Springen und Tauchen in vielen Sommern gelernt, mit offenen Augen unter Wasser zu schwimmen. Er sah das schwache Licht, das durch das Einbruchsloch kam, hielt darauf zu, und als er das Loch erreicht hatte, versuchte er, sich mit den Armen aufs Eis zu stemmen. Es brach immer wieder unter ihm weg; erst beim vierten Versuch fand er eine festere Stelle. Nicht aufstehen, sagte er sich; nicht dem morschen Eis sein unverteiltes Gewicht zumuten. Er lag flach mit dem ganzen Körper auf dem Eis, verschnaufte einen Augenblick; es war ihm entsetzlich übel, er spuckte Wasser und kroch ganz langsam weiter, dem nahen Ufer zu. Bald konnte er die hängenden Zweige einer Weide fassen und sich hinaufziehen.

Nun lag er auf dem Uferweg, keuchend, Wasser speiend, bis er dachte, sein Magen habe sich um und um gedreht; dann ohne sich zu rühren. Erst jetzt wurde ihm die eisige Umklammerung seiner Kleider bewußt, und obwohl er alles mögliche dafür gegeben hätte, einfach liegenzubleiben, fiel ihm ein, daß er erfrieren würde, wenn er sich nicht bewegte. Er setzte sich auf. Es war ihm schwindlig, und nochmal brach ein widerlicher Strom von schlammigem Wasser durch Mund und Nase aus seinem Inneren. Er würgte und schluckte, stöhnte und fluchte, aber endlich brachte er doch die Energie auf, die Schlittschuhe abzuschnallen, die Schuhe auszuziehen und das Wasser herauszukippen.

Er sah sich um und begriff, wo und warum es ihn erwischt hatte. Es war die Stelle, wo eine schmale Wiese zwischen Fluß und Wald eingebettet lag. Im Frühling hatten sie jedes Jahr die ersten Leberblümchen und Anemonen hier geholt, weil der Platz die volle Nachmittagssonne bekam. Ich Hornochse! dachte er; wär ich am anderen Ufer, im Bergschatten gelaufen, wo alles noch steifgefroren ist, dann wär mir nichts passiert. Auf der kleinen Wiese lagen nur noch wenige grauweiße Schneeplacken; zwischen dem Goldbraun vorjähriger Gräser ließ die Nachmittagssonne ihre Lichtkringel spielen – und nichts konnte ihm jetzt lieber sein als ein wenig Sonne.

Kein Mensch, kein Haus weit und breit. Jetzt zog er auch noch die Strümpfe aus, rieb sich die kalten Füße und streckte sie in die Sonne. Dann kam der dicke Anzug und das Unterzeug dran. Soweit er es mit seinen steifen Fingern zuwege brachte, wand er alles aus, hängte die Klamotten an die Weide und fing an, die schmale Wiese entlang Dauerlauf zu machen. Erst klapperte er mit den Zähnen, aber die schnelle Bewegung und die freundlichen Sonnenstrahlen, obwohl sie noch nicht viel Kraft hatten, machten ihn bald warm. Dreißig Schritte hin, dreißig Schritte zurück. Er lief und ruderte mit den Armen, aber wie sollte es nun weitergehen? Mit Dietz war es aus, auch wenn es fast zum Greifen nahe war. Die Kleider konnten nicht trocken geworden sein in der kurzen Zeit, aber er mußte wieder hinein, da half nichts. Solange sie ihn zu Hause nicht vermißt hatten, bestand Hoffnung, daß er unbemerkt in sein Zimmer kommen und sich umziehen konnte. Er war sich klar, daß das nur eine vorübergehende Lösung war. Verborgen bleiben konnte die Geschichte auf die Dauer nicht, aber wenn er wenigstens der Mama nicht so triefend unter die Augen zu treten brauchte, war schon viel gewonnen.

Paula! fiel ihm ein, und der Gedanke an die große Schwester zündete ein wärmendes Feuerchen an in seinem kalten Inneren. Er mußte versuchen, Paula zu erwischen, ehe *ihn* jemand erwischte. Vielleicht konnte sie spät am Abend noch seine Kleider im Waschhaus trockenplätten. Dumm war nur, daß man sie so schwer allein treffen konnte. Um diese Zeit versorgte sie die alten Leute im Seitenflügel mit Tee, und wenn sie nicht bei den Tanten war, dann war sie bei Onkel Emmo oder der Babett. Onkel Emmo wäre ihm noch am liebsten gewesen, aber er konnte es sich nicht aussuchen.

Also hinein in die Kleider. Pfui Teufel, wie kalt und feucht sie waren! Die Strümpfe und die Schuhe wieder angezogen. Er lief ein Stückchen am Ufer flußauf, dann schnallte er die Schlittschuhe wieder an, wo das Eis vertrauenerweckend aussah. Es hatte ihn vorhin getragen, es würde ihn jetzt wieder tragen, wenn er aufpaßte, daß er nicht auf mulmige Stellen geriet. Und nun losgelaufen; je schneller er sich bewegte, desto weniger fror er.

Paula saß schon eine ganze Weile bei den alten Damen, nachdem sie erst Onkel Emmerich, dann die Babett mit ihrem Nachmittagstee versorgt hatte. Die Babett hielt sie immer eine Weile auf. Je älter sie wurde, desto mehr lebte sie in der Vergangenheit, und man mußte ihr wohl oder übel ein bißchen zuhören, wenn sie ihre Erinnerungen auskramte. Paula hätte so gern etwas mehr über die erste Frau ihres Vaters gehört, deren Bild zwischen vielen anderen in Babetts Zimmer hing. Aber in der Zeit, von der Babett am liebsten erzählte, als es am Kasseler Hof noch mit Saus und Braus zuging, war die kleine Françoise noch gar nicht geboren gewesen. Immerhin gab es noch eine Silhouette von ihr auf dem Arm ihres Vaters, der bald darauf mit Jerome Kassel verlassen hatte. Keiner hatte je wieder etwas von ihm gehört. Daneben hing das Aquarell eines sehr jungen Mädchens, wahrscheinlich von ihrer Mutter gemalt; schließlich eine Kreidezeichnung der Braut, und daraus strahlte noch etwas von dem Glück, das nur so kurz blühen durfte. Rundum all die Namen, die den Kindern aus Babetts Erzählungen so vertraut waren. Napoleon selber, der schöne Jérôme, das Fräulein von Mayerhofen im großen Ballkleid und dann an der Seite des glänzenden Capitains Dudon d'Enval – die ganze Wand war bedeckt mit den Bildern von Toten. Es war seltsam, daß die Babett fast nie über die junge Frau sprach, gerade als wären in ihrer Erinnerung Mutter und Tochter zu einer Person verschmolzen.

Das Zimmer der Tanten hatte eine alte Tapete in Weiß und Braun, auf der sich eine romantische Landschaft endlos wiederholte: eine Ruine im Mondschein, hohe Bäume, eine Quelle mit Liebespaar, es hätte eine Illustration zu einer von Tante Stinas Novellen sein können. Und auch hier Porträts an der Wand, ein Bilderbuch der Vergangenheit. Die beiden Betten standen in dem Alkoven hinter weißen Gardinen. Auf Tante Stinas Schreibtisch lagen sorgfältig geordnet beschriebene Seiten, aber um diese Zeit des Tages schrieb sie nicht, da wartete sie auf ihren Tee. Die Tanten saßen auf ihren hochlehnigen Sesseln in einer der tiefen Fensternischen. In der Nähe des zweiten Fensters hatte Tante Ulrikes Piano seinen Platz. Die alten Damen blickten erfreut auf, als Paula mit dem Teetablett erschien.

„So hübsch machst du immer alles für uns, liebes Kind", sagte Tante Stina, als das gestickte Tischtuch über den kleinen Tisch gebreitet war, der zwischen den Tanten stand. Paula goß den Tee ein; die dünnen Butterbrote waren auf einem geblumten Teller angerichtet. Nichts von süßen Milchbrötchen oder Rosinentörtchen in der Fastenzeit! Es wurden in diesen Wochen keine gebacken, und die Tanten hätten es auch ungehörig gefunden, in der Fastenzeit solche Schlemmerei zu treiben.

„Komm, setz dich ein Momentchen zu uns", sagte Tante Rikchen. „Denk dir, als uns Frau Gerstenberg heut früh besuchte, erzählte sie, der junge Overberg sei vor ein paar Tagen nach Rußland abgereist."

Die Neuigkeit machte nicht den erhofften Eindruck. „Er sprach auf dem Fastnachtsball davon", sagte Paula. „Schön, wenn man so viel in der Welt herumreisen kann, nicht wahr?"

„Allmählich sollte er seßhaft werden, meine ich. Mit dreißig Jahren ist man kein Märzhase mehr. Die Mütter im Nassauer Land nehmen es ihm schon lange übel, daß er sich nicht zum Heiraten entschließen kann."

„Warum soll er heiraten, wenn er nicht mag?" fragte Paula gleichmütig. „Vielleicht hat er die nicht bekommen, die er haben wollte."

Tante Rikchen ereiferte sich ordentlich. „Jedes Mädchen zwischen Rhein, Main und Lahn könnte er haben, und was glaubst du, Paulinchen, wie viele Angelhaken schon nach ihm ausgeworfen worden sind. Aber er denkt nicht daran, anzubeißen, der Mosjö. Macht jeden Winter einem anderen Mädchen den Hof, und im Frühjahr reist er in die weite Welt und läßt Tränen und Enttäuschungen zurück. Hüte dich vor ihm, Kind, ich hab dir's gesagt und sag es wieder. Wer sich in einen solchen Luftikus verliebt, kann nur Kummer erwarten."

„Liebste Rike", mahnte Tante Stina. „Wir sollten doch in der heiligen Fastenzeit nicht über unsere lieben Nächsten herziehen."

„Recht hast du, Stina. Aber was wahr ist, muß wahr bleiben."

Paula hatte inzwischen angefangen, die Kostbarkeiten auf der Kommode abzustauben, die für der Gretel derbe Hände nicht geeignet waren. Ein Ührchen unter Glas; bemalte Spanschachteln mit Bändern und Spitzen; ein Eisernes Kreuz von 1813, auf rotem Samt gebettet; zwei Meißnergruppen. Paula nahm alles behutsam auf, wischte mit Tuch und Pinsel darüber hin und stellte es wieder an seinen Platz.

„Keine Sorge, Tante Rikchen", sagte sie, „ich hab nicht die Absicht, mich zu verlieben. Wenn ich an all die schrecklichen Komplikationen in Tante Stinas Romanen denke..."

„Aber es geht doch zuletzt immer gut aus, *chérie*", lächelte Tante Stina. Die Arme, bei ihr war es nicht gut ausgegangen. Noch immer trug sie die Locke des Mannes in einem Medaillon über dem Herzen, der 1813 bei Leipzig gefallen war.

Aber nun klopfte es an der Tür, und Adolf kam ins Zimmer, bläulich blaß, mit klappernden Zähnen.

„Jesus, Maria und Josef!" riefen die Tanten. „Wo kommst du her? Du warst doch wohl nicht auf dem Eis, nachdem wir drei Tage Tauwetter hatten?" In der Wärme des Zimmers fingen seine gefrorenen Kleider wieder zu tropfen an. So sind Frauen, dachte er erbittert. Stellen überflüssige Fragen, statt etwas zu tun. Aber da war Paula, seine große Schwester, und die tat etwas. Schon hatte sie ihn hinter den Ofenschirm geschoben, vor den großen weißen Kachelofen, genau an den Platz, wo er jetzt hingehörte in seiner erbärmlichen Nässe und Kälte. „Herunter mit dem nassen Zeug", sagte sie, und wie gern gehorchte er. „Ich lauf und hol dir trockene Sachen."

Als Paula mit einem Bündel Kleider über dem Arm zurückkam, stand er splitternackt hinter dem Schirm und rieb sich die kalte Haut in der wohligen Wärme des Ofens. Sie reichte ihm die trockenen Kleider über den Schirm hin, er ihr die nassen zurück, die sie gleich ins Waschhaus trug, wo um diese Jahreszeit immer irgendwelche feuchten Kleidungsstücke der Buben zum Trocknen hingen. Als sie wieder hereinkam, brachte sie einen frischen Aufguß heißen Tee mit. Sie sei niemand im Haus begegnet, sagte sie auf Adolfs besorgte Frage. Die Mama war mit den Mädchen in die Kreuzwegandacht gegangen, der Papa noch bei einer Verhandlung im Gerichtssaal, und Onkel Emmerich in seine Übersetzung vertieft. „Bleib du nur am Ofen", sagte Paula, „du kannst uns von dorther berichten, was du angestellt hast."

„Wenn er sich nur nicht den Tod geholt hat!" hörte er Tante Stina seufzen.

„Das Eis war tadellos fest", sagte er. „Erst als ich an die Biegung halbwegs Dietz kam, wo immer grad die Mittagssonn hinscheint, da kracht's auf einmal, und schon hab ich dringelege."

„Adolf! Halbwegs Dietz? Was hattest du denn in Dietz zu tun?"

„Weil doch der Onkel Waterlo dort is. Kann einer denn nit emal sein Pateonkel besuche geh, wenn er'n so lang nit geseh hat."

„Du arm Kind", sagte Tante Stina tiefgerührt über soviel Familiensinn. „Da bist du aus schierer Liebe zu deinem Patenonkel fast ertrunken! Gib mir doch mal das Riechfläschchen von der Kommode, Paula, mir ist ganz elend."

„Da steckt doch noch was anderes dahinter als schiere Liebe?" sagte Paula, die in den Wochen seit ihrer Heimkehr zu viele Erfahrungen mit Brüdern gemacht hatte, um an so zarte Gefühle zu glauben.

„No ja, ich hatt auch sonst noch was zu erledige", sagte Adolf. „Für den Schorsch, nit für mich selber. Der Schorsch hat mir nämlich was aufgetrage, un der Herr Kaplan Knodt hat gesagt, es wär zur größere Ehr Gottes, wenn man seim Bruder en Gefalle tät."

„Was hat denn der Schorsch mit der Sache zu tun?"

Adolf tat einen tiefen Schnaufer. Wo die Sache so elend schiefgegangen war mit Dietz und seinem splendiden Patenonkel, blieb nichts anderes übrig, als daß die Tanten dem Schorsch die zwei Gulden pumpten. „Wenn ihr niemand was verrat, sag ich's euch", brachte er nach schwerem Überlegen heraus.

„Du hältst uns doch wohl nicht für Klatschbasen, Kind!" sagte Tante Stina mit schwacher Stimme. Nur die begreifliche Neugier bewahrte sie davor, in Ohnmacht zu fallen.

Adolf trank schnell den Rest in seiner Teetasse aus, um noch etwas Zeit zu gewinnen und weil ihm das heiße Getränk so tröstlich in den kalten Bauch rann. „Also der

Schorsch, der braucht unbedingt zwei Gulde", fing er endlich an. „Er hat sich was kaufe müsse, un Geld hat er keins gehabt, un da hat er sich's halt gepumpt von dem Trombetta. Un wenn er's vor Ostern nit zurückgibt, dann gibt's den größten Stunk der Weltgeschicht."

„Geld geliehen!" sagte Tante Rikchen. „Schulden gemacht!" Die Tanten sahen einander mit großen, erschrockenen Augen an. Sie hatten vor vielen Jahren mit einem ihrer Brüder großen Kummer erlebt: unter acht tüchtigen, ehrenhaften Geschwistern ein Verschwender und Abenteurer, ein Charmeur, dem keine Frau widerstehen konnte. Er war verdorben und gestorben irgendwo in Südamerika.

„Warum ist er denn nicht zu uns gekommen, der dumme Bub. Natürlich müssen wir ihm helfen. Der Papa darf es nicht erfahren."

„Aber Tante Stina!" sagte Paula und streichelte die zitternden Hände der alten Dame. „Verheimlichen können wir es dem Papa doch nicht. Das wär ja dasselbe, als wenn wir ihn belügen würden."

„Aber was sonst, Kind? Was denn sonst?"

„Georg muß zum Papa gehn und ihm alles beichten", sagte Paula. „Eine andere Lösung gibt es nicht."

„Und wie steh ich dann da?" wandte Adolf ein, obwohl er einsah, daß Paula recht hatte; August hatte es ja gleich gesagt. „Wo ich ihm doch versproche hab, nach Dietz zu laufe?"

„Ich muß jetzt den Abendbrottisch decken", sagte Paula. „Komm mit herauf, Adolf, wenn du einigermaßen durchgewärmt bist. Sprich vor dem Essen noch mit Georg, damit er Bescheid weiß. Wenn er sieht, daß dich sein Leichtsinn fast das Leben gekostet hat, wird's ihm vielleicht eine Lehre sein."

„Och der! Der sagt wahrscheinlich noch, ich wär ein dummer Stoffel, dem man nix auftrage könnt. Un das Lebe hätt's mich auch so leicht nit gekost, wo ich doch unter Wasser schwimme un gucke kann."

„Ach, Adolf!" sagte Paula und legte schnell einmal den Arm um seine Schultern, als sie zusammen über den Flur gingen. „Ich kann's gar nicht ausdenken, wie schrecklich es gewesen wäre, wenn sie dich tot aus dem Fluß gezogen hätten. Auch der beste Schwimmer kann ertrinken, wenn er unters Eis gerät."

„Komisch", sagte Adolf, „ich hab keinen Moment dran gedacht, daß ich ersaufe könnt."

Doch nun hatte Aquarius in Onkel Emmos Zimmer seine Stimme gehört. Er stieß ein Jaulen aus, sprang gegen die Tür, daß sie in allen Fugen krachte, seine Pfote schlug auf die Klinke, und schon war er im Flur und brachte sich selber, Adolf und Paula fast um vor Wiedersehensfreude. Drinnen wurde ein Stuhl gerückt und Onkel Emmos Stimme sagte ärgerlich: „Bring deinem Hund gefälligst bei, die Tür von außen wieder zuzumachen, Adolf!"

„Wird gemacht, Onkel Emmo", rief Adolf zurück.

„Heut abend im Bett bet ich noch einen Rosenkranz zum Dank für deine glückliche Errettung", sagte Paula.

„Vielen Dank, Paulinche!" sagte Adolf und lief, zwei Stufen auf einmal, zu den Brüdern hinauf, um ihnen den mißglückten Ausgang der Rettungsaktion mitzuteilen. Es war ihm nicht behaglich dabei, er wollte es so schnell wie möglich hinter sich bringen. Georg würde ihm Vorwürfe machen oder womöglich Spott und Hohn über ihn ausgießen. Das war noch nicht das schlimmste. August würde wahrscheinlich kein Wort sagen, aber was mußte er von ihm denken?

Als er an diesem Abend in sein Bett schlüpfte, fand er einen angeheizten Stein am Fußende. Die gute Paula! Und der unvergleichliche Aquarius, der sich heute noch enger an seinen Rücken schmiegte. Adolf war jetzt so müde, daß die Erlebnisse des Tages wie in einem sanften Nebel verschwammen: Das Eisabenteuer, das Gespräch mit den Brüdern, das ziemlich genauso gelaufen war, wie er erwartet hatte, Paulas schwesterliche Fürsorge; Georgs Entschluß, den Vater morgen früh vor der Schule in seinem Amtszimmer aufzusuchen. Er spürte nur die gute Wärme und eine tiefe, dankbare Freude, noch am Leben zu sein. Schon halb im Schlaf hörte er plötzlich den Hund leise knurren und merkte, daß seine Bettkante niedergedrückt wurde.

„Adolf!"

„Ja, August." Er war sofort hellwach und das Herz sprang ihm fast zum Halse heraus.

„Der Schorsch und ich", flüsterte August. „Ich mein . . ., also ich möcht dir nur sage, wir finde, daß du en mordsanständiger Kerl bist. – Gute Nacht, Adolf."

„Gute Nacht, August."

ZWEITES KAPITEL

Ostern fiel früh in diesem Jahr. Schon stieg der Frühlingsmond herauf, jeden Tag ein wenig später, jeden Tag ein wenig voller. Manchmal zog er seine silberne Straße über das klare Firmament, ein himmlischer Hirte der Sternenherde; manchmal spielte er Verstecken hinter ziehenden Wolken, und oft war er nicht zu sehen, weil Märzregen unaufhörlich niederrauschten. Die Landstraßen waren grundlos. Eines Tages wurde bei Tisch davon gesprochen, daß des Herzogs Reisewagen steckengeblieben sei, noch dazu in des Amtmanns Bezirk. Man hatte Vorspann und Leute aus dem nächsten Dorf holen müssen, um einen höchst ungnädigen Serenissimus aus dem Dreck zu ziehen. Ferdinand und Karl kicherten, aber ihre respektlose Heiterkeit wurde sofort durch einen Blick des Vaters unterdrückt. Im Hause eines herzoglichen Beamten lachte man nicht über herzogliches Mißgeschick. Oder jedenfalls nicht im großen Familienkreis, wenn auch vielleicht unter vier Augen. Denn der Amtmann selber war durchaus nicht immer mit seiner Durchlaucht einverstanden, und noch weniger war es sein Bruder Emmerich samt vielen seiner Mitbürger. Da war die brenzlige Frage der Pressefreiheit; da waren die im Volk verhaßten Jagdgesetze und manches andere. Die Konstitution, die der Herzog auf Druck des Volkes bei den Unruhen im Jahre 48 hatte gewähren müssen, behandelte er jetzt sehr eigenmächtig, im Grunde immer noch ein Miniatur-Louis-XIV: *L'état c'est moi!*

Die Tanten, konservativ und fürstentreu, wie es sich ihrer Ansicht nach für Angehörige guter Familien gehörte, wiegten bedauernd die Köpfe: wie ungemein peinlich für den hohen Herrn! Onkel Emmo schnippte ein Stäubchen vom Aufschlag seines Rockes und bemerkte, ein Herzog sei eben auch ein sterblicher Mensch, und der liebe Gott täte gut daran, ihn gelegentlich an diese Tatsache zu erinnern.

Die Mama befürchtete eine Diskussion, und sie fand das schädlich für den Magen während des Essens und ungeeignet für die Kinder aus erzieherischen Gründen. *„Pas devant les enfants, s'il vous plaît!“* sagte sie beschwörend.

Nun, soviel Französisch verstanden auch Ferdinand und Karl schon. Nicht nur bei Hofe, auch in bürgerlichen Kreisen war damals Französisch noch die zweite Umgangssprache, die jeder Gebildete beherrschte; selbst die Sprache des Volkes war mit vielen französischen Brocken gemischt. Das Rheinland war Grenzland; es wurde herüber und hinüber geheiratet, man hatte Verwandte und Freunde hüben und drüben.

Über Serenissimi Straßenmalheur war der Amtmann ungehalten. Es gab Leute bei Hof, die es wurmte, daß der Herzog diesem kleinen Amtmann soviel Freiheit in der Rechtspflege zugestand. Welche Idee, Verbrecher nicht mehr in Ketten legen zu wollen! Früher waren sie gerädert und gevierteilt worden für die gleichen Vergehen. Man würde die Gelegenheit benutzen, ihm etwas am Zeuge zu flicken. Aber das kümmerte ihn wenig. Er war immer seinen Weg gegangen, ohne zu katzbuckeln, und der Herzog wußte, was er an ihm hatte. Was den Amtmann ärgerte, war, daß ihm noch immer nicht ganz gelungen war, es in die harten Bauernschädel der Bürgermeister zu hämmern, wer die Landstraßen in Ordnung zu halten hatte. „Es ist, wie wenn man eine Kuh ins Horn petzt“, sagte er. „Nun, ich werde in der nächsten Zeit ohnehin viel unterwegs sein müssen und ihnen dabei wieder mal ins Gewissen reden. Von überallher kommen Boten mit Nachrichten über Hochwassergefahr.“

„Der Janosch sagt, der Silberling wär immer ganz verdreht, wenn ihn der Holwein gefahrn hat“, sagte Adolf.

„Der reißt ihn ins Maul und benutzt die Peitsch, und das kann der Silberling nit vertrage."

„Ich fahre selbst", sagte der Amtmann. Dann: „Würdest du dir zutrauen, das Pferd einen ganzen Tag auf den aufgeweichten Straßen zu fahren, wenn schon Ferien wären?"

„Und ob!" sagte Adolf überzeugt, traurig, daß noch keine Ferien waren. Mit dem Vater über Land zu fahren, war von jeher ein besonderes Vergnügen für die Brüder.

Es sah wirklich nach Hochwasser aus. Der Elb-Bach, der gleich oberhalb von Limburg in die Lahn mündet und vom hohen Westerwald kommt, dem schneereichsten Gebirge Deutschlands, war bereits so angeschwollen, daß ockergelbe Wellen am Amtshaus und an der Stadt vorbeitrieben. Der Wasserspiegel stieg von Tag zu Tag. So unerwartet schnell war das Tauwetter in diesem Jahr eingetreten, daß von Eisschollenreiten nicht die Rede sein konnte. Wahrscheinlich hätten sich die Brüder diesmal auch nicht daran beteiligt. Nach Adolfs Abenteuer, und vor allem nach Georgs Leichtsinn, der es veranlaßt hatte, fanden sie, man dürfe den Unmut der Eltern nicht aufs neue herausfordern. Georg war recht niedergeschlagen nach seiner Unterredung mit dem Papa, was ihn nach Adolfs Ansicht viel genießbarer machte. Bis auf weiteres war ihm strenger Haus- oder jedenfalls Hofarrest zudiktiert worden. Bis auf weiteres gab es keinen Bummel auf der Hauptstraße, der Schied, mehr für ihn, wo zwischen fünf und sechs Uhr die reifere Jugend der Stadt promenierte. Statt dessen mußte er in seiner freien Zeit Brennholz für die Öfen und Wasser von der Pumpe ins Haus holen und dem Holwein helfen beim Umgraben der Gartenbeete. Daneben schwebte für ihn und Ferdinand noch immer die dunkle Wolke der Osterzensuren am Horizont. Aber die Brüder, wenn sie auch oft stritten, hielten wie Pech und Schwefel zusammen, sobald einer von ihnen in Ungelegenheiten war. Adolf half jetzt täglich Ferdinand bei seinen Schulaufgaben, August, anstatt allein auf den Bummel zu gehen, verbrachte die späten Nachmittagsstunden getreulich an der Seite des grabenden Georg im Garten und paukte dabei unermüdlich Geschichtsdaten mit ihm. Paula half im Französischen, und der kleine Karl übte auf dem Schulweg das Einmaleins mit Ferdinand. Auch Onkel Emmerich tat weiterhin das Seine, um das drohende häusliche Gewitter abzuwenden.

„So grausam hätt's der Papa mit mir nit zu mache brauche", beschwerte sich Georg bei den abendlichen Bettgesprächen mit den Brüdern. „Als ob zwei Gulde die Welt wärn!"

„Es sin nit die zwei Gulde, es is, weil du Schulde gemacht hast", erwiderte Adolf, und August erklärte, es sei noch nicht lange her, daß man wegen Schulden ins Gefängnis gesteckt wurde.

„Bin ich vielleicht nit im Gefängnis?" fragte Georg. „Die richtige Verbrecher läßt der Papa laufe un sein eigne Sohn sperrt er ei."

„Er läßt sie nit laufe", widersprach Adolf. „Er straft sie nur so, daß es en Sinn hat."

„Ich werd versetzt! Ich werd versetzt!" sang Ferdinand vergnügt von seinem und Karls Bett herüber. August fragte erstaunt: „Seit wann freut's dich denn so, wennste versetzt wirst? Ich dacht, du wolltst gern mit dem Karl in dieselb Klaß geh?"

Aber Ferdinand hatte ein Haar darin gefunden, in der Schule zu eng an Karl gebunden zu sein. „Dann tät der mir immer als Muster hingestellt werde. Un wenn ich emal was anders vorhätt, als in die Schul zu geh, dann tät er mir zurede wie em kranke Gaul, ich sollt brav mit ihm geh statt zu schwänze."

„Klar tät ich das", sagte Karl. „Menste vielleicht, ich wollt en Bruder in meiner Klaß hawwe, der nachher vor alle Buwe verdrosche wird un mit em Eselskopp in der Eck steh muß? Un wie willste denn was lerne, wenn du immer schwänze tust?“

„Du immer mit deim Lerne, alter Schulmeister!“ Ferdinand rief sämtliche Brüder zu Zeugen auf, daß Karl ein widerlicher Schulmeister sei und ein Streber obendrein. Karl grinste dazu mit zwei Zahnlücken, die sein ganzer Stolz waren. Mochten sie ihn ruhig Schulmeister schimpfen, jetzt konnte wenigstens niemand mehr „hübscher kleiner Junge“ zu ihm sagen.

Adolf war schon wieder mit seinen Gedanken im Stall. Er dachte daran, daß die beiden Ziegen gerade rechtzeitig für Ostern Lämmer bekommen hatten; daß der Silberling sich immer mehr zu einem zuverlässigen, freundlichen Pferd entwickelte; daß Janosch sein Mißtrauen gegen den „Herrensohn“ fast ganz aufgegeben hatte. Nur in einer Sache konnten sie sich nicht einigen: über den Falken. Adolf träumte Tag und Nacht von dem Vogel.

Immer wieder sah er sich auf dem Silberling durch den Wald reiten, den Falken auf der Faust, wie einst Kaiser Friedrich vor siebenhundert Jahren, der berühmte Falkner des Mittelalters. In der Lappenkiste hatte sich ein einzelner Männerhandschuh gefunden, den streifte er jetzt immer über die linke Hand, wenn er den Vogel fütterte. Ein paarmal hatte er es schon erlebt, daß er ihm auf die hingehaltene Hand stieg, um die Maus zu bekommen, die so verlockend vor ihm hin und her pendelte. Adolf stand und hielt den Atem an. Er fühlte die Schärfe der mörderischen Klauen durch das Leder des Handschuhs, und dabei rann ihm ein Schauer wilder Freude von der Hand bis in die Zehen hinab. „Siehst du, Janosch!“ triumphierte er, „er wird zahm. Jetzt muß mir die Babett en Lederkäppche für ihn nähe, piekfein, mit Glasperle bestickt. Ich weiß genau, wie Falke abgericht werde. Sie sind nit unglücklich, Janosch, glaub mir's doch!“

Immer noch hoffte er, den Zigeuner überreden zu können. Aber Janosch spuckte aus: „Woher weißt du?"

„Steht alles im Buch. Ich wünscht, ich könnt dir die Bilder zeige. So schön, mit Gold und Rot und Blau, Janosch . . ."

„Bah, Buch!" sagte Janosch mit eisiger Verachtung. Nein, es war wieder mißglückt. Ebensogut hätte er Janosch zureden können, selbst für immer zwischen den Gadsche seßhaft zu werden. Und dabei waren sie doch Freunde geworden. Zuweilen durfte er im Stall bleiben, wenn der Zigeuner auf seiner Geige spielte. Dabei bekam er zum erstenmal Lust, sich ein bißchen eifriger dem Klavierspiel zu widmen. Es war doch schön, Musik machen zu können. Manchmal ließ sich Janosch sogar herbei, ihm von dem Leben der Seinen zu erzählen. Von der ewigen Wanderschaft in Mangel und Armut und Gefahr, aber in so großartiger Ungebundenheit, wie es sich die zahmen, satten Bürger nicht vorstellen konnten. Warum er sich von seinem Stamm getrennt, warum er eingewilligt hatte, monatelang in der Verbannung zu leben, das zu fragen wagte Adolf nicht. Es war ein Geheimnis, von dem vielleicht der Vater wußte. Ihm geziemte nicht, daran zu rühren.

Eines Tages, als er mit einer frischgefangenen Maus in den Stall kam, fand er eine Frau dort; ein altes Weib mit grauschwarzen Haarzotteln um das nußbraune, von tausend Falten durchzogene Gesicht; mit großen Ringen in den Ohren und einer grellroten Bluse unter dem schwarzen Umschlagtuch. Sie saß auf einem Strohbündel und sprach mit schnellen, fremdklingenden Worten auf Janosch ein, der mit gesenktem Kopf vor ihr stand, den Arm über den Widerrist des Wallachs gelehnt. Adolf wollte sich schnell zurückziehen, aber sie winkte ihn heran, ergriff seine Hand, drehte sie hin und her und betrachtete sie mit ihren schwarzen, feurigen Augen. Janosch hatte stillschweigend die Maus genommen und sie dem Falken gegeben.

„Gute Hand", sagte die Frau und nickte. „Langes Leben, hörst du, Söhnchen? Viel Glück, viel Leid." Mit ihren harten, schwarzgeränderten Nägeln fuhr sie über die Erhöhung an seinen Fingerwurzeln, schloß die Augen und legte wie lauschend den Kopf auf die Seite. Dann hob sie den Kopf wieder und betrachtete sein Gesicht. „Gut ja. Leicht, nein. – Dies hier gutes Haus. Gut zu Janosch. Janosch jetzt fort mit Dale."

„Noch nicht, Dale", sagte Janosch mit einer ganz anderen Stimme, als Adolf sie je von ihm gehört hatte: sanft, unterwürfig, schmeichelnd. „Erst mit Amtmann sprechen, ja?"

Sie schien zu überlegen. „Bald!" sagte sie dann. Es war ein Befehl. Im Hintergrund meckerten die Lämmer. Die Hühner kratzten mißmutig im Stroh, es war ihnen zu naß draußen und zu langweilig drinnen. Die braune Hand der Frau griff nach einer Henne, die einmal aufgackerte, sich dann gefügig duckte. Wie spielend schlossen sich die Finger um den Hühnerhals. Sie lachte lautlos. Dann ließ sie das Huhn wieder los. Dabei sah sie Adolf an, der wie gebannt auf die krallenhafte alte Hand starrte; fragend, herausfordernd, vielleicht ein wenig traurig sah sie das klare Jungengesicht an und fand keine Spur von Zweifel darin. Nicht einen Augenblick hatte er geglaubt, daß sie eins der Hühner stehlen würde. Hier nicht. Sie war schmutzig und zerlumpt, ein Bettelweib mit einem dicken Bündel, in dem Gottweißwas sein konnte, aber sie würde keine Stecknadel stehlen in dem Haus, wo ihr Sohn Gastfreundschaft genossen hatte. Sie nickte, verstehend und zufrieden; stand auf, warf den Kopf zurück und ging ohne ein weiteres Wort. Sie hatte den Gang einer Fürstin.

Janosch sah ihr nach. „Ich spreche mit Amtmann. Ich gehe bald", sagte er, mehr zu sich selber als zu Adolf. Dann hob er beide Hände mit gespreizten Fingern. „Feind tot. Dale zaubert, er tot.“ Er zuckte die Achseln. „Sonst ein Tag ich tot.“

Ja, dachte Adolf, so hatte sie ausgesehen: eine Zauberin, wie Medea; mächtig wie die Mütter afrikanischer Stämme, von denen Forscher berichtet hatten. „Wohin gehst du?“ fragte er, Trauer im Herzen. „Kommst du nie wieder?“

„Weiß ich?“ sagte Janosch, noch immer mit der fremden Stimme. „Gehen hierhin, dorthin, überallhin. Um Weihnacht dann große Fest, viele, viele Rom treffen in Südfrankreich. Viel Branntwein, viel Tanz, viel Singen. Streit auch, ja!“ Jetzt warf er den Kopf zurück, wie seine Mutter vorhin, lachte: „Letzte Jahr einer nimmt Janosch Mädchen. Janosch Messer, jener auch Messer.“

„Hast du ... ihn ... totgestochen?“ flüsterte Adolf.

„Nicht toter als ich.“ Janosch drückte die Hand auf die Hüfte. „Jener gesund wie Fischlein im Wasser, aber Bauch voll Wut. Dale sagt: fort! Ich gehe. In Februarmond dann, er heiß, heiß! Liegt da, schnauft, hustet. Fertig.“

Als Adolf ins Haus zurückkam, noch ganz benommen von dem, was er gesehen und gehört hatte, traf er Paula im unteren Flur. „Du kommst wie gerufen“, sagte sie. „Jeder muß helfen, Vorräte aus dem Keller heraufzubringen. Das Wasser steigt.“

Es stieg, obwohl die Frauen Kerzen angezündet und gebetet hatten. Er lief mit der Schwester die vielen Steinstufen hinunter in die weiten Gewölbe, wo früher Eberbacher Mönche und Laienbrüder die Abgaben der tributpflichtigen Bauern eingelagert hatten; hier, auf dem Speicher und in den Scheunen. Der Amtmann und Onkel Emmo waren schon dabei, Flaschen aus den Lattengerüsten im Weinkeller in einen höher gelegenen Raum zu bringen. Die beiden Mägde halfen der Mama, die vielen Gläser mit Gelee und Marmelade zu bergen; die Steintöpfe mit Pflaumenmus und eingesalzenen grünen Bohnen; Kohlköpfe, Rüben, Kartoffeln, Salzgurken. Holwein plagte sich mit dem großen Sauerkrautfaß, wobei ihm August und Georg halfen. Zu den kleinen, vergitterten Fenstern hoch oben an den dicken Mauern sickerte in schmutzigen Rinnsalen Wasser herein. Die Steinböden waren schon überschwemmt, man konnte sehen, wie die Flut langsam stieg. Sämtliche Brüder waren unten und halfen, barfuß, mit aufgekrempelten Hosen und fröhlichem Geschrei. Sie wußten Bescheid, wo angefaßt werden mußte. Wenn man in so naher Nachbarschaft mit einem Fluß lebte, mußte man immer auf alles mögliche gefaßt sein.

Als nichts mehr wegzuräumen war, gingen alle hinauf, naß und müde. Die Frauen ließen ihre aufgeschürzten Röcke herunter, jeder zog sich Schuhe und Strümpfe wieder an, und dann wurde das Feuer im Küchenherd neu angelegt, der große Wasserkessel aufgesetzt und Tee gemacht zur inneren Erwärmung. Im warmen Wohnzimmer breiteten die Buben ihre Bücher und Hefte auf dem großen Tisch aus und begaben sich an ihre Schulaufgaben. Nur Adolf hatte schnell erst noch etwas mit Paula zu besprechen, die sich mit dem nie leerwerdenden Stopfkorb an die äußerste Ecke des Tisches zurückgezogen hatte. Er mußte die Erlebnisse des Nachmittags loswerden. „Sie hat mei Händ angeguckt", flüsterte er. „Sie hat gesagt, ich tät lang lebe. Gut, ja, hat sie gesagt, leicht, nein. Dabei hat sie mich mit so kullerige Auge angeblitzt, daß mir ganz komisch geworde is."

„Aber Adolf", sagte Paula, „das ist ja Aberglaube und Sünde. Gott allein weiß, was die Zukunft bringt."

„Ich glaub's aber doch. Und was meinste, sie hat dem Janosch sein Feind totgezaubert, der, wo ihn gestoche hat, un wege dem er weggemußt hat von seine Leut. Fort, fort, hat die Dale gesagt, denn sonst hätt der ihn noch umgebracht, oder der Janosch ihn, was weiß ich. Das war im Dezember, un im Februar, da hat sie gezaubert, un der Feind hat Fieber bekomme, is gestorbe in seim Bett, un keiner kann sage, daß sie oder daß der Janosch dran schuld is. Jetzt kann er wieder zu seim Stamm zurück. – Dale is zigeunerisch für Mutter, weißte."

„Einen Menschen totzaubern, du wirst doch solchen Unsinn nicht glauben", sagte Paula. „Außerdem wäre das ja auch Mord."

„Wart nur, ob ich lang leb. In vierzig Jahr wolle wir wieder drüber rede." Dann fiel ihm etwas anderes ein. „Du hattst doch heut en Brief aus Nancy, Paulinche, gell? Was schreibt denn die mère Céleste? Meint sie, du solltest ins Kloster geh?"

„Mach jetzt erst deine Aufgaben, und hab ein Auge auf Ferdinand, daß der seine ordentlich macht. Du kannst heut abend in mein Zimmer kommen, dann erzähl ich dir alles."

Spät am Abend also, als die Brüder in den Betten lagen, blieb Adolf wach, bis er die Schwester heraufkommen hörte und den Schein ihrer Kerze durch die Türspalte scheinen sah. „Komm, Aqua", sagte er, und sie schlichen zu ihr hinüber. Wie immer bei ihren abendlichen Gesprächen saßen sie zusammen auf dem Bett unter der Daunendecke. Die Kerze flackerte, Aquarius brummte zufrieden. Während sie sprachen, kraulte Adolf Aquas Kopf, und Paula streichelte seinen Rücken.

„Du darfst es dir nicht einfach vorstellen, so einen Entschluß zu fassen", sagte Paula. „Es sind hundert Dinge dabei zu überlegen, und es ist nicht leicht, zu wissen, ob man wirklich berufen ist."

Sie hatte den Brief der Nonne in der Hand und las ihn auf französisch Adolf vor, aber manches mußte sie doch für ihn übersetzen. Mère Céleste wiederholte, was sie schon in einem früheren Brief gesagt hatte, sie hätte in Nancy nie den Eindruck gehabt, daß Paula eine der Schülerinnen sei, die ins Kloster zurückkehren würden. Schon dort sei ihr der Gehorsam doch oft recht schwer geworden. Und nun fürchte mère Céleste, daß sie auch ihrer Mutter nicht immer ohne inneren Widerspruch gehorche. Im Kloster aber, das wisse sie ja, werde unter dem Gelübde des Gehorsams verstanden, daß man nicht nach dem Warum und Wieso frage, sondern ohne Widerspruch und unbedingt gehorche.

Paula seufzte tief, und Adolf seufzte teilnehmend mit. Diese ganze Brut von jungen Isberts hatte einen harten Kopf, das wußten sie selber; oft genug hatte jeder von ihnen damit an eine noch härtere Wand gestoßen. Es gab ein altes Namensbuch aus dem dreizehnten Jahrhundert unter Onkel Emmos Schätzen, in dem der Name Isbert schon vorkam. Er ist aus is, das Eisen, und bert, das Glänzende, zusammengesetzt, und Onkel Emmo behauptete, daraus ginge hervor, daß schon der erste Träger des Namens ein freier Mann gewesen sei, der sich nicht knechten und zwingen ließ. Durfte man sich da wundern, wenn es den Kindern dieses Geschlechtes schwer wurde, sich unterzuordnen?

„Ich hatte an mère Céleste geschrieben, daß ich gern mein Lehrerinnen-Examen machen und dann im Kloster unterrichten würde", fuhr Paula fort. „Nun fragt sie, wie ich mir das dächte. Die Oberen bestimmten, an welchen Platz man käme, und selbst mit dem Lehrerinnen-Examen könne man mich in die Küche oder den Krankensaal schicken, wenn meinen Oberen das für mein Seelenheil richtig schiene. Jedenfalls rät sie, ich solle mich erst mal täglich hier zu Hause im Gehorsam üben, solle die Mama gleichsam als meine Oberin betrachten. Ich gebe mir ja auch wirklich schrecklich Mühe. Und dann schreibt sie noch, erst müsse ich mich selbst und die Welt besser kennenlernen, ehe ich den Entschluß fasse, ihr für immer zu entsagen."

Damit war Adolf ganz einverstanden. „Die Welt kennelerne, das möcht ich auch, Mann! Herumreise, wie der Herr Overberg, oder noch besser wie Livingstone in Afrika und der Capitain Cook in der Südsee und Marco Polo in

Asien, gell? Laß dir doch mal das grüne Lederbändche von Onkel Emmo gebe, wo alles über die Reise vom Marco Polo drinsteht. Aber du mußt's bei ihm lese, hergebe tut er's nit."

„Ich lese oft ein Viertelstündchen bei ihm, wenn ich ihm den Tee bringe. Er legt mir immer etwas Schönes heraus, und ich finde es herrlich, soviel kennenzulernen, wovon ich bis jetzt nichts geahnt habe. Aber so hat es mère Céleste nicht gemeint. Sie meint, ich solle die *Freuden* der Welt kennenlernen, Gesellschaften und Bälle und Konzerte und Theater, alles, wohin die Eltern mich mitnehmen wollen. Verstehst du, Adolf, man muß doch wissen, was es ist, dem man entsagt, ehe man die Gelübde ablegt, damit es einem nachher nicht leid wird. Sie meint sogar, ich solle mir ruhig auch die Männer ein wenig genauer ansehen, bevor ich entscheide, ob ich nicht heiraten will. Die christliche Ehe, sagt sie, sei auch ein Gott wohlgefälliger Beruf."

„Eine vernünftige Person, diese mère Céleste", entschied Adolf. „Ich hab's ja immer gesagt, daß du heirate sollst."

„Ich wüßte nicht wen", sagte Paula.

Am nächsten Tag stand der Keller einen Meter tief unter Wasser, und draußen regnete es, als wolle es nie wieder aufhören.

„Sicher hat das Zigeunerweib uns die Überschwemmung angehext", sagte die Babett, die alles erfuhr, was in Haus und Hof vorging.

„Sie war kei Hex", widersprach Adolf, der ihr etwas aus der Zeitung vorgelesen hatte, eine unbeliebte Aufgabe, denn die Zeitung interessierte ihn wenig. „Für *uns* wenigstens war sie kei Hex. Sie hätt gut en Hinkel klaue könne, aber sie hat's nit getan. Sie hat gesagt, das Amtshaus wär en gutes Haus. Un das viele Wasser, Babett, das kommt von der Schneeschmelz un vom Rege, das sieht doch jed Kind. Dagege könnt ihr mit eure Kerze un Litaneie nix ausrichte.

Denk doch, vorig Jahr war's zehnmal schlimmer un kei Zigeunerweib weit un breit."

„Scher dich!" knurrte die Babett böse. „Ich will kein Bub in meiner Stubb, der nit an Litaneie un geweihte Kerze glaubt. – Halt! Zeig emal dei Händ her."

Nichts ahnend streckte Adolf seine Hände aus, und jetzt sah er selber erst, daß der linke Handrücken mit kleinen Warzen bedeckt war. Er starrte ganz entsetzt darauf. Gestern waren sie noch nicht dagewesen. Oder hatte er sie nur nicht bemerkt? Jedenfalls war er ganz sicher, daß Janoschs Dale ihm das nicht angetan hatte. Eher kam es ihm vor, als wären die Warzen in diesem Augenblick erst unter den Augen der Babett entstanden.

„Da hawwemers!" sagte die Babett, tief befriedigt, daß sich ihre Vermutung bestätigt hatte. „Das kommt davon, wenn man sich mit Zigeuner eiläßt. Aber wart, ich helf dir davon. Wenn der Mond abnimmt, läßte e dick schwarz Schneck drüwer krabbele; ei von dene, die kei Haus hawwe. Dann steckste sie auf'n Dornbusch, un wenn die Schneck vertrocknet ist, sin die Warze weg."

„Die arm Schneck!" sagte Adolf. „Nee, das mach ich nit."

Trotz dieser unangenehmen Entdeckung war seine Unternehmungslust nicht gedämpft. Am nächsten Tag auf dem Schulweg sagte er zu den Brüdern, die günstigen Navigationsverhältnisse im Keller müßten doch unbedingt ausgenutzt und am Nachmittag nach der Schule eine zünftige Seeschlacht veranstaltet werden. Wasser hatte eine unwiderstehliche Anziehungskraft für ihn, das einzige, worin er nicht mit Aqua übereinstimmte, der ihm sonst durch dick und dünn folgte. Dieser Hund, der nach dem Wassermann im Tierkreis genannt war, hatte vor Wasser immer noch eine Heidenangst. Wenn Adolf mit ihm spazierenging, mußte er jetzt landein gehen, so weit, daß man nicht einmal mehr das Rauschen des Flusses hören konnte. Aquarius, das stand fest, würde sich an keiner feuchten Unternehmung beteiligen.

„Wie wär's, August?“

Aber August sagte, er hätte keine Zeit, es seien bei Georg Schwierigkeiten in der Mathematik aufgetaucht, für die sich Onkel Emmo unzuständig erklärt hatte. Eine Seeschlacht ohne August? Adolf zog ein langes Gesicht. Früher hatte der große Bruder bei Hochwasser immer solche Spiele dirigiert, weil niemand so genau wie er wußte, wie es bei den großen maritimen Ereignissen der Weltgeschichte zugegangen war.

„Sag mir wenigstens e zünftige Seeschlacht, die wir aufführen könnte“, bettelte Adolf, obwohl er August ansah, daß er unter den augenblicklichen Verhältnissen lieber ganz von allen Wasserabenteuern abgeraten hätte. Es war auf dem Heimweg in der Mittagsstunde, und als nun die Kleinen zu ihnen stießen, fingen sie sofort an, gemeinsam mit Adolf den großen Bruder zu bestürmen.

„Na, dann spielt in Kuckucksnamen die Seeschlacht von Lepanto“, sagte August schließlich. Er wollte ja nicht geradezu ein Spielverderber sein; er erinnerte sich gut daran, wieviel Spaß sie früher alle immer bei den Hochwasserschlachten im Keller gehabt hatten. Gefahr war nicht dabei, höchstens für die Kleider, und wenn die nicht naß wurden, brauchte niemand von den Erwachsenen etwas zu merken. „Lepanto, 1571“, sagte August. „Don Juan d'Austria besiegt als Befehlshaber der Flotte der Heiligen Liga die Türken. Aber paßt auf, daß keiner umkippt.“

„Bald gehste mir auf die Nerve mit deine Geschichtszahle!“ sagte Georg.

Am Nachmittag lud Adolf zwei zuverlässige Freunde ein, und auch die zwei Kleinen durften jeder einen Freund mitbringen. Sie alle kannten den Seiteneingang zum Amtshauskeller. Ihre Munition, Kohlköpfe, Kartoffeln und Rüben, hatten sie selber mitzubringen, und möglichst jeder einen der Riesenlöffel, die beim Kochen von Zwetschenmus benutzt wurden und als Ruder dienen sollten.

Leider aber hatte der Emil Müller von der Sache Wind bekommen und drängte sich ungeladen frech mit herein. Statt sich dann wenigstens mit einer bescheidenen Rolle zu begnügen, bestand er darauf, Don Juan d'Austria zu sein, und man mußte ihn energisch in seine Grenzen zurückweisen. Ferdinand, Karl und die anderen Buben unterstützten Adolfs legitime Ansprüche, und Emil hatte sich damit zu begnügen, Ali, den Türkensultan, vorzustellen. Keiner sonst wollte Türke sein. Es mußten Lose gezogen werden, um die Streitkräfte gleichmäßig zu verteilen.

Die kämpfenden Parteien bestiegen je zwei Waschwannen und ruderten gewandt im Keller umher. Es gab keinen Jungen in der Stadt am Fluß, der nicht in früher Jugend schon schwimmen und rudern lernte. Zuerst flogen Kriegserklärungen hin und her. Heftige und kränkende Beschimpfungen wurden ausgetauscht. Dann fing das Bombardement an. Die Türken waren zuerst am Ende mit ihrer Munition, aber entgegen allen geschichtlichen Tatsachen wollte sich Emil-Ali nicht geschlagen geben.

Seine eigene Besatzung meuterte schließlich gegen ihn, und Don Juan schickte sich an, mit seinem Flaggschiff des Sultans Galeere zu rammen, wobei alle Schiffe der Heiligen Liga sowohl wie die der Türken scheiterten und die Besatzung bis an den Bauch im Wasser stand. Sie verdroschen sich noch eine Weile tapfer mit ihren Zwetschenmuslöffeln, machten dabei aber soviel Kriegsgeschrei, daß Kättche auf der Kellertreppe erschien, entsetzt die Hände zusammenschlug und wieder verschwand. Es war nicht schwer zu erraten, daß sie die Mama herbeirufen würde. Aber ehe die herunterkam, waren alle spurlos verschwunden, nur die gekenterten Waschwannen schwammen traurig auf der gelben Flut.

So endete die Schlacht von Lepanto. Adolf, Ferdinand

und Karl spürten ihre Folgen noch tagelang beim Sitzen. Aber August sagte, der große Türkensieg habe auch dem Don Juan kein Glück gebracht. So gehe es eben zuweilen zu in der Weltgeschichte.

DRITTES KAPITEL

Im Amtshausgarten malten die ersten gelben und blauen Krokusse bunte Kanten um das saftige Braun der frisch umgegrabenen Gemüsebeete. Winterlinge ließen ihre Becher von der blassen Märzsonne mit Gold füllen. Der Wald war vom Duft des Seidelbastes durchzogen wie von einem süßscharfen Gewürz, und die Salweiden an den Bachläufen hatten gerade im rechten Augenblick ihre Katzenpfoten aus den Hüllen hervorgestreckt, in denen sie den Winter verschlafen hatten. Am Samtag vor Palmsonntag zogen die Kinder in Scharen hinaus, um Weidenkätzchen zu schneiden, die am nächsten Tag während des Hochamts vom Priester geweiht wurden.

Die Brüder hatten den Nachmittag ganz frei bekommen, auch Georg wurde heute zum erstenmal aus der Haft entlassen, obwohl er und August am Samstag eigentlich bei Tante Rikchen Klavierstunde hatten. Die Eltern waren enttäuscht, daß keiner der Söhne große Fortschritte auf dem Pianoforte machte; das lag gewiß nicht an Tante Rikchen, sondern lediglich an den Buben, die immer Ausreden fanden, sich zu drücken, weil sie ihre freien Nachmittage gern anderweitig verbrachten. „Es hat doch keinen Zweck", sagten sie. „Wir sind einfach unmusikalisch." Dabei sangen sie alle gern und gut und viel, jeder für sich oder alle miteinander, wie es sich gerade traf. Nur August war in letzter Zeit verstummt, denn bei ihm hatte der Stimmbruch eingesetzt. Paula war die einzige, die regelmäßig zu ihrer Unterrichtsstunde erschien. Sie hatte im Kloster schon Klavierstunden gehabt, und hier zu Hause bedeutete es für sie eine willkommene Abwechslung in dem Getriebe der häuslichen Pflichten.

„Kommste mit in Wald?" fragte Karlchen. „Wir gehn

alle mitenanner, en ganzer Haufe von Buwe, große un kleine, un der Herr Kaplan Knodt geht auch mit."

„Lauter Buben!" sagte Paula. „Was würden die sagen, wenn plötzlich ein Mädchen zwischen ihnen auftauchte?" Von alters her gingen Mädchen für sich und Buben für sich in die Kätzchen, das wußte sie noch von früher, und auch Karl hätte es wissen können. Es war zunächst sogar mit Zurückhaltung aufgenommen worden, als der Kaplan gefragt hatte, ob sie ihn vielleicht mitnehmen würden. Ein Priester und Lehrer beim ersten Waldlauf des Jahres? Die Jungen hatten verlegen-bedenkliche Gesichter gemacht. Aber so gut kannten sie den Kaplan nun doch schon, um zu wissen, daß er kein Spielverderber sein würde. Der letzte Zweifel schwand, als er sagte, er erinnere sich aus seiner eigenen Knabenzeit eines Weihers tief im Wald, wo um diese Zeit oft schon Kröten- und Froschlaich zu finden sei. Vielleicht hätte der oder jener von ihnen Lust, ein Glas mitzubringen, um etwas Laich herauszufischen und dann daheim zu beobachten, wie aus den Eiern Kaulquappen und später kleine Frösche wurden. Die Verbindung von Laich und Palmkätzchen war ihnen ebenso neu wie anziehend.

„Dei lange Röck wärn auch vielleicht nit sehr geeignet, wenn wir mitte durch de Wald stromern, gell?" sagte Karl.

Paula dachte, daß lange Röcke für sehr vieles nicht geeignet seien, das Spaß machte. Sie hatte schon als Kind entdeckt und oft dagegen revoltiert, daß es Buben in jeder Beziehung besser hatten als Mädchen. „Ja, die elenden langen Röcke, Karlchen", sagte sie. „Sei froh, daß du keine zu tragen brauchst. Außerdem aber muß doch einer von uns in die Klavierstunde gehen, obwohl ich ja heute gar nicht dran bin. Tante Rikchen ist immer so enttäuscht, wenn ihr jede Woche wieder neue faule Ausreden erfindet. Übrigens fängt sie morgen an, Ostereier für den Eierbaum zu malen. Ich soll euch fragen, was ihr für Wünsche habt."

Die Brüder waren nun alle abmarschbereit; sie hatten

keine Zeit mehr für künstlerische Probleme. „Sie soll nur draufmale, was ihr eifällt", antwortete Adolf für alle. „Ich glaub, wir lasse uns all am liebste überrasche."

Nur Karl äußerte einen Wunsch. „Ich will eins mit em Frosch", sagte er. „Schön grün, un er soll im Wasser sitze." Paula versprach, es auszurichten.

Das Haus roch nach Schmierseife und Bohnerwachs, was Paulas Heimweh nach dem Kloster wieder aufweckte. Auch dort hatte es immer so durchdringend nach Sauberkeit gerochen. Im Amtshaus, wie in allen anderen Häusern der Stadt, war der alljährliche Frühjahrs- und Herbstputz jedesmal eine Haupt- und Staatsaktion, vor der die Männer je nach persönlichen Neigungen und Witterung entweder ins Wirtshaus oder in die freie Natur flüchteten. Der Amtmann und Onkel Emmo waren für Natur. Oft machten sie eine Wanderung an solchen ungemütlichen Tagen, oder Jacob nahm seinen Bruder mit auf einer seiner Fahrten über Land, die er jetzt im Frühling wieder häufiger unternahm. Sie hatten aber auch nichts dagegen, in Onkel Emmos Bücherstube zusammenzusitzen, denn er hatte ein Abkommen mit der Hausfrau, daß seine beiden Zimmer höchstens in seiner Abwesenheit mit Schrubber, Wassereimer und Möbelklopfer überfallen werden durften, und auch dann war es streng verboten, daß jemand die Bücher selbst berührte. Sie standen nicht nur an drei Seiten des Raumes auf Regalen bis zur Decke hinauf, auch in dem anschließenden Schlafkabinett gab es kein Möbelstück mit waagrechter Oberfläche, das nicht mit Büchern, Broschüren und losen Blättern bedeckt war. Wirklich eine schwere Anfechtung für die Hausfrau, die Staub und Spinnweben als ihre Erbfeinde betrachtete.

Emmerich, zwölf Jahre älter als sein Bruder Jacob, war Buchhändler aus Leidenschaft. Er bestritt seinen Lebensunterhalt aus dem Verkauf vergriffener und seltener Werke der europäischen Literatur, früher illustrierter Drucke,

Almanachen aus der Goethezeit, gelegentlich einer alten Handschrift auf Pergament und dergleichen Kostbarkeiten mehr. Früher hatte er mit einem der Brüder im Stammhaus der Familie in Montabaur gelebt; aber Limburg, die Stadt mit dem Bischofssitz und Domkapitel, nicht weit von Wiesbaden und Ems gelegen, wo sich unter den Einheimischen und Kurgästen aus aller Welt immer Kunden für ein Antiquariat fanden, schien ein besserer Platz für ihn als das entlegene Montabaur auf dem hohen Westerwald. Es war eine etwas absonderliche Art Geschäft, das Emmerich betrieb. Noch lange nicht jeder X-beliebige konnte einfach daherkommen und bei ihm kaufen. Wer zu ihm kam, mußte ein guter Bekannter sein oder die Empfehlung eines solchen mitbringen. Lieber hätte er trockenes Brot gegessen, als seine Schätze an andere denn waschechte Liebhaber und Kenner abzugeben. Dazu gehörten ein paar Herren vom Domkapitel; dazu gehörte der Bischof selber, und selbstverständlich der alte Herr Overberg in Bad Ems, dessen Bibliothek so auserlesen war wie sein Weinkeller. Seit einigen Jahren war auch sein Sohn auf den Geschmack gekommen und hatte seither manches schöne Stück von seinen Reisen mitgebracht.

In dieser Umgebung, wo es so anheimelnd nach alten Lederbänden, Papier und Tabak roch und man vor reinlichkeitslüsternen weiblichen Wesen sicher war, saßen die beiden Herren gern zusammen, rauchten ihre Pfeifen, kramten genießerisch in Büchern und Katalogen und führten lange Gespräche, die sich nicht immer nur um Literatur drehten. Die Preußen und ihre Ansprüche wurden in diesem Winter in ganz Nassau, Hessen und am hitzigsten in der Freien Reichsstadt Frankfurt eifrig erörtert. Emmo gehörte zu den Liberalen; er berief sich auf das Wort des Freiherrn von Stein: „Ich kenne nur *ein* Vaterland, und das heißt Deutschland.“ Jacob liebte die bunte Vielfalt der kleinen Fürstentümer, obwohl er mit den Fürsten durchaus nicht immer einverstanden war. Er hatte auch Grund anzunehmen, daß unter der strafferen preußischen Bürokratie für seine bewährte individuelle Art der Rechtsprechung kein Platz sein würde.

Heute war er allein mit dem Wagen unterwegs. Emmerich saß in seinem Zimmer, Nicki auf dem Schoß. Das eintönige Schnurren des großen Katers fand er eine anregende Begleitung für seine Virgilübersetzung, bei der er übrigens nicht an Veröffentlichung dachte; er betrieb sie lediglich zum Vergnügen und als nützliche Übung, um den Geist nicht einrosten zu lassen.

Nachdem Paula an diesem Samstag-Nachmittag ihre Etuden und Sonaten absolviert hatte, kam sie mit Staubtuch und Flederwisch in des Onkels Zimmer. Er hatte sich bereit erklärt, von ihr seine Bücher abstauben zu lassen, eine Ehre, die er so leicht keinem anderen zugestanden hätte. Heute sollte der Rest drankommen, nachdem sie den größten Teil schon im Laufe der Woche erledigt hatte. Während sie eifrig mit Stößen von Büchern zum offenen Fenster lief, sie dort ausklopfte und wieder zurückschleppte, unterhielt er sie mit Bemerkungen über die einzelnen Werke, denn er fand, es wäre Zeit, sie in die Geheimnisse der großen Literatur einzuweihen. Sie war eine ebenso wißbegierige wie ahnungslose Schülerin; ihre Kenntnisse gingen bis jetzt nicht über das hinaus, was für die Schulbildung einer Tochter aus gutem Hause als unerläßlich erachtet wurde. Den Onkel erinnerten ihre eifrigen, naiven Fragen an ein Fohlen, das zum erstenmal auf die Weide gelassen wird und nun neugierig jedes Gras und Kraut beschnuppert. In Nancy war man mit der literarischen Diät der Schülerinnen noch vorsichtiger gewesen als in einem weltlichen Pensionat; sie hatten nur gut abgelagertes Heu, kein Grünfutter vorgesetzt bekommen. Und nun erlebte der alte Bücherwurm das langsam aufkeimende Entzücken, mit dem die junge Nichte an seiner Hand die ersten Ausflüge in die Weltliteratur machte. Sie kannte Stifter und Gottfried Keller noch nicht; sie hatte noch nichts von Kleist gelesen, und von Goethe und Schiller nur die Schulausgaben, von den großen Ausländern ganz zu schweigen. Es juckte ihn in allen Fingern, sie weiterzuführen, aber er mahnte sich selbst immer wieder zu Vorsicht und Geduld.

„Das hätten wir", sagte Paula munter, als das letzte Buch wieder an seinem Platz stand. „Was sind das für süße Bändchen, Onkel Emmo?" Sie buchstabierte die verblaßte und abgegriffene Goldprägung auf dem Rücken der Bücher, die sie als letzte unter den Italienern eingeordnet hatte. „Wer, bitte, ist Giovanni di Boccaccio?"

„Ein Florentiner aus dem Trecento, Kind; Freund von Petrarca. Laß ihn lieber stehen: man muß vorsichtig sein mit diesen ... alten Lederbändchen. Außerdem ist es italienisch, was du doch nicht lesen kannst." („Gottlob", sagte er bei sich.)

„Gehört er zur Bildung?"

„Hm? Darüber sind die Ansichten geteilt. – Und jetzt wäre ich dir dankbar, wenn du uns den Tee holtest. Ich denke, wir haben beide eine Erfrischung verdient."

Paula verschwand mit den Geräten der Reinlichkeit und band sich draußen das rote Tuch ab, das sie der Staubwolken wegen um die Haare gebunden hatte. Bald darauf kam sie mit Tee und Butterbroten zurück, stellte alles auf eine freie Ecke des Tisches, ließ sich in einen der beiden tiefen Sessel fallen und seufzte voller Behagen: „Es ist so gemütlich bei dir, Onkel Emmo!"

Sie saßen noch ein Viertelstündchen ruhig beisammen, länger hatte sie nicht Zeit; es gab noch viel für sie zu tun heute. „Wenn nur der Tag mehr Stunden hätte", sagte sie. „Meinst du, daß irgend jemand es fertig bringt, in seinem Leben alles zu lesen, was man eigentlich gelesen haben müßte?"

„Kaum", antwortete Onkel Emmo. „Und was *man*

müßte ist auch kein Maßstab. Jeder hat seine eigene Wahl zu treffen. Und nicht nur, daß er die Bücher finden muß, mit denen er leben will: er muß die, die er am meisten liebt, die ihm persönlich am meisten zu sagen haben, alle paar Jahre wieder lesen."

„Warum? Das kostet ja noch viel mehr Zeit."

„Macht nichts. Die wirklich großen Bücher sind immer wieder neu und anders. Sie wachsen mit dir. Es ist dasselbe wie mit großer Musik; je öfter man sie hört, desto mehr hat man davon. Wart nur, nächsten Winter lade ich dich einmal nach Wiesbaden ein, und wir machen uns ein paar schöne Tage zusammen. Ich habe oft genug dort zu tun. Wir wohnen bei den Freunden, und abends gehen wir in die Oper oder ins Schauspiel. Das Wiesbadener Hoftheater kann sich schon sehen lassen."

Paula sah ihn so strahlend an, daß sein altes Herz ein paar ganz junge Sprünge machte. „Oh, Onkel Emmo!" sagte sie nur. Und dann fiel ihr auf einmal ein, daß es ja gar nicht sicher war, ob sie im nächsten Winter noch dasein würde; aber sie hielt ihren Mund fest geschlossen; sie wollte sich nicht noch einmal verplappern wie bei Konrad Overberg. Mère Céleste hatte sicher recht, wenn sie sagte, sie solle die Welt erst kennenlernen, ehe sie ihr entsagte. Im Augenblick war ihr nicht sehr nach Entsagung zumute. Ganz plötzlich hatte sie ein wahrer Heißhunger überfallen nach all den Herrlichkeiten, die es noch für sie zu sehen und zu erleben gab.

Sie stand auf und räumte das Teegeschirr zusammen. Drei Kreuzer für deine Gedanken! dachte Onkel Emmo. „Ich muß gehen", sagte sie. „Du bist so gut zu mir!" Sie lächelte und küßte ihn schnell auf die Stirn. „Ich freue mich! Ich freue mich!"

„Ich auch", sagte der alte Herr und sah ihr nach; sie ging genau mit denselben fließenden Bewegungen, mit denen sie tanzte. Mein Gott, so jung war man auch einmal, dachte er.

Draußen kamen gerade die Brüder zur Haustür herein mit ihrer Beute an Weidenkätzchen und Froschlaich und dem üblichen Aufwand von Lachen und Necken und Radau. „Es war prima, Paula!“ – „Wir haben so viel Kätzcher gefunde wie noch nie.“ – „Un Froschlaich! Wunder dich nit, wenn eines Tags überall im Haus süße kleine Fröschcher erumhippe.“

„Wir werden uns vor Freude kaum zu lassen wissen“, lachte Paula. „Vergeßt nicht, für jeden im Haus einen Kätzchenstrauß zu machen zum Hochamt morgen.“

Adolf nahm ihr das Tablett ab und trug es in die Küche. „Wirklich, Paulinche, wir habe noch nie so en schöne Kätzcheausflug gemacht. Im Wald ruft der Kuckuck schon. Gehört habe wir ihn, geseh aber nit. Der Herr Kaplan hat gesagt, man kriegt ihn fast nie zu seh, er ist der scheuste Vogel.“

„Dein Falke ist aber auch scheu, gelt?“

„Er wird zahm. Ich weiß ganz bestimmt, daß er zahm wird. Du mußt mal gucke komme, wie er auf mei Hand hüppt, wenn ich ihm was Gutes bring. Der Aqua legt mir jetzt fast jeden Tag e fette Ratt in de Stall; seit der Überschwemmung gibt's so viel Ratte.“

„Greulich! Der Aqua kann gar nicht genug fangen. Neulich war eine in der Speisekammer. Wir haben den Nicki geholt, und der hat sich entsetzlich vor ihr gefürchtet.“

„Hättet halt den Aqua hole müsse! – Du, der Herr Kaplan hat heut zu mir gesagt, wenn ich wieder mal eim von meine Brüder en Gefalle tun wollt un ihn um Rat frage tät, dann tät er mich aber bestimmt frage, was für ein Gefalle das wär. Woher der bloß gehört hat, daß ich eigebroche bin?“

„Ich weiß nicht, aber neulich hat er sich bei Onkel Emmo Bücher angesehen, und der Papa kam auch dazu.“

Am Dienstag der Osterwoche gab es Zeugnisse und Ferien, und wunderbarerweise war mit Ferdinand und Georg noch einmal alles gut gegangen. Das ganze Haus atmete auf. Nun konnten ungetrübt frohe Ostern gefeiert werden. Da in der Karwoche nicht geläutet wird, besuchten die Brüder statt dessen alle fünf zusammen wieder einmal ihren alten Freund, den Türmer Michel Anderwand. Er erzählte ihnen, was sie längst wußten, daß am Gründonnerstag jedes Jahr die Glocken nach Rom fliegen, um vom Papst neu geweiht zu werden. Ein Bann von Trauer und Stille lag in diesen letzten Tagen vor dem großen Fest über dem ganzen Land. Die Welt hielt den Atem an; kein Glockenton klang von den Türmen.

„Am ersten April bekomm ich en neue Gehilfe", sagte der Michel. „Aber wenn ihr wollt, dürft ihr noch en Weilche weiter morgens den Angelus läute. Der junge Kerl kann nit alles auf einmal lerne." Er zeigte auf die Stadt hinunter, wo er jede Gasse und jedes Haus kannte. Seit vierzig Jahren hatte er den Menschen da unten zu Taufe, Hochzeit und Tod geläutet; seit vierzig Jahren hatten seine Glocken das Lied der hohen Feste gesungen; sie warnten, wenn schwere Wetter im Anzug waren, sie schrieen Feurio! Feurio!, wenn irgendwo bei Nacht ein Feuerschein aufflackerte. „Man muß es in de Fingerspitze spüre", sagte er, „das lernt sich nit in einem Tag." Die zahme Dohle auf seinem Schrank rief Feurio! Feurio! Die wilden Dohlen draußen krächzten um ihre Brotkrusten; die Buben hatten ein ganzes Säckchen voll mitgebracht. In der Stadt sagten die Leute, es wären die Dohlen, die dem Türmer Tod und Geburt, Leid und Freude anzeigten, ehe noch ein Bote zu ihm heraufgestiegen sei.

Karl legte einen Strauß Kätzchen auf den Tisch, den sie am Sonntag mit den ihren hatten segnen lassen. Der Michel befestigte ihn gleich über seinem Weihwasserbecken an der Tür. Bei Gewitter würde er die Kätzchen in das heilige Wasser tauchen und damit aus den vier Fensterchen nach allen Himmelsrichtungen Turm und Dom und Stadt besprengen, damit kein Blitz einschlug.

„Sicher wolle wir weiter läute", sagte August im Namen der drei großen Brüder. „Adieu, Michel, und fröhliche Ostern."

Zu Hause hatten die Frauen inzwischen mit der Eierfärberei begonnen. Die Steintöpfe, in die im vorigen Sommer die Eier in Kalkbrühe eingelegt worden waren, wurden aus dem Keller heraufgeholt, denn die Hühner legten noch nicht genug für den großen Osterbedarf. Fünf Töpfe mit heißem Wasser standen auf dem Herd. In einem hatte man die ersten jungen Brennesselblätter gekocht für grüne Farbe; im zweiten Zwiebelschalen für gelbe. Krapp für rote Eier war aus der Apotheke geholt worden und Indigo für blaue von der Indigomühle weiter oben am Fluß. Die Mutter dirigierte alles, Paula und die Mädchen liefen hierhin und dorthin, Holwein mußte immer wieder frisches Wasser von der Pumpe holen, und die Babett rief aus ihrem Zimmer gute Ratschläge durch die offene Tür. Endlich lagen an die hundert Eier auf sauberem Stroh zum Trocknen. „Aufgepaßt, ihr Mädchen, daß sie nicht fleckig werden! Immer wieder umwenden. Und sobald sie ganz trocken sind, mit Speckschwarte abreiben. Hast du die alten Speckschwarten bereitgelegt, Kättche?"

Am Mittwoch war Eierfärben, am Donnerstag gab es in allen Häusern der Stadt Spinat mit Spiegeleiern. Das war für Karl nicht ein grüner, sondern ein schwarzer Tag. Er hatte sich auf den Kalender verlassen und geglaubt, bei so frühen Ostern könne es noch keinen Spinat geben. Aber was hatten die Marktgärtner und seine eigene Mutter getan? Sie hatten heimtückisch Spinat in Frühbeetkästen gezogen! Und Ferien und Feiertag und Karls gutem Zeugnis zum Trotz wurde darauf bestanden, daß er seinen Teller leer aß. Er hatte einige Übung darin, grünes Gemüse jeder Art und besonders Spinat in seinen Backentaschen unterzubringen und später irgendwo auszuspucken. Da saß er dann, ein unschuldiger und argloser kleiner Junge, und antwortete nur einsilbig auf Fragen, die man an ihn stellte. Außerdem hatte er den Rest Spinat so kunstvoll auf seinem Teller verschmiert, daß der beinahe leer aussah. Aber die Mama war ihm längst auf die Schliche gekommen. Sie schob mit der Gabel erbarmungslos noch ein ganz hübsches Häufchen auf dem Teller zusammen und hielt ihm die Nase zu, daß er schlucken mußte.

„Mir wird so übel", sagte Karl und würgte gewaltig. „Es geschieht euch all ganz recht, wenn ich an Ostern krank bin."

„Das riskiere ich", sagte die Mama ungerührt und reichte Paula Karls Teller. „In den Taubenschlag mit ihm."

Die Tauben, die auf dem obersten Boden des Hauses wohnten, saßen auf den Nestern und brüteten und gurrten einschläfernd dazu. Durch das Flugtürchen konnte man weit über Land sehen. Da gingen überall Jungens, die keine so grausamen Mütter hatten, vergnüglich und frei umher, und Karl saß gefangen. Er beguckte die jungen Tauben, die in zwei Nestern schon geschlüpft waren und von ihren Eltern gefüttert wurden. Nachdem er das so lange getan hatte, wie er gebraucht hätte, seinen Teller leerzuessen, kratzte er den Spinat sauber ab, verstaute ihn hinter den Nestern und klopfte an den Schornstein das verabredete Zeichen, daß jemand heraufkommen und ihn befreien sollte.

Der Karfreitag mit seiner stillen Trauer ging vorüber. Spät am Samstag nachmittag war die Auferstehungsfeier im Dom. In großer Prozession wurde die geweihte Hostie, der Leib des Auferstandenen, aus der Grabkapelle heraufgeholt, und im selben Augenblick, als der Bischof die Monstranz wieder in den Sakramentsschrein auf dem Hochaltar gestellt hatte, fing das feierliche Ostergeläute aller Glocken an, die Orgel erwachte wieder, die Ministrantenglöckchen erklangen, von der Empore herunter tönte der jubelnde Engelsgesang des Knabenchores: „Tod, wo ist dein Stachel? Hölle, wo ist dein Sieg?"

Vor der Feier im Dom hatte der Amtmann Janosch in sein Arbeitszimmer rufen lassen, um ihm den Lohn für seine Arbeit zu geben, den er für ihn aufbewahrt hatte. „Ich bin stolz auf dich, Janosch“, sagte er, als er ihm den kleinen Betrag überreichte, der größer war, als irgend etwas, was der Zigeuner je in einer runden Summe besessen hatte. „Ich verdanke dir ein Pferd und einen Jungen, die beide viel von dir gelernt haben.“ Er hielt ihm die Hand hin, und Janoschs bräunliches Gesicht überzog sich mit dunkler Röte. Er wischte sich seine Rechte am Hosenboden ab, ehe er die des Amtmannes ergriff. „Ich auch stolz auf Euer Gnaden“, sagte er.

Und nun kam Adolf in den Stall, um sich von dem Freund zu verabschieden, der in der ersten Morgenfrühe des Ostertages fort wollte. Die Mutter hatte ein paar dicke Wollsocken für Janosch gestrickt, Tante Rikchen hatte auch für ihn, wie für alle im Haus, ein Ei schön bemalt, und sicher hatten es auch die beiden Mädchen nicht an einem Abschiedsgeschenk fehlen lassen, zum Dank für so viele geflickte Töpfe und unzählige geschliffene Messer. Adolf hatte sich den Kopf zerbrochen, was er ihm geben könne. Schließlich hatte er sich für ein dünnes Büchlein entschieden, in dem Noten und Texte von Volksliedern und Tänzen standen. Vielleicht würde Janosch die Melodien auf seiner Geige spielen und sich dabei manchmal seiner erinnern.

Der Zigeuner stand in der Box bei dem Wallach, als Adolf in den Stall kam. Er wandte sich schnell um, als er Schritte hörte, und tat, als habe er dem Pferd nur frisches Heu aufgeschüttet. Der verwitterte Geigenkasten, ein Bündel mit seinem Handwerkszeug und was er sonst noch besitzen mochte, lagen auf dem Stroh. Er war reisebereit. Schwer zu tragen hatte er nicht.

Adolf zog das Notenheftchen hervor und hielt es ihm hin. „Da! Weilste so schön geige kannst.“

Janosch schüttelte den Kopf. „Kann nicht Noten lesen“,

sagte er. „Alles hier." Er klopfte mit dem Finger an die Stirn.

Sie gingen miteinander in die Box mit dem Käfig. Adolf hatte die Eingeweide und Köpfe der Täubchen mitgebracht, die es zum Osteressen mit einer Semmelfülle geben sollte. Der Falke kam nach einem kurzen Zögern auf seine Hand, nahm die Leckerbissen mit zurück in seinen Käfig, wo er sie mit Schnabel und Klauen zerriß. Janosch und Adolf standen schweigend dabei. Durch die offene Stalltür sah man ein Stück von dem lichtgrünen Abendhimmel. Immer noch sang das große Auferstehungslied der Glocken über Stadt und Land hin. Als der Falke fertig gefressen hatte, flog er auf die oberste Stange des Käfigs, bewegte unruhig die Flügel und streckte den Hals.

„Keine Noten, Adolf", sagte Janosch sanft. „Ihn."

Es kam so unerwartet, daß es den Jungen wie ein Schlag traf. Den Falken hergeben, der gerade anfing, zahm zu werden, mit dem er eines Tages durch den Wald reiten würde, wie die Ritter des Mittelalters, und es würden ihm Lieder dabei einfallen, fast so schön wie die des Tannhäuser. Im Schlafen und Wachen hatte er davon geträumt.

„Janosch?" sagte er mit erstickter Stimme.

Der Zigeuner hielt die Hand in den Käfig, und der Vogel kam sofort darauf, auch ohne daß ihm ein Leckerbissen angeboten wurde. So war es, dachte Adolf traurig: diese beiden kannten einander; sie waren verwandt, sie gehörten zusammen.

„Komm", sagte Janosch. Er trat aus dem Stall in den lichten Frühlingsabend, den Falken auf der Hand. Adolf folgte ihm. Sie gingen die kurze Strecke vom Stall über den Hof zum Garten hinüber. Der Wallach wieherte hinter ihnen her; man hörte, wie er mit den Hufen an die Wand der Box schlug. „Hab gut acht auf ihn", sagte Janosch mit einer Kopfbewegung zum Stall zurück.

„Ja, Janosch." An das Pferd dachte er. An den Falken dachte er. An ihn dachte er nicht.

Der westliche Himmel war nun wie der Goldgrund auf alten Bildern hinter dem schwarzen Filigran der Bäume und dem Dom auf seinem Felsen. Die Glocken waren verstummt. Im Garten flötete ein Fink. Der Falke saß reglos auf Janoschs Hand; seine gelben Augen sahen in die Ferne, stolz und fremd wie am ersten Tag. Die Hand, auf der er saß, bewegte sich langsam auf und ab. Nun fing der Vogel plötzlich an, von einem Fuß auf den anderen zu treten. Adolf hielt den Atem an. Es tat ihm weh in der Kehle. Er sah, wie Luft unter die Flügel kam mit den Bewegungen der Hand; sie schwangen leise auf und nieder. Mein Gott, wie schön sie waren, diese schieferblauen Flügel mit der gelben Zeichnung! Und nun spannten sie sich, und Adolf sah zum erstenmal ihre ganze überraschende Weite. Die Flügel wippten, Janoschs Hand machte eine schnelle Bewegung, als würfe er den Vogel empor.Der Falke stieß seinen heiseren Schrei aus – flog auf. Sie sahen ihm nach. Auf der Akazie weiter unten im Garten baumte er auf, plusterte sich, strich sich mit dem Schnabel das Gefieder glatt, schrie noch einmal und stieg wie ein Pfeil in das Gold des Abends.

Janosch sah Adolf an, und der Junge nickte, blind von Tränen, die er mit Mühe zwischen den Lidern festhielt. Sie gingen miteinander über den Hof zurück, standen ein paar Minuten in der offenen Stalltür. Als Adolf seiner Stimme wieder trauen konnte, sagte er: „Adieu, Janosch. Laß dir's gut gehen."

„Du auch", sagte Janosch, und die Hand, die den Falken gehalten hatte, berührte leicht Adolfs Kopf.

Der Ostermorgen war noch ganz jung, glänzend von Tau und klar wie Bergkristall, als Paula durch den Garten ging. So, dachte sie, muß es gewesen sein, als Magdalena zum

Grabe ging, nichts als Trauer im Herzen, nichts als Tod denkend – und da stand der Lebende und sagte: Noli me tangere.

Sie hatte in der allerersten Messe kommuniziert und war über den Friedhof und durch die obere Mauerpforte zurückgekommen. Zwischen den Gräbern hingehend, auf denen schon Schneeglöckchen und Krokus blühten, hatte sie stärker als je vorher gespürt, daß es den Tod nicht gibt. Und nun der Garten, in dem überall Leben hervorbrach mit einer Gewalt, als vibriere die Erde davon.

„Fohe Ostern, mein Kind", sagte eine Stimme hinter ihr.

„Frohe Ostern, Mama", antwortete sie strahlend. Die Mutter küßte sie auf beide Wangen. „Komm, laß uns die Eier verstecken. – Warum lachst du?"

„Weil du sogar Osterfreude gleich in nützliche Tätigkeit umsetzten mußt."

„Dafür ist eine Mutter und Hausfrau nun mal da."

Sie war so beneidenswert sicher in ihrer Welt. Vielleicht werde auch ich eines Tages so genau wissen, wozu ich da bin, dachte Paula.

Als sie die bunten Eier aus dem großen Korb im Garten verteilt hatten und auf dem Rückweg ins Haus am Stall vorbeikamen, sahen sie durch die offene Tür, daß die Tiere gefüttert waren und überall frisches Stroh lag. Janosch war fort.

Wenig später kam die ganze Familie heraus, alle schon im Sonntagsstaat für den Kirchgang. Die Brüder sammelten die Eier in Körbchen, die mit ins Hochamt genommen wurden, um am Ostersegen teilzuhaben. Gleich nach dem Amt fand vor dem Domportal die Ostereierschlacht der Kinder statt. Es war ein alter Brauch, wobei immer je zwei Kinder ihre Eier aneinanderstießen, und wessen Ei zuerst zerbrach, der mußte es dem Gegner überlassen. Die großen Brüder beteiligten sich nicht mehr an dem kindlichen Vergnügen, und dieses Jahr machte auch Adolf nicht mit. Er eilte nach Hause, um Aquarius aus dem Stall zu befreien, in dem er ihn eingesperrt hatte. Sie machten einen weiten Waldspaziergang miteinander, und als sie heimkamen, war es schon Zeit zum Mittagessen.

Im Wohnzimmer war die festliche Tafel gedeckt, mit bunten Krokusblüten und den ersten frischen Birkenblättern auf dem weißen Damast und mit dem Eierbaum in der Mitte. Tante Rikchen hatte in den letzten Tagen bis spät abends die ausgeblasenen Eier bemalt, die Kättche immer für sie aufbewahrte von den Eierspeisen der Fastenzeit. An den kahlen Zweigen blühte es bunt in allen Farben; die Eier am Baum waren alle mit alten Bauernmustern bemalt, die Tante Rikchen besonders liebte. Aber die Familie bekam jedes Jahr ganz persönliche Eier, für jeden dachte sie sich immer wieder etwas Neues aus. Karlchen hatte wirklich den bestellten grünen Frosch bekommen. „Den nehm ich mit nauf!“ rief er. „Den leg ich nebe mei Froschglas, damit die Kaulquappe en Muster habe, nach dem sie sich richte könne.“

Und nun begann der Aufmarsch der österlichen Speisen. Erst kam die klare Fleischbrühe mit buttergelben Markklößchen. Darauf das gesottene Rindfleisch in Begleitung von Roten Rüben, topasfarbigen Zuckergürkchen, dunkelblauen Rumpflaumen und schwarzen Nüssen. Es folgte das Osterlamm, umgeben von einem Kranz gefüllter Täubchen auf Eiernudeln mit braunen Butterbröseln. Den Beschluß machte ein Vanillepudding mit Mandelsplittern gespickt und mit Himbeersaft übergossen. – Es war ein fröhlicher, ein herzerfrischender Osterschmaus, ein Fest für Augen, Nase und Zunge nach dem langen Fasten.

Der Vater und Onkel Emmo hatten zusammen aus dem Keller zwei verstaubte, spinnwebbedeckte Flaschen Schloß Johannisberger heraufgeholt. Auch die Kinder bekamen heute ein wenig davon in ihre silbernen Patenbecher;

aber bei August wurde zum erstenmal der Wein nicht mit Wasser verdünnt. „Es wird Zeit, daß wir bei dir mit der Erziehung einer guten Weinzunge anfangen“, sagte der Vater, als er ihm sein Glas einschenkte. „Du wirst nun bald sechzehn, August Wolfgang.“ Bei feierlichen Gelegenheiten nannte der Amtmann seine Kinder mit allen Namen, die sie in der Taufe bekommen hatten. „Sei immer mäßig, sonst verdirbst du dir die wahre Freude an einer von Gottes schönsten Gaben.“

Er hob sein Glas mit einer kleinen Verbeugung zu seiner Frau, dann zu den Tanten, aber er setzte es noch nicht an den Mund. Erst wurde es in leiser Schwingung an der Nase vorbeigeführt, um den Duft der Trauben, die Blume des Weins zu erfassen. Schweigend taten es alle dem Hausherren nach; er und Onkel Emmo wechselten einen tief einverstandenen Blick, und nun erst nahmen sie den ersten Schluck, rollten ihn langsam über die Zunge und schlossen die Augen, während das köstliche Getränk die Kehle hinabrann.

„Euer Wohl, meine Lieben!“ sagte der Amtmann. „Mög es uns nie schlechter gehen.“

Sommer

ERSTES KAPITEL

Der April brachte schon Tage mit warmem Sonnenschein und sanften Winden, aber auch noch einen letzten Ansturm des Winters, mit Schlackerschnee und Nachtfrösten. Das konnte jedoch die Frau Rat nicht abhalten, unter Aufgebot sämtlicher Kinder und ihres ganzen Hausgesindes die Gartenarbeit und damit die Sommersaison zu beginnen. Bei anderen Familien wäre das ruhig und beschaulich vorgegangen; im Amtshausgarten aber vollzog es sich mit Pauken und Trompeten, mit Rufen, Kommandieren und gelegentlichem Schelten der Mama, der alles zu langsam ging; mit Gelächter, Neckereien und Balgereien der Buben, geschäftigem Hin- und Herrennen der Mädchen und Brummen Holweins, dem alle Eile in der Seele zuwider war. Was für eine Familie, dachte Paula, der wieder einmal schwindelte bei diesem kribbelnden Getriebe, dem Lärm, dem Tempo, dem aus allen Nähten platzenden Lebensüberschwang ihrer Sippe.

Holwein hatte mit Georgs Hilfe alle Beete umgegraben, auf die vorher Janosch schon Stallmist gebreitet hatte, zeitig genug, daß noch der letzte Frost ihn zermürben, der letzte schmelzende Schnee ihn mit sich in die Erde saugen konnte. Die Mama betrachtete verliebt die weiche, sattbraune, fette Erde, der sie zugetan war wie eine Frau der anderen. Um diese Zeit des Jahres war sie ganz in ihrem Element; ihr rundes Gesicht glühte unter der alten Strohschute wie eine der roten Tulpen, die sich als erste ihrer Art hervorgewagt hatten.

Es wurden im Mistbeet vorgezogene Pflanzen in die Beete gesetzt; Radieschen, Mohrrüben und Schnittsalat wurden gesät, Erbsen gelegt; „die sind nicht empfindlich gegen ein bißchen Kälte“, sagte die Mama. Von den ausdauernden Küchenkräutern mußte alles Welke entfernt werden, damit es Platz gab für neue Triebe. Auf dem Spinatbeet wurde die Schnur gezogen und Same in die Furchen gestreut. Ferdinand und Karl erwogen flüsternd, ob es kein Mittel gäbe, das unbeliebte Gemüse am Wachstum zu verhindern. Es fiel ihnen aber nichts anderes ein, als fleißig zu den drei Eisheiligen zu beten, Sankt Mamertus, Pankratius und Servatius, auf daß die Gestrengen Herren ein Einsehen haben und die keimende Saat erfrieren lassen möchten.

Auch Paula wurde unwiderstehlich mitgerissen von der fröhlichen Geschäftigkeit. Die Sonne schien zärtlich warm, auf der Akazie sang eine Amsel, überall brach Leben aus der vor kurzem noch steinhart gefrorenen Erde. Es zwang einen förmlich, junge Pflanzen in sie zu betten, Samenkörner zu streuen und zuzudecken wie sehr kleine Kinder, die noch eine Weile schlafen müssen, bis es Zeit für sie ist, aufzustehen.

Wenn ich ins Kloster gehe, dachte sie vergnügt, dann werde ich Gartenschwester. Wieder einmal hatte sie ganz vergessen, daß man sich die Arbeit im Kloster nicht aussuchen darf.

Schon steckten die ersten Veilchen blaue Spitzen durch ihr niederes Blattwerk. Schon tanzten die länglichen Blütenstände der Birken, Erlen und Pappeln wie lustige Schwänzchen im Wind; schon lagen weiße Blüten auf den schwarzen Ästen der Pflaumenbäume wie ein Rest Schnee.

Wenn die Mama in der Nacht einen gelinden Regen niederrauschen hörte, fiel ihr nichts dabei ein, früh um vier Paula und die Mädchen zu wecken, um junge Salatpflanzen zu setzen, ehe die Sonne den Boden wieder ausgetrocknet hatte. Nichts sei so gut für ihr Gedeihen, sagte sie, wie ein frisch durchgeweichter Boden.

Am Tag vor Walpurga, als Adolf der Babett etwas in ihr Zimmer brachte, zog sie seinen Kopf zu sich herab und wisperte ihm ins Ohr: „Morge in aller Früh mußte nausgeh, eh der Hahn kräht. Keiner darf dich seh, keiner darf's wisse. Mußt die Warzehand ins Gras mit dem erste Maitau stecke un dazu bete: ‚Walpurg mit de drei Ährn, tu de Hexe wehrn, zerstör das Werk der Böse, tu mich vom Zauber löse.'"

„Sie war kei Hex", sagte Adolf ärgerlich, denn er wollte nichts auf Janoschs Mutter kommen lassen. Aber leider waren die Warzen immer größer geworden. Die Jungen in seiner Klasse fingen an, ihn damit zu hänseln: „Guckemal, auf dem Adolf seiner Hand hat der Deiwel Erbse gedrosche!" Dann konnte Adolf nicht anders, als *sie* zu dreschen, oder auch noch selbst gedroschen zu werden, wie der Fall gerade lag. O ja, er wäre schon um sein Leben gern die verdammten Dinger losgewesen! Vielleicht half Maitau auch, wenn keine Hexerei im Spiele war. Versuchen konnte man's jedenfalls. So schlich er also ganz früh aus Bett und Haus am ersten Mai, gefolgt von Aqua, der ja nicht schaden konnte, weil er kein Mensch war. Auf dem Bleichrasen kniete er ins nasse Gras, badete die Hand im Tau und sagte seinen Spruch her. Aber noch ehe er wieder aufstand, hörte er den Hahn im Hühnerhaus krähen. Nun war doch wieder alles umsonst.

Als die Eisheiligen vorbei waren, ohne Schaden zu tun in diesem Jahr, hielt endlich der Frühling, oder eigentlich gleich der frühe Sommer mit Glanz und Gloria seinen Einzug. Ein zarter Sichelmond stieg am Abendhimmel herauf, und nichts Besseres gibt es für alles, was wachsen soll, als das blasse Licht des zunehmenden Mondes. Nun mußten die Bohnen in den Boden, die so frostempfindlich sind, daß sie nicht vor Mitte Mai gelegt werden dürfen. „Nicht zuviel Erde drüber, Paula", mahnte die Mama. „Bohnen wollen die Glocken läuten hören."

Der Garten war jetzt blau von Veilchen; ihr Duft zog durch die offenen Fenster ins Haus. Paula füllte Schalen und Vasen für alle Zimmer. Das Bild des jungen Offiziers über

Tante Stinas Nachttischchen bekam einen Strauß so gut wie das des alten Goethe bei Onkel Emmo. Als sie die vollste und schönste der Schalen auf ihres Vaters Schreibtisch stellen wollte, fand sie dort schon eine Vase, blau und duftend. Sie stand genau unter dem Bild der toten Frau, und zum erstenmal fiel Paula ein, daß vielleicht auch die winterlichen Sträuße, die Tannen- und Ilexzweige, die ersten Schneeglöckchen und silbernen Weidenkätzchen nicht dem Papa selbst zugedacht waren, sondern der jungen Frau, die ihr kurzes Glück mit dem Leben hatte bezahlen müssen. Aber wer war es, der sie hinstellte? Sie fühlte plötzlich einen Stich im Herzen, eine Anwandlung eifersüchtiger Solidarität mit der Mutter. Was mochte sie empfinden, daß irgend jemand der Verstorbenen Blumen brachte? Mußte es nicht schmerzlich für sie sein, daß dieses Bild da oben hing, immer vor den Augen des Mannes, dessen Leben sie selbst nun schon seit zwei Jahrzehnten geteilt, dem sie sechs Kinder geboren hatte? Trieb denn die arme Françoise immer noch ihr Wesen in der Familie wie ein liebliches Gespenstchen, das sich vom Herzblut der Lebenden nähren mußte? War auch sie, wie die Tanten und die Babett bei allen Umzügen mitgenommen worden, weil sie immer noch im Herzen des Vaters wohnte?

Es dauerte nicht lange, da standen Tränende Herzen und sanfte Vergißmeinnicht vor dem Bild. Es folgten strotzende Tulpen und die ersten Fliederdolden, lila, wie das Birett des Bischofs. Bald würden Rosen dastehen ... Aber noch war Mai, der Marienmonat, in dem alle Madonnenaltäre in Kerzenglanz und Blumenduft prangten. Allabendlich gingen die Frauen aus dem Amtshaus zum Dom hinauf, um der Maienkönigin zu huldigen. Das machte auf eine stille Weise glücklich nach der Arbeit und Unruhe des Tages.

Die Tage wurden lang, und die Welt wurde weit. Wieder, wie jedes Jahr, machte die Familie an schönen Sonntagen

Wanderungen in die Umgebung, über Berge und Täler und blühende Wiesen, durch dichte Wälder, in denen man höchstens einem Förster mit seinem Hund begegnete oder einem Handwerksburschen auf der Wanderschaft. Meist traf man sich dabei mit Freunden, Familien mit Kindern im Alter der Brüder oder mit erwachsenen Töchtern und Söhnen. Da waren die ehemaligen Schulkameradinnen von Paula, Caroline und Charlotte, und die etwas älteren Freundinnen Ottilie und Melanie. Da waren die Trombetta-Söhne, der Provisor von der Apotheke und die beiden jungen Accessisten des Amtmannes, auch sie Söhne nassauischer Familien. Zur Vesper kehrte man in einem der Wirtsgärten ein, die am Fuß von Burgruinen im Schatten grauer Mauern und blühender Linden lagen, mit weitem Blick über das schöne Land. Die erste Heumahd stand schon in Hocken auf den Wiesen; der Duft des trocknenden Heus wehte herauf. Man saß an blankgescheuerten Holztischen, verzehrte den mitgebrachten Sonntagskuchen und ließ sich von der Wirtin eine große Kanne Kaffee für die Erwachsenen, mit Zuckerklumpen und dickem Rahm, geben und für die Kinder frischgemolkene Milch, die köstlich nach Kuhstall und Wiesenkräutern schmeckte. Manchmal badeten die Buben unter einem eiskalten Wasserfall. Es wurden Gesellschaftspiele gespielt, Blindekuh und Bäumchen-wechsel-dich und Verstecken, oder die Jugend tanzte bis in die hellen Abende hinein, denn immer hatte jemand eine Laute oder Geige mitgebracht, und im Notfall tat es auch eine Mundharmonika. Der Mond hing im Gezweig, die Lindenblüten dufteten, irgendwo drunten im Tal sang eine Nachtigall im dichten Buschwerk bei einem Bachlauf. Paula tanzte mit einer süßen Freude am Leben, aber keiner der jungen Männer, der den Arm um sie legte und sie vielleicht ein wenig fester als unbedingt nötig an sich drückte, hatte mit dieser Freude etwas zu tun.

Wenn die Tanten sich an einem der Ausflüge beteiligen wollten, fuhr sie Adolf mit der Chaise hinaus.

Manchmal wurden die Sonntage auch benutzt, um einen befreundeten Pfarrherrn auf dem Land zu besuchen. Da gab es eine alte Kirche zu besichtigen, ein schönes Altarbild oder eine aus Lindenholz geschnitzte Heiligenfigur zu bewundern. Der gastliche Pfarrer erzählte von der Geschichte seiner Gemeinde; die Pfarrköchin trug dunkles Landbrot mit gelber Butter und frischem Quark auf, und es wurde eine Flasche Wein aus dem Keller heraufgeholt, während die Kinder sich an den Früchten des Gartens gütlich taten.

Hatte ein Familienmitglied Geburtstag, und es gab kaum einen Monat im Jahr ohne einen oder mehrere Geburts- oder Namenstage in der großen Familie, dann wurde am darauffolgenden Sonntag etwas Besonderes unternommen. Vielleicht fuhr man mit der Eisenbahn zum Rhein hinunter, bestieg in Koblenz einen gewaltig qualmenden Raddampfer und fuhr stromauf, an Burgen und Dörfern, Wäldern und Weinbergen vorbei. Das waren Ereignisse, von denen die Kinder noch lange sprachen.

Es kam Fronleichnam, an dem Adolf zum erstenmal als Ministrant bei der großen Prozession durch die Stadt teilnehmen durfte. Es war ihm feierlich zumute dabei, und wie er so dahinging in dem frommen Zug, kam ihm der Gedanke, daß es doch schön sein müsse, ein Priester zu sein, der dem größten aller Herren diente. Weißgekleidete kleine Mädchen gingen blumenstreuend vor dem Bischof her, der unter dem goldenen Baldachin dahinschritt, von Weihrauch umwölkt, umgeben von der Geistlichkeit in großem Ornat, gefolgt von den Mitgliedern des Männervereins mit brennenden Kerzen, von Frauen in ländlicher Sonntagstracht oder städtischem Schwarz, von jungen Mädchen mit dem blauen Band der marianischen Kongregation. Alle Kirchenglocken läuteten, sooft der Zug an einem der

Altäre hielt, die an verschiedenen Stellen der Stadt errichtet waren. Dann schmetterten die Trompeten der Musikkapelle feierlich das Tantum ergo, die Gläubigen sangen es kniend mit, und der Bischof hob die Monstranz zum Segen. Fahnen wehten, Heiligenfiguren wurden einhergetragen, vor allen Häusern standen frische Maien, alle Gassen waren durchzogen vom krautigen Geruch der Birkenzweige, von Weihrauchwolken und dem Duft welkender Rosenblätter auf dem staubigen Kopfsteinpflaster.

Man hätte denken können, dieser Sommer wäre ganz wie alle früheren, und doch lag schon, den Kindern kaum merklich, die Andeutung einer bevorstehenden Wandlung in der Luft. Wie jedes Jahr verbrachten die Brüder den größten Teil ihrer freien Zeit am Fluß. Vom ersten Mai an wurde geschwommen, auch wenn das Wasser dann oft noch kalt war. Sie hatten gemeinsam ihr altes Boot geteert, ließen sich darin den Fluß hinuntertreiben und ruderten flußauf zurück. Sie landeten auf der Pestinsel, richteten die Hütte wieder her, die Schnee und Winterstürme beschädigt hatten, brieten Fische an einem Feuer zwischen großen Steinen, kletterten auf die hohen Bäume, um vorsichtig nachzusehen, ob die Jungen in den Vogelnestern schon ausgeschlupft waren. Sie stiegen auch wieder zu der Höhle im Domfelsen hinauf, die sie jeden Sommer auf mehr oder weniger rechtmäßige Weise eingerichtet und verproviantiert hatten. Eine rostige Pfanne lag noch da, ein Stuhl mit drei Beinen, ein Rest schwarzer Asche zwischen den Steinen der Feuerstelle. Aber wo waren die glorreichen Eroberungszüge, die sie von dieser Höhle aus unternommen hatten; wo die Helden von Hannibals Zug über die Alpen; wo Cäsars siegreiche Legionen? August, seit man denken konnte der Anführer aller Jungen des Brückenviertels, nahm dieses Jahr nur selten an ihren Spielen teil. Er saß in Onkel Emmos Bücherstube und studierte allen Ernstes Weltgeschichte.

„Du bist verrückt“, sagte Georg ärgerlich. „Haste nit schon genug für die Schul zu büffele?“

„Ich will dahinnerkomme“, sagte August mit einem verbissenen Eigensinn, der neu an ihm war. „Ich will sehn, ob es so was wie Logik gibt in dem große Durchenanner, das man Weltgeschicht nennt.“

Und Georg: „Sei doch kein Frosch, Mann! Hinter Bücher sitze kannste noch, wenn du en Mummelgreis bist. Die Mädcher auf der Schied gucke immer ganz dumm, wenn ich ohne dich daherkomm.“

„Ihr werd sie schon tröste, du un der Trombetta“, sagte August. Georg zuckte die Achseln, pflückte sich eine Rose oder Nelke für sein Knopfloch und begab sich auf die Schied, die Hauptstraße, die rund um die Innenstadt lief und wo Abend für Abend die Jugend dahintrieb wie ein Strom, dessen Mündung noch niemand kannte.

Adolf schwamm täglich mit den Brüdern; er tauchte und ruderte, aber es war doch nicht mehr die völlig amphibische Existenz früherer Jahre. Vorigen Sommer noch hatte er geglaubt, Aqua würde nach einer Weile den Schrecken des Hochwassers vergessen und sich daran gewöhnen, seinen neuen Herrn täglich stundenlang im Wasser oder auf dem Wasser zu sehen, vielleicht sogar mit ihm zu schwimmen. Aber es schien eher, als sei seine Abneigung gegen den Fluß noch stärker geworden. Adolf konnte es kaum mit ansehen, wie er da am Ufer lag, ein todtrauriger Hund, der nur deshalb nicht mehr laut jaulte, weil ihm das so oft verwiesen worden war. Wahrscheinlich glaubte er Adolf in dauernder Lebensgefahr und brachte es doch bei aller Verzweiflung darüber nicht fertig, seine Angst zu überwinden und einen Rettungsversuch zu machen. Aus den ausgestandenen Qualen wurde unsinnige Freude, wenn Adolf dann wieder auf dem Trockenen stand, sich neben ihn ins durchsonnte Gras legte, ihn streichelte und tröstete und versicherte, daß es für diesen Tag genug sei mit dem Wasserleben.

Da traf es sich denn gut, daß der Junge in diesem Jahr Pflichten übernommen hatte, die besser zu Aquarius' Vorliebe für festes Land paßten. Als er nach dem Abschied von Janosch den Vater gebeten hatte, ob er nun ganz den Silberling übernehmen dürfe, weil Holwein und das Pferd einander nun einmal nicht leiden konnten, hatte der Amtmann gefragt, ob er sich klar darüber sei, daß es dann keine halbe Sache sein dürfe. „Du wirst allein für das Pferd verantwortlich sein, mußt es regelmäßig füttern und pflegen und seine Box sauberhalten. An den Tagen, wo ich nicht fahre, wirst du den Silberling auch bewegen müssen; du kannst ihn dann reiten oder die Tanten spazierenfahren. Du hast darauf zu achten, daß er zum Schmied kommt, wenn es nötig ist, und jetzt im Sommer muß er auch ab und zu in die Schwemme geritten werden. Überleg dir, ob du das mit deiner Arbeit für die Schule und allem anderen vereinen kannst."

Adolf wünschte sich nichts Besseres. „Ich steh halt morgens e Stund früher auf. Es wird jetzt schon um vier Uhr hell, und bald gibt's Ferie", sagte er zuversichtlich.

„Ja, aber es sind nicht immer Ferien, und es ist nicht immer Sommer. Bei Dunkelheit und Kälte im Winter wird's dich oft hart ankommen, wenn du außer dem Läuten und Ministrieren morgens noch Stalldienst machen mußt. Überleg dir das alles, denn wenn du es einmal übernommen hast, muß es dabei bleiben."

„Ich hab mir's überlegt, Papa", sagte Adolf.

„Sei nicht zu waghalsig beim Reiten. Ihr habt zwar alle frühzeitig gelernt, auf einem Pferd zu sitzen, aber das war unser alter Schimmel. Mit dem temperamentvollen jungen Wallach ist es doch eine andere Sache."

„Der Janosch hat mich aber ganz richtig reite gelernt."

„Gelehrt!"

„Gelehrt", wiederholte Adolf. „Du hast uns selbst erzählt, daß er Zirkusreiter war."

„Nun, Kunstreiterstückchen erwarte ich nicht von dir. Bilde dir auch nicht ein, daß man in so kurzer Zeit reiten lernt. Wenn du oben bleibst und das Pferd nicht verdirbst, langt es für den Anfang."

Seitdem fütterte und putzte Adolf jeden Morgen den Silberling, und an den Tagen, an denen er nicht zum Dom hinaufging, ritt er meist schon eine Stunde vor der Schule. Da war Aquarius mit Begeisterung dabei, und Adolf entdeckte, daß der Wald nie so schön ist wie in der ersten Morgenfrühe, wenn die Sonnenstrahlen wie Balken von Licht zwischen den grauen Buchenstämmen und den rötlichen Fichten stehen und sie in Säulen verwandeln, über denen sich hoch oben das Dach einer Kathedrale wölbt. Forstmann müßte man werden und ganz im Wald leben, dachte Adolf. Ein Hase sprang über den Weg. Das Rot eines Fuchses zuckte zwischen Himbeergebüsch. Aqua jagte gern ein wenig, aber ein Pfiff oder Ruf genügte, ihn an die Seite des Pferdes zurückzubringen. Er war bestimmt seit frühster Jugend von irgend jemand sorgfältig erzogen worden. Erinnerte sich dieser Jemand an Aqua? Trauerte er um ihn? Einen Hund wie Aqua vergaß man doch nicht. Aber warum hatte sich der Besitzer nicht gemeldet, wo doch eine Anzeige im „Lahnboten" gestanden hatte? Und Aqua selbst – wußte er noch, daß er einmal einen anderen Herrn gehabt hatte? Lieber nicht daran denken . . . Der Wald war so schön! An manchen Stellen standen die Anemonenblüten so dicht wie ein weißer Teppich, getupft von blauen Leberblümchen und Scilla. Adolf wäre ganz glücklich gewesen in diesen Morgenstunden mit Pferd und Hund, hätte nicht doch etwas gefehlt: der zahme Falke auf seiner Hand, der wieder ein wilder Falke geworden war. Und auch Janosch war ja davongegangen, um nie wiederzukommen. Es war ein beklemmendes Gefühl, daß ein Mensch, dem man zugetan war, ein Vogel, den man vom sicheren Tod gerettet hatte, so spurlos verschwinden konnten wie eine Sternschnuppe am Nachthimmel, die leuchtete und erlosch und nicht mehr war. „Bleib du nur bei mir, Aqua“, sagte Adolf, und der Hund sah zu ihm auf in vollkommener Ergebenheit.

Wenn er zur Schwemme ritt, mußte er ihn zu Hause lassen. Dafür kamen die beiden kleinen Brüder um so lieber mit. In ihren Schwimmhosen, die sie jetzt jeden Tag gleich nach der Schule anzogen, kletterten sie hinter Adolf aufs Pferd. An einer Stelle hinter der Mühle, wo das Ufer nur allmählich in größere Tiefe abfiel, ging es in den Fluß hinein. Der Silberling wieherte laut, schüttelte den Hals und schritt gemächlich tiefer in den Fluß. Sobald er keinen Boden mehr unter den Hufen hatte, schwamm er ein Stück in das ruhig fließende Wasser hinaus. Manchmal rutschte einer der Reiter ab, aber auch das gehörte zu dem Vergnügen. „Nur gleich vom Pferd wegschwimme!“ mahnte Adolf, „sonst könnt ihr en Tritt abkriege.“

„Könnste nur auch mal mitkomme“, sagte er zu Paula, wenn er sie danach im Garten fand und ein paar Minuten mit ihr auf dem sonnenwarmen Mäuerchen saß. „Nit in die Schwemm natürlich, nur ganz gemütlich am Fluß entlang. Weißte noch die hohe Mauer un der alte Garte dahinter, in den wir immer nur durch das schmale Eisetörche gucke konnte? Vom Pferd sieht man über die Mauer bis zu dem weiße Haus ganz hinte, in dem schon so lang kein Mensch mehr wohnt. Nix wie Türmcher und Balkone un Erker, un üwerall hängt dick un grün Efeu drüwer.“

Ja, Paula erinnerte sich genau an die hohe Mauer weiter oben am Fluß. Sie hatten vor Jahren unzählige Geschichten um das einsame Haus und die grüne Wildnis des Gartens gesponnen. Vom Vater wußte sie, daß es einer Frau von Savigny gehörte, die sich manchmal juristischen Rat bei ihm holte. Seit vor zehn Jahren ihr Mann gestorben war, hatte sie Haus und Garten nicht mehr betreten.

„Wie gern käm ich mit!“ sagte Paula. „Aber ich hab ja kein Reitkleid. Und was meinst du, was die Mama und die Tanten sagen würden, wenn ich dabei erwischt würde!“

„Es braucht's doch keiner zu wisse“, sagte Adolf. „Du kannst mir's ruhig zutraue, daß wir nit erwischt werde bei etwas, wobei wir nit erwischt werde wolle.“

„So?“ sagte Paula. „Ja, darin habt ihr Buben wahrscheinlich mehr Erfahrung, als irgend jemand von uns ahnt.“

Adolf grinste. „Wir tun was wir könne, um euer zarte Nerve zu schone.“ Und an einem der nächsten Tage nahm er sie wirklich in aller Herrgottsfrühe vor sich aufs Pferd, während alles im Haus noch schlief. Ihr langer, weiter Rock, hier endlich einmal nützlich, konnte gut als Reitkleid dienen; man sah nur die Spitzen ihrer Schuhe, der Schicklichkeit war durchaus Genüge getan. Und wie glücklich waren die beiden auf dem heimlichen Ritt! Es lag noch Nebel über dem Fluß; die Welt war so frisch und neu im Glanz des Taus, sie gehörte ihnen allein, keine Menschenseele war sonst unterwegs.

„Himmlisch!“ sagte Paula, die dunklen Augen leuchtend von reiner Lebensfreude. Die Geschwister lugten über die Mauer, und alles war genau, wie sie es sich vorgestellt hatten. „Siehst du den Froschkönig“, flüsterte Adolf, immer bereit, in die Märchenwelt der Kindheit zurückzugleiten. Und wirklich, da saß er auf dem bemoosten Rand des Wasserbeckens, grün und naß mit goldenen Augen. „. . . und wartet auf die Prinzessin, die ihn vergessen hat.“ – „Nicht vergessen“, sagte Paula, schnell das Spiel aufnehmend und dem grünen Gesellen zuwinkend. „Bald komm' ich, mein Prinz, dann küss' ich dich auf deine kalte Schnauze und erlöse dich.“ – „Igitt!“ kicherte Adolf. Aber Paula war plötzlich ernst, gefangen von der melancholischen Schönheit des verlassenen Gartens. „Noch nicht, mein Prinz“, sagte sie. „Noch nicht.“ Denn die verwachsenen Pfade hinter der grauen Mauer führten nirgendwohin. Die Buchshecken waren verwildert. Die Kastanien hatten tausend Kerzen aufgesteckt für ein Fest, zu dem keine Gäste kamen. Hinter den grünen Schleiern ahnte man das weiße Haus, fast erstickt von Efeu, ein Phantom . . .

„Laß uns umkehren", sagte Paula.

Als Adolf sie am Törchen des Amtshausgartens absetzte, sagte er: „Siehst du, keiner hat uns erwischt. Übung macht den Meister."

Paula lachte, sprang ab und strich sich den Rock ihres karierten Kattunkleides glatt. „Ich geh' jetzt gleich ans Erdbeerpflücken", sagte sie. „Die Mama wird sich wundern, daß ich so früh schon an der Arbeit bin."

Die Freude am Garten und der Umgang mit all den keimenden und wachsenden Dingen hatte sie ganz gefangengenommen. Sie wurde nicht müde dabei; am liebsten hätte sie den ganzen Tag nur zwischen den Beeten herumgewerkelt. „Vergiß ja nie, den Hut aufzusetzen", sagten die Tanten. Paulas Gesicht hatte sich etwas tiefer getönt im Sommerlicht. Unter dem dunklen Haar sah es aus wie eine Schnitzerei aus altem Elfenbein.

Durch den Morgenritt hatte sie Mut bekommen. Er wurde mehr als einmal wiederholt, und manchmal wagte sie auch ganz früh morgens mit Adolf zu schwimmen in dem alten schwarzen Anzug mit den Volants an den knöchellangen Beinen und weißen Börtchen um den hochgeschlossenen Hals. Es war damals so groß angefertigt worden, daß er ihr immer noch einigermaßen paßte. Diese morgendlichen Heimlichkeiten gaben dem ganzen Tag Schwung und Würze.

Was Ferdinand und Karl betrifft, so waren sie sehr zufrieden, daß sie die große Schwester tagsüber jetzt fast immer im Garten antreffen konnten, wenn sie ihre Hilfe nötig hatten. Mehr als in früheren Jahren waren sie diesen Sommer sich selber und der Gesellschaft gleichaltriger Freunde überlassen. Dabei gab es häufig aufgeschlagene

Knie, blutige Nasen oder sonstige Folgen eines rauhen Lebenswandels. Paula mußte mit kaltem Wasser oder einem Pflaster, das sie immer in ihrem Gartenkorb bereithielt, die Schäden wenigstens so weit reparieren, daß sie der Mama nicht mehr gar zu auffällig in die Augen stachen.

„Sieh zu, daß du immer *ungefähr* weißt, was die zwei Strolche vorhaben und mit wem sie zusammen sind", wurde Paula ermahnt. „Im Wasser oder am Wasser sind sie noch am sichersten aufgehoben. Wasserratten ertrinken nicht; und am Fluß kann man sie vom Hause aus einigermaßen im Auge behalten."

Ja, das dachte sie sich so! Aber weder sie noch sonst jemand im Hause ahnte, daß es da einen Vorsprung am Domfelsen gab, den man nicht vom Haus und auch nicht vom Garten aus sehen konnte. Der wurde von den größeren Buben seit Jahren schon als Plattform zum Absprung in den Fluß benutzt. Es gehörte ein bißchen Mut und ein bißchen Geschicklichkeit dazu, das war alles. Ferdinand war vor zwei Jahren in den Ritus des Felsensprunges eingeweiht worden, zusammen mit ein paar anderen Kumpanen aus seiner Klasse; es war wie die Jünglingsweihen bei einem wilden Volksstamm. Nun war Karlchen an der Reihe, dessen neunten Geburtstag man im Mai gefeiert hatte. Er hatte es kaum abwarten können, damit auch in die Gemeinschaft der großen Buben aufgenommen zu werden. Daß auch diesmal nichts passierte, daß er nicht zu kurz sprang, womit er unweigerlich auf dem Uferweg aufgeschlagen wäre und sich alle Knochen hätte brechen können, war ein wahres Wunder.

„Wenn es keine Wunder gäbe", hatte der Amtmann einmal zu seiner Frau gesagt, als die Buben noch kleiner waren, „dann gäbe es auch keine erwachsenen Menschen. Sie wären nämlich alle als Kinder schon umgekommen." Inzwischen hatte sich die Frau Rat aus reinem Selbsterhaltungstrieb ein dickes Fell angeschafft. Trotzdem war es ein Glück, daß in diesem Sommer die Gedanken der Erwachsenen mit anderen Sorgen beschäftigt waren.

Auch die Klettereien auf der Insel, die Paula, genausowenig wie die Absprünge vom Domfelsen, weder vom Haus aus noch vom Garten aus sehen konnte, waren nicht ungefährlich. Eines Tages war Karl wieder auf die große Ulme gestiegen, wo er und Ferdinand im Frühjahr die hübschen grünlichblauen Eier der Singdrossel bewundert hatten, um nachzusehen, wie die Brut gedieh. Aber diesmal nahmen es die Drosseleltern übel: sie umflatterten Karls Kopf so wild, daß er, um seine Augen zu schützen, den Ast losließ, an dem er sich festgehalten hatte, dabei das Gleichgewicht verlor und abstürzte. Die dichtbelaubten Zweige hemmten die volle Wucht des Sturzes, aber ein abgebrochener Stumpf riß ihm eine Wunde in den Oberschenkel durch den dünnen Stoff seiner Schwimmhose. Ferdinand mußte ihn schleunigst ins Boot schleppen und nach Hause rudern. Als sie im Amtshausgarten ankamen, fiel ein grünbleicher, schluchzender Karl der zu Tode erschrockenen Paula in die Arme. „Lauf sofort zum Herrn Sanitätsrat, Ferdinand!" rief sie, nahm Karl auf den Arm und trug ihn ins Haus.

Der Sanitätsrat war ein behäbiger Herr mit Backenbart, Brille und einem schwarzen Röhrchen in der Westentasche, womit er Herz, Lunge und in ernsten Fällen auch den Bauch seiner Patienten abhörte; ein wichtiger Mann in der Stadt, den seine Patienten ebenso fürchteten wie verehrten. Karl hatte er schon auf die Welt befördert; und es gab keinen unter den Amtmannsbuben, den er nicht schon einmal mit seiner Nadel zusammengeflickt hatte. Er gehörte noch zu jener inzwischen ausgestorbenen Art von Hausärzten, die jeden in der Familie in- und auswendig kannten. Tag und Nacht war er zur Stelle, wenn man ihn brauchte, und auch ungerufen schaute er ungefähr jeden Monat einmal herein, um sich von den Jungen die Zunge zeigen zu lassen, den Alten den Puls zu fühlen und sich dann bei einem Glas

Südwein von den Eltern berichten zu lassen, wie es im allgemeinen und besonderen mit der Gesundheit im Hause stand. Rechnungen schickte er seinen alten Patienten nicht. Sie schrieben sich im Kalender auf, wie oft er dagewesen war, und schickten ihm zu Neujahr den Betrag, den sie selbst errechneten. Seine Gebühren waren bekannt: ein Gulden für die Beratung.

Diesmal bekam Karl vier Nadeln und ein scheußliches Pulver in eine nasse Oblate gewickelt. Genäht zu werden, das ließ sich gut ertragen, aber das dicke, glitschige Paket zu schlucken, haßten die Buben wie Tod und Teufel. Später wurde eine nette kleine Pille mit dem Namen Aspirin daraus. Ferdinand wurden vier saftige Ohrfeigen geklatscht, weil er nicht besser auf den kleinen Bruder aufgepaßt hatte. Das schlimmste aber war, daß er Karl am nächsten Tag in seiner schulfreien Zeit Gesellschaft leisten mußte, denn die Mama hielt ihn im Bett. Und ausgerechnet an diesem Tag erfuhr die Bevölkerung von Nassau, daß der Herzog die Mobilisierung der Miliz befohlen hatte, und bei einem solchen Ereignis im Bett zu liegen oder am Bett eines leidenden Bruders festgenagelt zu sitzen, war ein hartes Schicksal für zwei Buben, die so gern überall dabeisein wollten.

Erst als die großen Brüder an diesem Abend ins Schlafzimmer hinaufkamen, wurde es etwas unterhaltender.

„Damit hat sich der Herzog in die Nessele gesetzt!“ verkündete August, und die Brüder lauschten seinem Urteil wie einem Orakel. „Paßt auf, das geht schief. Das Volk will kein Krieg, die Volksvertreter warn schon lang für en Anschluß an Preuße, un der König hat unserm Herzog versproche, daß er sei Land behalte kann, wenn er neutral bleibt. Aber was tut er? Er mobilisiert un schlägt sich zu dene Österreicher. Was hawwe die Schlawiner im Rheinland zu suche? Solle an ihrer Donau bleiwe! No, der Bismarck wird's ihne schon zeige.“

„Un was wird aus unserm Papa, wenn Nassau preußisch wird?“ fragte Adolf.

„Den nehme die Preuße mit Kußhand“, erklärte August überzeugt.

Am nächsten Tag wimmelte die Stadt von Soldaten. Als Ferdinand am Nachmittag atemlos aus der Schule kam, weil er sich noch in der Stadt herumgetrieben hatte, eilte er gleich zu Karl. Der hatte noch einen Tag Hausarrest, lag aber wenigstens nicht mehr im Bett. „Soviel Soldate haste noch nie beisamme geseh“, berichtete Ferdinand dem Bruder. „Eß nur, soviel du neistoppe kannst, damit die Mama dich morje wieder losläßt.“

Paula bekam den Auftrag, das Gastzimmer im Erdgeschoß zu richten, denn ein Major war dem Amtshaus als Einquartierung zugeteilt worden. Sie legte die Wolldecken und Federbetten ins offene Fenster zum Sonnen und Lüften, türmte später die frischbezogenen Plumeaux und Kissen auf die nach Rasenbleiche duftenden Leinenlaken, staubte die blankpolierten Flächen des Nachtschränkchens und der Kommode ab, stellte eine frische Kerze im Messingleuchter neben das Bett und legte die Schrankfächer mit frischem Papier aus. Dann ging sie in die Küche, um einen Rührkuchen zum Empfang des Gastes zu backen. Er gelang vortrefflich. Sie hoffte, endlich einmal uneingeschränktes Lob von der Mama zu ernten; statt dessen wurde sie gefragt: „Hast du dem Herrn Major auch Blumen ins Zimmer gestellt?“

O weh! ging es denn nie, ohne daß sie etwas vergaß! Schnell lief sie in den Garten, um ein paar Rosen zu schneiden.

Als die Buben abends aus der Stadt zurückkamen, saß der nassauische Major mit am Tisch. Sie wurden der Reihe nach vorgestellt, machten ihre Verbeugung und setzten sich an ihre Plätze.

Der Major war ein kleiner, freundlicher Mann, der nicht

sehr kriegerisch wirkte. Trotzdem konnte er die Fragen von Ferdinand und Karl nach allen möglichen militärischen Dingen befriedigend beantworten. Vor allem hatten es ihnen die kleinen Trommler angetan, die sie auf dem Schulweg hatten bewundern können, als sie hinter einer marschierenden Formation herliefen. Diese Tamburbuben waren meist Söhne von Unteroffizieren, eben schulentlassene, vierzehn- bis fünfzehnjährige Kerlchen. Stolz wie junge Hähne, die gerade erst das Krähen gelernt haben, warfen sie die Beine, wirbelten ihre Trommelschlägel und versuchten, so martialisch wie möglich auszusehen. In ihren bunten Uniformen waren sie der Neid aller Buben der Stadt.

Von jetzt an kamen die Brüder nur noch zu den Mahlzeiten nach Hause. Die Großen sahen sich den militärischen Betrieb mit einer gewissen Zurückhaltung an; die beiden Kleinen aber mußten bei allem dabeisein. Sie sahen fasziniert zu, wenn die Soldaten gedrillt wurden, marschierten mit ihren Freunden hinter der Musikkapelle her und winkten dem Major zu, wenn er hoch zu Roß seinem Bataillon vorausritt, damit jeder sah, daß es *ihr* Major war. Bei Tisch wurde nur noch von Uniformen, von Kommandos und den verschiedenen Felddienstübungen gesprochen. Die Erwachsenen waren ganz froh über die unerschöpflichen Fragen der Jungen. Das war jedenfalls besser, als wenn über Nassau und Seine Durchlaucht den Herzog contra den fürchterlichen Bismarck geredet worden wäre.

„Wenn ich vierzehn bin, gibt mir der Major en Empfehlungsbrief ans Regiment", verkündete Ferdinand den Brüdern und marschierte in seinem kurzen Hemd durchs Schlafzimmer, eine imaginäre Trommel schlagend und romantisch beschienen vom vollen Mond. „Taramtaram, taramtaram!" sang er. „Da brauch' ich nit aufs Gymnasium, taramtaram! Un brauch kei Abiturium, taramtaram, hurra!"

„Wart erst emal ab, wie alles aussieht, bis de vierzehn

bist“, sagte August; und Georg: „Du armer Irrer! Womit willste dir denn später dei Brot verdiene, wenn de zu alt zum Trommelbub geworde bist?“

„Dann werd’ ich halt Leutnant, un später Major, un noch später General, ganz eifach. Der Karl macht auch mit, gell, Karlche?“

Karl war bereit, für eine Weile Trommler zu werden, aber nur in den Schulferien, für später hatte er andere Pläne. „Ich studier Mathematik un wer Professor.“

„A la bonheur!“ spottete Georg. „An üwertriebener Bescheidenheit leidet ihr nit, ihr zwei.“

„Da bräucht der Ferdinand wenigstens nit auf die Universität“, rechnete August. „Der Papa kann uns doch nit all studiere lasse.“

Georg räkelte sich behaglich auf seinem Bett. „Nummer zwei kannste auch streiche, August. Sobald ich die langweilig Schul hinner mir hab, bewerb ich mich um ne Stell bei em stinkreiche Lord oder em russische Großfürst. In Wiesbade gibt’s ja exotische Kurgäst genug. So Leut brauche en Reisebegleiter oder en Sekretär, der wo gut aussieht, vigilant is un alles für sie arrangiert. Auf die Weis kann ich dann die ganz Welt seh, un wenn ich mal nach Nizza oder Monte Carlo komm, versuch ich mei Glück beim Roulette un gewinn en Haufe Geld. Nachher könnt ihr all studiern, soviel ihr wollt.“

„Verbindlichen Dank, Herr Baron“, sagte August. „Die Lords un Großfürste werde sich nur so um dich reiße. Was mich betrifft, ich studier nit mit Geld, das wo beim Roulette gewonne is. Das is unmoralisch, haste nit gehört, wie der Papa un Onkel Emmerich neulich davon gered hawwe? – Un was hast du vor, Adolf?“

„Ich glaub, der Onkel Waterlo tät mir Geld zum Studiern leihe, un später tät ich’s ihm auf Heller un Pfennig zurückzahle. Aber ich weiß noch gar nit, ob ich studiern will. Muß man studiern, um Forstmeister zu werde?“

„Klar, du Dussel. Auf die Forstakademie mußte da geh. Aber neulich haste doch gesagt, du wollst Forschungsreisender werde, un was haste sonst noch alles vorgehabt?"

Aber Adolf war nicht in der Stimmung, sich weiter über seine Berufspläne auszulassen. Der Dämmerzustand zwischen Wachen und Schlaf war immer die fruchtbarste Zeit für seine Phantasie, dabei ließ er sich nicht gern stören. In letzter Zeit hatte er wieder oft von dem weißen Haus in dem verwilderten Garten hinter der hohen Mauer geträumt. Wenn da ein guter Stall für den Silberling war . . . und eine große Wiese, auf der er weiden konnte . . . und Platz genug für ein Zigeunerlager in dem großen Park . . . dann konnte man überlegen, Haus und Park zu mieten. Im Winter würde er dann Janosch mit seinem Stamm einladen, da ihr Lager aufzuschlagen. Er sah sich schon am Kaminfeuer in einer großen Halle mit Ritterrüstungen sitzen, Aqua neben sich auf einem Tigerfell, in der Hand ein Buch oder Schreibstift und Heft. Es war noch nicht gar so lange her, daß er die Brüder abends im Bett mit selbsterfundenen Geschichten unterhalten hatte. Später hatte er manchmal versucht, diese Geschichten aufzuschreiben, und nun hatte er fest vor, sich in den Sommerferien in die Höhle auf dem Domfelsen zurückzuziehen und da zu sitzen und zu schreiben wie der heilige Hieronymus im Gehäus.

„Du mußt auf alle Fäll studiern, Adolf", hörte er August sagen. „Du hast den Kopp dazu."

„Och, vielleicht könnt ich aber auch Dichter wern", sagte er schläfrig.

„Dichter?" echoten vier Stimmen in allen Schattierungen von Staunen und Entsetzen. „Mensch, wovon willste denn dann lewe? Guck die Tante Stina an, von der is noch nie was gedruckt worn."

„Verrückt!" sagte Ferdinand, der sich schwer vorstellen konnte, daß jemand bereit war, freiwillig so viel zu schreiben.

„Von manche Dichter wird auch was gedruckt", sagte Adolf, „un jetzt laßt mich in Ruh."

Wenn ich in dem weiße Haus wohn, muß mich der August besuche, spann er seine Träume weiter. Bin gespannt, ob er dann Erzbischof is oder preußischer Minister oder Geschichtsprofessor annere Universität. Is mir auch schnurzegal, wenn er mich nur besuche kommt. Un die Paula, wenn se nit ins Kloster geht un auch nit heirat, die kann ganz bei mir wohne un mir den Haushalt führn. Er fühlte Aquas Kopf, der sich so angenehm warm in seine Achselhöhle bohrte. „Un du natürlich, Aqua", murmelte er schon halb im Schlaf. „Du wirst immer dabeisein, wo ich auch hingeh."

ZWEITES KAPITEL

Im Amtshaus wurden Reisevorbereitungen getroffen; es wurde gewaschen, geplättet und genäht. Paula packte ihren Reisekorb und für Ferdinand und Karl die Rucksäcke. Wie jedes Jahr hatte auch diesmal die Halbschwester Franziska zur Erholung der Eltern die Brüder für die Ferien eingeladen. Erst sollten die beiden Kleinen kommen, von Paula begleitet; in der zweiten Ferienhälfte dann die drei großen Brüder. Franziska hatte mit achtzehn Jahren einen Assessor ihres Vaters geheiratet; ihr ältester Sohn war im gleichen Alter wie ihr jüngster Bruder, Karl. Seit vielen Jahren schon war ihr Mann Amtsrichter in Schwalbach, einem Waldkurort in den Taunusbergen. Die Onkelchen, wie die Brüder dort nicht nur in der Familie, sondern auch bei den übrigen Bewohnern des Städtchens hießen, wurden jedes Jahr wieder mit Freude erwartet. Sobald sie auftauchten, fehlte es nie an Unterhaltung.

„Sie könne's nit abwarte, bis wir da sind“, sagte Ferdinand. „Wir hawwe en ganze Haufe Freund dort.“ Die Erwachsenen im Amtshaus hegten den stillen Verdacht, daß es die lieben Verwandten ein paar Wochen später auch kaum abwarten konnten, bis die Onkelchen wieder abgereist waren.

Paula hatte die Schwester seit ihrer Rückkehr aus Frankreich nur einmal gesehen, als sie zum Geburtstag des Vaters im März für ein paar Tage nach Limburg gekommen war. Zu einem vertraulichen Gespräch war da keine Gelegenheit gewesen; und es gab doch so vieles, was Paula die so viel ältere Schwester gern gefragt hätte. In Limburg hatte sie noch keinen rechten Anschluß gefunden an die jungen Mädchen, obwohl sie manche noch von der Schulzeit her kannte. Sie hatte sie und ihre Brüder auf ein paar Gesellschaften im vorigen Winter wieder getroffen und traf sie jetzt bei Sonntagsausflügen oder Kaffeekränzchen. Aber die zwei Jahre ihrer Abwesenheit waren noch nicht überbrückt. Sie war von Natur schüchtern, und wenn die Mädchen von ihren Liebeleien sprachen oder von Menschen und Ereignissen, von denen sie durch ihr langes Fortsein nichts wußte, dann zog sie sich in sich selbst zurück wie in eine Muschelschale und ahnte nicht, daß sie, wie schüchterne Menschen oft, für hochmütig gehalten wurde.

Mit den Freundinnen aus dem Kloster stand sie noch in regem Briefwechsel. Aber sie waren so weit fort, und manchmal hatte sie das Gefühl, als fingen auch die an, ihr langsam zu entgleiten. Françoise, die ihr am nächsten gestanden hatte, war schon vorigen Herbst nach Hause zurückgekehrt, und zu aller Überraschung war an Weihnachten bereits eine Verlobungsanzeige ins Kloster gekommen. Ihr Vater war ein vermögender Seidenhändler in Lyon; der Verlobte, Sohn eines Geschäftsfreundes, ein junger Regierungsbeamter in Paris, Sekretär eines Ministers mit Aussicht auf eine große Karriere. Beim ersten Zusammensein hatten die beiden jungen Menschen Gefallen aneinander gefunden, und die kluge Françoise war sich natürlich klar darüber, daß dieses Zusammensein sorgfältig von den beiderseitigen Eltern vorbereitet war. „Er betet mich an, und ich mag ihn gern“, schrieb sie an die Freundinnen. „Mama versichert, daß die Liebe bei mir kommen wird, wenn ich erst seine Frau bin; bei ihr sei es ebenso gewesen. Wir werden in Paris leben, denkt nur! Ihr müßt alle zu meiner Hochzeit kommen.“ Paula fragte die Eltern gar nicht, ob sie hindürfe: die teure Reise kam nicht in Frage, nachdem sie kaum erst von Nancy zurückgekommen war. Und wie gern hätte sie doch mehr über diese Heirat gewußt! Es war nichts außergewöhnliches, daß Heiraten von den Eltern arrangiert wurden; aber Paula wußte, daß sie dagegen aufs heftigste rebelliert hätte. Wenn *sie* einmal heiratete ... nun, glücklicherweise hatte sie ja ganz andere Pläne für ihre Zukunft.

Die Irin Maura war auf die Schaffarm ihres Vaters in der Grafschaft Shannon zurückgekehrt. Sie war die Begabteste von Paulas Jahrgang gewesen. Die mères hatten gehofft, sie würde das Seminar des Ordens besuchen und ihr Lehrerinnen-Examen machen. Aber kurz nach Paulas Abschied von Nancy war Mauras Mutter gestorben; sie wurde heimgerufen, um dem Vater und drei Brüdern den Haushalt zu führen. Ihre Briefe klangen ganz zufrieden, obwohl sie gern Lehrerin geworden wäre; es kam ihr nicht in den Sinn, sich gegen selbstverständliche Pflichten aufzulehnen. „Vielleicht kann ich später noch auf das Seminar in Dublin gehen", schrieb sie, „wenn einer der Brüder eine junge Frau auf den Hof bringt."

Die dritte, Monique, war seit Ostern Kochlehrling im Hotel ihrer Eltern am Genfer See. Daneben nahm sie abends einen Kurs in Buchhaltung und englischer Korrespondenz. Da kein Sohn da war, um das hundertjährige Familienunternehmen einmal weiterzuführen, sollte sie das Hotelfach von der Pike auf lernen. Ach, und sie hatte eine so herrliche Stimme! dachte Paula, bestürzt über die unerwarteten Wendungen im Leben ihrer nächsten Freundinnen. Monique hatte im stillen wohl doch gehofft, sich nebenher weiter im Gesang ausbilden zu können. „Ich habe im Augenblick keine Zeit, Stunden zu nehmen. Vielleicht komme ich später einmal wieder dazu", schrieb sie. „Natürlich hoffen die Eltern, daß ich in nicht zu ferner Zeit einen tüchtigen Hotelfachmann heirate, *ça va sans dire* ... Ich bin froh, daß noch keiner aufgetaucht ist, der ernstlich in Betracht käme. Ist es nicht komisch, daß ich mich vorsehen muß, mich nicht in einen Ungeeigneten zu verlieben, weil das meine Eltern so unglücklich machen würde? Ich komme mir vor wie eine Thronfolgerin, die auch nicht willkürlich wählen kann."

Es klang alles so verständig und nüchtern, und dabei war

es noch nicht ein Jahr her, seit sie alle vier schwärmerische junge Dinger gewesen waren, voll romantischer Vorstellungen vom Leben. Über all das wollte sie einmal mit Franziska reden; die kannte ja das Leben, kannte auch die Ehe schon seit zehn Jahren. In der Familie sagte man, es sei eine glückliche Ehe. „Trotzdem es eine Liebesheirat war", sagte Tante Rikchen. „Im allgemeinen haben Verbindungen, die auf das Urteil wohlmeinender und erfahrener älterer Leute gegründet sind, bessere Aussichten." Tante Stina dagegen war für Liebesehen; in ihren Romanen jedenfalls wurde nur aus Liebe geheiratet. Paula hätte gern gewußt, ob bei Franziska vielleicht doch die Eltern ihre Hand im Spiel gehabt hatten.

Sie hatte sich eine ganze Reihe von Fragen in ihr Notizbuch geschrieben. Aber nun wurde nichts aus der Reise, auf die sie sich so gefreut hatte. Anfang Juli, als die Sommerferien der Brüder anfingen, hatte sich die politische Lage so zugespitzt, daß die Eltern beschlossen, den Besuch abzusagen. Der freundliche Major verschwand eines Tages ziemlich plötzlich mit seinem Truppenteil, niemand wußte wohin. Die Stadt schwirrte von aufgeregten Gerüchten. Überall glaubten die Preußenfeinde Spione zu entdecken; jede harmlose Lampe konnte zu einem Lichtzeichen für den Feind werden. Es flogen Steine in Fensterscheiben. Gute alte Freunde entzweiten sich, weil sie in verschiedenen Lagern standen. Klatsch und Mißtrauen trieben giftige Blüten; es genügte, daß einer anderer Ansicht war, um an seinem Charakter, seiner anständigen Gesinnung und seinem Verstand zu zweifeln.

Der Amtmann hatte von früh bis spät zu tun, um unschuldige Opfer des Spionenwahns zu schützen. Er mußte seine ganze Autorität einsetzen, um ernsthafte Ausschreitungen zu verhüten, wobei er nicht vermeiden konnte, sich selber manchmal Mißdeutungen auszusetzen. Sein Bruder Emmerich unterstützte ihn nach Kräften; er zählte zu den

Liberalen, aber auch von seiten seiner Gesinnungsgenossen geschah vieles, was mit Liberalität nichts mehr zu tun hatte.

Jetzt, wo der Major nicht mehr da war, wurde bei Tisch wieder offener über die oft voneinander abweichenden Ansichten der einzelnen Familienmitglieder gesprochen. Ohne es zu merken, bekamen die Buben dabei eine Lektion in Toleranz, an die sie sich im späteren Leben oft erinnerten. Alle im Haus waren bemüht, Meinungsverschiedenheiten nicht in persönliche Schärfe ausarten zu lassen, auch entgegengesetzte Ansichten zu respektieren und in dem allgemeinen Durcheinander einen klaren Kopf zu behalten.

Die Buben selbst hätten am liebsten überall in der Gegend nach anrückenden preußischen Truppen ausgepäht. Sie besuchten zu diesem Zweck auch Michel Anderwand wieder in seiner Turmstube, aber selbst von so hoch oben war nichts von Truppenbewegungen zu entdecken.

„Eins bitt ich mir aus, ihr Großen", sagte die Mama. „Da wir leider Ferdinand und Karl nicht nach Schwalbach schicken konnten, dürft ihr sie jetzt nicht aus den Augen lassen. Sie wären imstande, den Preußen geradezu entgegenzumarschieren, aus lauter Neugier und Abenteuerlust. Bleibt die nächste Zeit gefälligst wieder alle fünf hübsch beisammen, wie früher. Denkt daran, daß in einem Krieg geschossen wird, und wenn ihr irgendwo Schüsse hört, kommt sofort nach Hause."

Auch für Adolfs Ritte in die weitere Umgebung war ein elterliches Verbot ergangen; er mußte sich in der Nähe der Stadt halten. Das war nicht sehr nach seinem Geschmack, denn in letzter Zeit war er immer kühner in seinen reiterlichen Unternehmungen geworden. Er hatte entdeckt, daß Silberling gern und gut sprang, und nach wenigen mißglückten Versuchen lernte er, dabei im Sattel zu bleiben. Es gab genug Gräben, Bäche, Zäune und Mäuerchen in der Gegend, bei denen er mit immer neuer Freude ausprobieren konnte, wie vertraut er mit dem jungen Pferd geworden war, wie willig und klug es auf jede leichte Hilfe einging. Wenn uns Janosch sehen könnte, dachte er, ich glaube, dann wär er zufrieden mit uns. Das alles ging nur, wenn man genügend weit vom Amtshaus entfernt war, und das war nun leider verboten. Da nahm er denn zuweilen die beiden Kleinen mit und ritt mit ihnen ganz gemächlich und tugendhaft ein Stück den Fluß hinauf oder hinunter.

Sie schwammen jetzt auch wieder täglich alle fünf zusammen, und außer Adolf, der ja auf Aqua Rücksicht nehmen mußte, wurden sie oft den ganzen Tag nicht trocken. Aqua, den Georg spöttisch Terra nannte, folgte Adolf ohne Zögern in die Höhle hinauf und war zufrieden, da stundenlang geduldig bei ihm zu sitzen. An heißen Sommertagen war es schön kühl da oben. Adolf war dem Flußufer immer noch nah genug, um den Befehl des Zusammenbleibens nicht ganz außer acht zu lassen, und doch allein genug, um seinen eigenen Gedanken nachzuhängen. Er saß und kaute an seinem Bleistift, kritzelte Sätze in ein altes Schulheft und zerriß das Geschriebene wieder; stöhnte und rieb abwechselnd sich und Aqua den Kopf. Er hätte gern ein Heldenepos geschrieben, von Richard Löwenherz und seinem treuen Knappen Blondel, der ihn aus der Gefangenschaft befreite. Aber er merkte bald, daß es doch nicht so einfach wie ein Schulaufsatz war. Zwischendurch sah er oft von seiner hohen Klause ins Land hinaus, über den Fluß hin, wo jetzt Roggen und Weizen golden auf den Feldern standen. Oft dachte er, in den hohen Halmen Bewegung zu sehen, aber keine Helmspitze blitzte, kein Schuß fiel, wie scharf er auch aufpaßte.

Ferdinand und Karl hatten ein Liedchen aufgeschnappt, das bei den Schulbuben umging und das sie mit Begeisterung und großem Stimmaufwand nun täglich durchs Haus sangen, bis sie von den Erwachsenen ersucht wurden, ihre wohlklingenden Stimmen doch lieber an weniger politischen Liedern zu üben.

Schade! dachten die beiden, es war doch ein so lustiges Liedchen:

„Ihr Kinnercher, seid leise,
sonst komme die schleechte Preiße,
sonst kommt der Vochel von Falkestei,
pickt euch mi'm Seewel in die Bei,
der Bismarck aach dahinner,
der frißt die beese Kinner."

Das Lied hatte irgend jemand aus Frankfurt mit herübergebracht, wo man den Preußen noch mit weit mehr Abneigung entgegensah als in Nassau. Es hieß, dort sängen es die Mütter ihren Kindern als Schlaflied.

Georg verstand es, sich jeden Nachmittag für eine Weile freizumachen und in die Stadt zu entwischen, wo man immer die letzten Nachrichten erfuhr und wo es Leute gab, die ihn auf dem abendlichen Bummel sehnlichst erwarteten. „Mal sehen, was es Neues gibt", sagte er zu August. „Du paßt wohl inzwische auf die Kleine auf." Kam er dann wieder heim, dann brachte er den Inhalt der Bulletins mit, die immer an der Druckerei der Zeitung angeschlagen wurden. Und eines Abends kam er atemlos heimgelaufen, als die Familie sich gerade zu Tisch setzen wollte. Schon in der Tür platzte er mit seiner großen Neuigkeit heraus: Der Herzog hatte Nassau verlassen und sich zu seinen Truppen begeben. Der Aufruf an die Bevölkerung war in der Stadt überall angeschlagen, der Stadtbote hatte es auf dem Marktplatz ausgeklingelt, und morgen früh konnte es jeder in der Zeitung lesen.

Gleich darauf erschien der Kaplan Knodt, den man ohnehin heute zum Abendessen erwartet hatte, und bestätigte Wort für Wort Georgs Bericht. Gleich nach Tisch gingen der Amtmann, Onkel Emmo und der junge Geistliche miteinander fort. „Zum Bischof wahrscheinlich", sagte August zu den Brüdern.

Sie schliefen alle wenig in der kommenden Nacht. Immer wieder stand einer auf, lief ans Fenster und schaute aus, ob feindliche Truppen zu sehen waren. Nassauisches Militär war nicht mehr in der Stadt, der Herzog fort, von einer Kriegserklärung war aber nichts verlautet. Zweimal kam Paula zu ihnen herüber, fragte: „Seht ihr was?", und guckte mit ihnen aus dem Fenster. Nein, nichts war zu sehen. Die mondlose Nacht war dunkel und unheimlich still. Es kam ihnen vor, als gewittere es in der Ferne, oder waren es Schüsse? Im Garten geigten eintönig die Grillen, und am Fluß sang unentwegt eine Nachtigall.

Auch die Eltern hatten kaum geschlafen. Der Amtmann ging am nächsten Morgen früher als gewöhnlich in die Kanzlei hinunter, nahm sich die Akten eines Falles, der heute verhandelt werden sollte, mit in sein Zimmer und fing an, sie durchzulesen. Nach einer Weile hörte er Schritte und Stimmen auf der Diele. Wittich stürzte ohne anzuklopfen herein. Der Amtmann sah von seinen Akten auf und zog die Brauen hoch. Was auch geschehen sein mochte, zu Formlosigkeit war kein Anlaß.

„Wenn der Herr Amtmann gestatte ..., die Preuße!" stammelte der Gendarm.

„Ich lasse die Herren bitten", sagte der Amtmann.

Ein Major mit seinem Adjutanten trat ein; in der Tür schlugen sie die Hacken zusammen und grüßten. Sie waren zu dem Amtmann als der höchsten Zivilbehörde des Bezirks gekommen, um ihm mitzuteilen, daß der preußische Oberbefehlshaber den Ausnahmezustand über ganz Nassau verhängt habe; er, der Amtmann, müsse die Verantwortung für Ruhe und Ordnung übernehmen und der Bevölkerung die nötigen Maßnahmen übermitteln. Das Land sei ohne nennenswerten Widerstand besetzt worden; der General hoffe, den Ausnahmezustand bald aufheben zu können.

„Un jetzt kriegt ihr mal *richtig* Militär zu seh, ihr Männer!" sagte August zu den Brüdern. „Die Teufelskerl hawwe im

Handumdrehe nit nur Nassau besetzt, nee, auch die Freie Reichsstadt Frankfurt. Der Krieg is aus, eh er richtig angefange hat. Hier bei uns wenigstens."

Die Jugend war enttäuscht, daß alles so sang- und klanglos gegangen war, aber sie kamen doch noch auf ihre Kosten. Die siegreichen Preußen marschierten in die Stadt, mit Fahnen und Regimentsmusik, Husaren ritten über die Schied, leichte Artillerie ratterte durch die Straßen, so dicht gefolgt von begeisterten Schuljungen, daß die Fahrer sich vorsehen mußten, keinen zu überfahren. Man sah einen General mit weißem Federbusch, hoch zu Roß, neben ihm den Adjutanten. Es hieß, es sei der Oberbefehlshaber, General Vogel von Falkenstein selber, aber niemand wußte, ob es stimmte.

Im Amtshaus ging alles seinen gewohnten Gang. Der Amtmann war gebeten worden, seine Amtspflichten weiter auszuüben.

Als Paula am nächsten Morgen früh über den Hof ging, um frischgelegte Eier zum Frühstück aus den Hühnernestern zu holen, kam ihr Adolf aufgeregt aus dem Stall entgegen. „Wir hawwe Einquartierung! Zwei Pfundsgäul im Stall un en Husar. Komm, guck sie dir an. Der Husar is en Lustiger, er pfeift wie en Kanarjevogel. Er hat sich schon eigricht in der Knechtskammer."

Aber Paula hatte jetzt keine Zeit, Pferde zu besichtigen. Sie sammelte schnell ihre Eier, und da sie das Körbchen vergessen hatte, legte sie sie in ihre Schürze. Als sie ins Haus zurücklief, prallte sie an der Treppe fast mit einem baumlangen Husarenleutnant zusammen, der sofort höflich zur Seite trat, die Hacken seiner hohen Reiterstiefel zusammenschlug, daß die Sporen klirrten, und, mit der Hand an der Mütze, sagte: „Pardon, Mademoiselle. Leutnant von Quitzow. Darf ich gehorsamst bitten, mich dem Herrn Amtmann zu melden."

Paula hielt ihre Schürzenzipfel krampfhaft mit einer Hand

fest und griff mit der anderen nach der Türklinke. Es war peinlich, in diesem Aufzug und auf nüchternen Magen einem so überaus prächtigen preußischen Husaren zu begegnen. Dabei merkte sie, daß sie rot wurde, was ihre Verlegenheit noch steigerte. Ein Ei rutschte aus der Schürze, zerplatzte auf den Steinstufen, und lächerlicherweise bückte sie sich danach, obwohl doch an einem zerplatzten Ei nichts mehr aufzuheben ist. Der höfliche Husar konnte nicht umhin, sich ebenfalls zu bücken, und nun stießen sie wirklich zusammen. Mit den Köpfen!

„Pardon, Mademoiselle!" sagte er zum zweitenmal an diesem Morgen. Sie eilte ins Haus. Er folgte ihr auf dem Fuße.

„Warten Sie hier, bitte", sagte sie so damenhaft streng, wie sie es fertigbrachte. „Der Herr Amtmann ist so früh noch nicht in seinem Zimmer. Ich werde Sie anmelden." Er sollte ruhig merken, daß ein Besuch zu so unmöglicher Zeit nicht *comme il faut* war. Er sah aus, als wäre er höchstens zwanzig, wahrscheinlich ein ziemlich neugebackener Leutnant, ungefähr zwei Meter hoch, und von dieser Höhe sah er auf Paula herab, was sie als Kränkung empfand, obwohl er ja wirklich nichts dafür konnte, daß er ein so langer Kerl war. Ohne ihn noch eines Blickes zu würdigen, lief sie die Treppe hinauf. Die Familie saß schon am Frühstückstisch. Ohne Eier.

„Warum bringst du die ungekochten Eier herauf?" fragte die Mama in berechtigtem Staunen. „Und wie siehst du aus!"

Jetzt erst merkte Paula, daß ihr Eigelb über das Kleid auf die Schuhe getropft war. Außer dem zerplatzten war anscheinend noch eins in ihrer Schürze zerquetscht worden. Ein Unglück kommt selten allein.

„Ich wollte nur schnell sagen, daß unten ein preußischer Offizier auf dich wartet, Papa", sagte sie. „Neue Einquartierung wahrscheinlich."

Der Amtmann trank ohne Eile seinen Kaffee aus.

„Dann richte nachher gleich wieder das untere Gastzimmer“, sagte die Mama. „Und nun zieh dir die bekleckerte Schürze aus und frühstücke. Macht er denn einen so schrecklichen Eindruck, daß du darüber die Eier zerbrochen hast?“

„Was für Einquartierung?“ fragte Karl und ersparte Paula damit die Antwort auf die Frage der Mutter.

„Ein Husar“, sagte sie.

„Mit em Goldfuchs un em Braune un em Bursch“, sagte Adolf. „Warste vorhin auf'm Mond, wie ich's erzählt hab?“

Der Amtmann stand auf. „Du mußt heute den Silberling bewegen, Adolf“, sagte er im Hinausgehen. „Dann nimm bitte diesen Brief mit und gib ihn in dem früheren Savigny-Haus ab. Du weißt, in dem großen Garten hinter der Mühle. Kannst das Pferd so lange am Törchen anbinden. Das Haus ist für die Ferien an den Baumeister Ippel aus Wiesbaden vermietet. Der Minister Winter, ihr Nachbar in der Stadt, hat mir die Familie empfohlen.“

Adolf warf Paula einen Blick zu. Eine Gelegenheit, den geheimnisvollen Garten genauer kennenzulernen, hatte er sich ja schon lange gewünscht. Gleich nach dem Frühstück pfiff er Aquarius, sattelte Silberling, und sie machten sich auf den Weg. An der kleinen Pforte stieg er vom Pferd und schlang die Zügel um die Schnörkel des Pförtchens. „Guck, schönes Gras, Silberling“, sagte er. „Kannst's ruhig abfresse, es müßt sowieso geschnitte werde. – Leg dich, Aqua. Ich bin gleich wieder da.“

Da war das Wasserbecken mit dem bemoosten Rand, das sie neulich über die Mauer gesehen hatten. Aus einem rostigen Rohr sickerte ein dünner Strahl. Der Froschkönig war heute nicht zu sehen, nur ein dicker Goldfisch stand unbeweglich zwischen der Entengrütze. Es war ein heißer Julitag, und Adolf rief den Hund herbei zum Trinken.

Aqua schlabberte durstig das Wasser, das unter der grünen Decke klar und frisch war. Der Goldfisch verschwand unter einem Wasserrosenblatt; nur seine Schwanzspitze guckte hervor, leise wedelnd, wie die abweisende Hand eines schlechtgelaunten alten Herren, den jemand in seiner Ruhe gestört hat. Auch das Pferd trank, nachdem Adolf es losgebunden und mit der Hand das Grünzeug beiseite geschoben hatte. Dann brachte er die Tiere an das Törchen zurück, wo sie im Schatten der Mauer und der hohen Kastanien gut aufgehoben waren.

Aqua quiemte leise, als er wegging, und Silberling rieb die Nase an seinem Gesicht. Es war fast, als wollten die Tiere ihn abhalten, in die verwunschene grüne Wildnis einzudringen. Der Weg, soweit er überhaupt zwischen dem Buschwerk erkennbar war, machte eine Biegung, und nach ein paar Schritten merkte Adolf, daß er von der Richtung auf das Haus abgekommen war. Unversehens fand er sich zwischen mannshohen Buchshecken, die früher wahrscheinlich elegant verschnitten, jetzt aber verwildert und verwuchert waren. Er wandte sich rechts, dorthin, wo das Haus sein mußte, und fand sich zwischen neuen Hecken. So ging es bei jeder Wendung, die er machte. Rechts oder links, die gleichen Wege, die gleichen Hecken. Es war merkwürdig still, keine Vogelstimme sang in dem schattigen Gewirr von Blättern und Zweigen. Einmal hörte er den Silberling wiehern und ein kurzes Bellen von Aqua. Es klang merkwürdig fern und in ganz anderer Richtung, als er es vermutete. Er wäre nicht Adolf gewesen, wenn er nicht sofort ein Garn gesponnen hätte. Er war Theseus im Labyrinth des Minotaurus. Seine Einbildungskraft machte die Sache noch unheimlicher, als sie war. Es wäre Zeit, daß Ariadne auftauchte, dachte er und fing laut zu pfeifen an, um das unangenehme Gefühl von Verlorensein abzuschütteln. Dann stand er still und lauschte. Es war ihm, als höre er Stimmen und Lachen.

„Hallo!“ rief er, wartete eine Minute. Dann noch einmal: „Hallo!“

„Ist da jemand?“ antwortete eine Mädchenstimme.

„Und ob!“ rief er zurück. „Verlaufe hab ich mich in dem verflixte Gebüsch.“

Wieder Sprechen und Lachen hinter den undurchdringlichen Wänden. Fand da eine Beratung statt, wie man ihn noch länger an der Nase herumführen könne? Jetzt wurde es ihm zu dumm. „Aqua!“ rief er, so laut er konnte. Und noch einmal „Aaaaquaaa!“ Aber da waren plötzlich in nächster Nähe Schritte, nur daß er niemand sehen konnte, der zu den Schritten gehörte. Dann ein nervenzerreißendes schrilles Bellen, und im nächsten Augenblick rollte ihm ein winziges weißes Hündchen vor die Füße und gebärdete sich, als wäre er ein Räuber und Einbrecher. Fast gleichzeitig schoß Aqua um die nächste Ecke, er hatte ja nur der Witterung seines Herrn zu folgen brauchen. Der große, würdevolle Hund stand wie erstarrt, als er sich dem lächerlichen weißen Wesen gegenübersah, das sich auf ihn stürzte, als wolle es ihn verschlingen.

„Hilfe!“ schrie eine Stimme, die vermutlich zu den Schritten gehörte, und da war Ariadne. „Hilfe! Er frißt die Puderquaste.“

Ein Kind, ein kleines Mädchen, tauchte aus dem Heckengewirr, bückte sich, hob den gräßlichen Kläffer auf und hielt ihn hoch über ihren Kopf, als müsse sie ihn vor dem ritterlichen Aquarius retten, der nie daran gedacht hätte, einen kleineren Hund anzugreifen. „Ruf ihn!“ bat sie. „Was tut ihr zwei überhaupt hier?“

„Komm her, Aqua“, sagte Adolf. „Down! Du verdirbst dir den Mage, wenn du soviel Woll verschluckst. – Ich hab nen Brief für den Herr Baumeister Ippel.“

„So!“ sagte das Mädchen. Sie mochte elf Jahre sein, ein schmales Dingelchen mit einer dicken Mähne glänzender brauner Haare, die ihr auf Schultern und Rücken herunterhingen, über der Stirn von einem Seidenband gehalten. Nun, da ihr komischer Hund außer Gefahr war, sah sie Adolf mit fröhlich lachenden Augen an. Ariadne konnte Theseus nicht reizender erschienen sein. Ihr Kleid war so kurz, daß man die weißen Strümpfe ein ganzes Stück sah. Sie trug schwarze, geknöpfte Spangenschuhe dazu und ein rotes Korallenkettchen um den Hals. Offenbar machte es ihr Spaß, daß er sich so heillos verirrt hatte.

„Das ist ein La-by-rinth", sagte sie wichtig.

„Hab ich mir fast gedacht", sagte er, aber sie schien die Ironie nicht zu merken. „Halt bitte dein Untier ganz fest, daß es mein Hündchen nicht verschlingt", bat sie.

Das Hündchen knurrte immer noch giftig auf den braven Aquarius herab, der es keines Blickes mehr würdigte. „Denkste vielleicht, ein richtiger Hund vergreift sich an so was?" fragte Adolf.

Sie hielt das Ding zärtlich an ihre Schulter gedrückt. „Puderquaste heißt er. Ist er nicht süß? Wir rufen ihn Putschi. Wie heißt deiner?"

„Aquarius."

„Ulkiger Name. Komm, ich führ dich zum Haus. Du hättest bloß hier herum zu gehen brauchen, und hier nochmal, und da sind wir."

„Das soll einer wisse!"

Sie waren wirklich nur um zwei Ecken in dem vertrackten Gebüsch gebogen, und schon öffnete sich das Labyrinth, und sie standen auf dem Rasenplatz vor dem Haus. Stufen führten zu einer Veranda hinauf, auf der eine Dame saß. Am Rand des Rasens war zwischen zwei Bäumen eine Schaukel aufgehängt, auf der noch zwei weiße Mädchen saßen, eine ein wenig größer, die andere ein wenig kleiner als Adolfs Befreierin. Ariadne in dreifacher Auflage.

„Wen bringst du denn da, Toni?" rief die Größere. „Und was ist das für ein fürchterlicher Hund?"

„Der Junge sagt, er täte nichts. Er heißt Aquarius. Der

Hund, nicht der Junge." Sie kicherte, sah ihn fragend an, und er sagte: „Adolf."

Die beiden Schwestern kamen herbei. „Sieht er nicht ein bißchen wie der hübsche Junge aus, der uns neulich durch die Stadt geführt hat?" fragte die Jüngste, und alle drei sahen ihn prüfend an.

Adolf dämmerte etwas. „Wie hieß er denn?" fragte er.

„Georg", antwortete Toni. „Und das sind meine Schwestern, Lina und Emmi. Komm, du kannst deinen Brief Tante Kätchen geben. Fräulein Stritter heißt sie. Unser Papa hat uns vorige Woche hergebracht und ist wieder nach Wiesbaden zurückgefahren. Nun sitzen wir hier allein mit Tante Kätchen und können nicht zum Papa, und er kann nicht zu uns, weil der greuliche General verboten hat, daß man reist."

„No ja, das is nur für den Anfang", sagte Adolf. „Mein Bruder August sagt, das wär immer so bei ner feindliche Besatzung."

Sie nahm ihn an der Hand und führte ihn auf die Veranda, wo die Tante auf einem Liegestuhl lag und an etwas Rotem strickte. Und einen Buckel hat sie, meine Güte! dachte Adolf. Aber ihr Gesicht war so heiter und freundlich, daß er es fast sofort wieder vergaß. Übrigens hatte das Haus noch viel mehr Erkerchen und Türmchen und Schnörkel, als er über die Mauer hin hatte sehen können. Es sah lustig und ein wenig komisch aus.

„Er hat sich im Labyrinth verlaufen", sagte Toni, und die Tante stimmte in das fröhliche Gelächter der drei Mädchen ein. Auf dem Tisch neben dem Liegestuhl stand ein großer Krug Limonade und ein Teller mit dünnen Butterbroten. Adolf hatte noch nie so dünne gesehen. „Du wirst durstig sein", sagte Fräulein Stritter. Lina lief ins Haus noch ein Glas holen, und Toni schenkte ein. Adolf trank von der kühlen Limonade und aß ein Butterbrot, das heißt, er verschluckte es, zu kauen war da nichts.

Dann mußte er erzählen, wie Aquarius seinen komischen Namen bekommen hatte, und alle hörten aufmerksam zu. Nachher kam wieder die Rede auf den *hübschen Jungen,* der Tante und Nichten in der Stadt umhergeführt hatte. Herumgeschleppt sollte man lieber sagen, dachte Adolf erbittert. Zum Bischofspalais und der Bischofskirche, und auf den Fischmarkt, wo er ihnen erklärt hatte, daß immer ein Mann mit einer Trompete vor der Postkutsche und den Lastwagen hergehen mußte, damit die Bäcker und Fleischer ihre Waren von der Straße wegräumten. Hier nämlich war die engste Stelle der großen Überlandstraße von Köln nach Frankfurt, und es gab eine genaue Vorschrift, wie breit die Ladungen der Lastwagen sein durften; waren sie breiter, dann kamen sie nicht hier durch. Dann hetzte er sie zum Dom hinauf und zeigte ihnen den schönen romanischen Taufstein und das Wappen über dem Chorstuhl des Domherren Knodt. Adolf konnte sich gut vorstellen, wie er sich dabei dickgetan und mit seinen Kenntnissen geprotzt hatte. „Alles wußte er“, sagte Toni. „Findest du nicht, daß ihm der Adolf ein wenig ähnlich sieht, Tante Kätchen?“

Adolf trat vor Verlegenheit von einem Fuß auf den anderen. Seine Linke hielt er krampfhaft in der Hosentasche, damit man wenigstens die Warzen nicht sah. Dieser elende Halunke und Angeber, der Schorsch! Da hatte er also die bucklige alte Dame den Domberg hinaufgeschleppt. Ein reines Wunder, daß sie nicht tot umgefallen war vor Anstrengung bei der Hitze, die vorige Woche geherrscht hatte! „Der is mein Bruder“, sagte er finster. „Wenn *ich* euch geführt hätt, hätt ich euch im Wage gefahrn.“

„Hast du noch mehr Brüder?“ fragte Lina. „Doch, du hast ja vorhin noch einen genannt.“

Adolf mußte die ganze Familie aufzählen. „Wenn ihr das nächste Mal en Führer braucht, dann wend euch nur an mich, dann spann ich das Chaisewägelche an“, sagte er. „Un jetzt muß ich leider gehn.“ Er wäre gern noch geblieben. Es war so lustig, die alte Dame und die drei Mädchen lachen zu hören, jede in einer anderen Tonhöhe; es klang wie ein Glockenspiel. Eigentlich machte er sich nicht viel aus Mädchen, aber diese drei gefielen ihm nicht schlecht in ihren weißen Kleidern, den roten Korallenkettchen und den seidenen Bändern im Haar.

„Wenn du wirklich gehen mußt, dann bring' ich dich ans Törchen zurück“, sagte Toni. Sie war die allerhübscheste von den drei hübschen Schwestern. Ihre Augen hatten kleine Goldsprenkel auf braunem Grunde, wie die Eier der Feldlerche. „Du sollst dich nicht noch einmal verlaufen“, sagte sie und lachte wieder. Wenn Licht auf ihre Haare fiel, sah es aus wie eine reife Kastanie, die gerade aus der grünen Hülle gesprungen ist, neu und blank.

„Findste wirklich, daß ich dem Schorsch ähnlich seh?“ fragte er sie, als sie miteinander die Allee entlanggingen. Sie blieb stehen und sah ihn mit zusammengezogenen Brauen gründlich an. „Ja. Nein. Ein bißchen schon, aber nicht so sehr, wie ich erst dachte.“

„Das glaub ich. Ihr habt'n ja *hübsch* gefunde. Es is auch wahr, er hat immer so glatte Haar un en schnurgrade Scheitel, un ich hab nix wie Wirbel auf'm Kopp.“

„Ja?“ sagte sie, als hätte sie es noch nicht gemerkt, und tupfte schnell mit der Fingerspitze auf eins seiner Faunshörnchen über der Stirn. „Macht nichts. Wirbel find ich ganz lustig.“

Da waren sie schon am Tor angelangt. Er wünschte fast, sie wären wieder durch das Labyrinth gegangen, dann hätte es etwas länger gedauert. Ob die Ariadne auch so hübsch ausgesehen hatte, die mit Theseus und dem Faden . . .

„Himmel, ein Pferd!“ rief die kleine Toni, als sie den Silberling entdeckte, der wirklich ganz silbern da im Schatten der Bäume stand. Als er Adolf und Aquarius sah, warf er den Kopf auf und wieherte.

„Du kannst ihn ruhig streichele“, sagte Adolf. „Un wenn du en Stück reite willst, heb ich dich nauf.“

„Huch!“ machte sie und zog ihre Nase kraus. „Ich hab noch nie auf einem Pferd gesessen. Es ist so schrecklich hoch oben. Kannst du richtig reiten und traben und alles?“

Adolf nickte, stieg auf einen Stein, schwang sich in den Sattel und bemühte sich, so elegant auszusehen wie die Herrn auf den englischen Bildern in Onkel Emmos Zimmer. Toni atmete tief auf beim Anblick von so viel Großartigkeit. Der Schorsch kann sich begrabe lasse, dachte Adolf tiefbefriedigt. Sie machte noch keine Anstalten, zum Haus zurückzugehen. „Ihr habt zwei Tanten“, sagte sie. „Wir nur eine. Wieso habt ihr Tanten, wenn ihr eine Mutter habt?“

„Ja, weißte, unser Papa war schon mal verheirat, und dann starb sei Frau, un da kame die Tante zu ihm. Es is schon schrecklich lang her, un seitdem sin sie halt bei uns.“

Sie nickte ernsthaft. „Genau wie bei uns. Tante Kätchen kam, um unsere Mama zu pflegen, als die so krank war. Und als sie dann starb, blieb sie bei uns. Wir waren noch ganz klein damals. Gut, daß es Tanten gibt, gelt?“

Das fand Adolf auch. Zum Glück gab es in jeder Familie eine oder mehrere Tanten, die immer einspringen konnten, wenn sie gebraucht wurden.

Toni trat mit ihm hinter dem Pferd auf den Uferweg hinaus. Sie stand so klein da unten neben dem großen Pferd, und jetzt faßte sie Mut und strich dem Silberling über seinen glatten Hals, genauso vorsichtig, nur mit den Fingerspitzen, wie vorhin Adolf über seinen struppigen Kopf. „Wie Seide“, sagte sie, „kannst du vielleicht auch galoppieren?“

„Denkste ich reit immer nur Schritt oder Trab?“ lachte er ganz übermütig zu ihr hinunter. Die Bewunderung war ihm ein wenig in den Kopf gestiegen. „Manchmal, wenn ich Lust hab, spring ich auch über en Grabe oder en Zaun, das macht mir nix aus. Zuerst bin ich en paar mal koppheister runtergesaust, aber jetzt bleib ich obe.“

„Huch!“ sagte sie wieder und preßte die Hände vor die Augen, als schaudere ihr vor so viel Waghalsigkeit.

„Der Schorsch kann's natürlich nit“, warf er beiläufig hin. „Adieu, Toni. Kommt uns bald besuche, die Mama hat's mir nochmal extra aufgetrage, un in dem Brief steht's auch.“

„Ja, ganz bald“, sagte sie. „Adieu, Adolf!“

Er trabte flott davon, und sie sah ihm nach. Als er zurückschaute, winkte sie, die kleine Ariadne, mit Augen wie das Ei der Feldlerche.

DRITTES KAPITEL

Immer in späteren Jahren, wenn Paula an einem Obstgarten vorbeikam, aus dem der Duft von reifen Beeren sie anwehte, wurde der Sommer des Jahres 1866 so lebendig in ihrer Erinnerung, als hätte sie ihn gestern erst erlebt.

Unter der Kastanie am Fuß der Treppe, die vom Seitenflügel in den Garten führte, saßen die Tanten, jede mit einer weißen Schürze vorgebunden, und streiften rote Johannisbeeren in eine große Schüssel. In der Küche wurde Gelee gekocht. Der dunkelrote Saft brodelte im Kupferkessel, Bienen und Wespen summten durch die offenen Fenster herein, angezogen von dem süßen Aroma. Im Kessel stiegen Blasen auf, es war Zeit, die Zuckerstücke hineinzuwerfen, die einer der Buben zerkleinerte. Das geschah in dem gelben Kasten, dessen Messer wie ein Fallbeil niedergestoßen wurde, immer wieder, bis die Stücke klein genug waren. Die Mama ermunterte die Buben zum Pfeifen bei dieser Arbeit; dann verschwanden nicht so viele Zuckerklümpchen im Mund. Zucker war teuer. In der Vorratskammer stand noch eine ganze Reihe spitzer Zuckerhüte in blauem Papier, jeder zehn Pfund schwer; wenn der Sommer zu Ende war, würde keiner mehr übrig sein.

Es nahm kein Ende mit dem Segen. Eine Frucht löste die andere ab, die unreifen Stachelbeeren für Obstkuchen wurden in leere Weinflaschen gefüllt und zugesiegelt. Dann kamen all die verschiedenen Obstsorten für den Rumtopf: Erdbeeren und Johannisbeeren, Kirschen, Himbeeren, reife Stachelbeeren, rote und weiße und schwarze Johannisbeeren, grüne Nüsse, in denen noch kein harter Kern sein durfte, und schließlich die verschiedenen Steinfrüchte. Außer Gelee und Marmeladen und Dunstfrüchten bereitete die Frau Rat auch einen schweren, süßen Obstwein aus schwarzen Johannisbeeren, nach einem alten Familienrezept, das sie nicht einmal ihren besten Freundinnen verraten hätte.

Zu allem außer den Gelees und Marmeladen mußten die zerkleinerten Zuckerstücke im kupfernen Mörser fein gestoßen werden, auch eine Arbeit, zu der man gern einen Jungen heranzog. Für Wochen war von nichts anderem die Rede unter den Frauen des Hauses als vom Einmachen. Es ging mit einer Vehemenz und Wichtigkeit vor sich, als hinge das Heil der Welt davon ab. *Tant de bruit pour une omelette!* dachte Paula, aber nun war sie allmählich doch so weit, daß sie über die hausfrauliche Geschäftigkeit der Mama lächeln konnte, statt, wie im Anfang, Tränen darüber zu vergießen. Bei den Arbeiten, die man ihr auftrug, konnte sie sich in Gedanken mit irgendeinem Buch beschäftigen, das sie gerade las. Das ließ sich gut mit dem endlosen Beerenzupfen und Beerenpflücken im Garten vereinen. Dabei hörte sie dann das vergnügte Kreischen der Buben von ihrem Badeplatz am Fluß; oder sie sah das Blau und Silber der Husarenuniform über die Gartenmauer hin, wenn der junge Offizier auf der schönen Krimhild, dem Entzücken der Brüder, vorüberritt. Aber das alles blieb am Rande ihres Bewußtseins. Seit sie mit Schrecken bemerkt hatte, wie wenig sie noch von dem unermeßlichen Schatz der Welt an Dichtung, an großer Prosa wußte, hätte sie am liebsten alles auf einmal verschlungen. Wäre Onkel Emmo nicht ein so behutsamer Führer gewesen, dann hätte sie sich wahrscheinlich gründlich den Magen verdorben an der ungewohnten Kost.

Auf ihres Vaters Nachttisch lag immer ein Band Goethe; jeden Morgen beim Abstauben hielt sie einen dieser Bände der Gesamtausgabe in der Hand, blätterte ein wenig darin und legte ihn mit einem Seufzer wieder hin. Was kannte sie denn schon von dem größten Dichter in deutscher Sprache?

„Dichtung und Wahrheit“ in der Schulausgabe; „Hermann und Dorothea“, ein paar Balladen, den „Torquato Tasso“, nicht viel mehr. In Nancy hatten sie hauptsächlich französische und etwas englische Literatur gelesen, auch das in strenger Auswahl. Nun las der Papa abends nach Tisch „Iphigenie auf Tauris“ vor, und Paula war so hingerissen davon, daß sie tagelang an nichts anderes denken konnte. Erst kürzlich hatte sie die Liebesgedichte des jungen Goethe entdeckt. Sie lernte sie auswendig und sagte sie sich bei der Arbeit vor. „Wie herrlich leuchtet mir die Natur, wie glänzt die Sonne, wie lacht die Flur“ . . . Ihr Herz schlug bedrängend bei diesem stürmischen und gleichzeitig zarten Jubel von Liebe, an dem die ganze Natur teilnahm. Konnte das einem jungen Herzen geschehen, konnte es vielleicht auch ihr geschehen, fragte sie sich bestürzt. Oft saß sie abends noch lange am offenen Fenster ihres Zimmers und ließ ihre Gedanken wandern. Der Mond spiegelte sich im Fluß. Wiesenduft wehte herauf. Die Grillen zirpten ihr monotones Lied. Dann sprach sie sich das Gedicht „An den Mond“ vor, das freilich nicht von *junger* Liebe handelte. „Ich besaß es doch einmal, was so köstlich ist, daß man doch zu seiner Qual nimmer es vergißt!“ Trauer überkam sie dabei, Sehnsucht, deren Ziel sie nicht kannte. Eine Ahnung von dem, was an der nächsten Biegung ihres Weges auf sie warten konnte. In jedem Vers dieser Gedichte war ja das ganze Leben: Jubel und Qual, Glück und Verzweiflung, Erwartung und Verzicht. War sie bereit, das alles zu erfahren und den Preis dafür zu zahlen? Mère Céleste sollte nicht denken, daß sie im Kloster eine sichere Zuflucht suchte. Wenn sie diesen Weg ging, wollte sie ihn mit offenen Augen gehen. Aber mehr und mehr sah sie die Gefahren: Selbsttäuschung, Unklarheiten des Gefühls, Zweifel. Sie fand es nun doch an der Zeit, mit ihrem Beichtvater zu reden, was sie nach mère Célestes Ansicht schon lange hätte tun sollen.

Der kluge alte Pfarrer Meinert hatte die Erwachsenen der

Familie seelsorgerisch betreut, seit sie in Limburg wohnten. Nachdem ihm Paula ihren Plan vorgelegt hatte, fühlte er sich überrascht von der Verschlossenheit, mit der dieses Kind ihm seine Pläne verborgen hatte. Er schwieg eine Weile. Paula meinte schon, er hätte sie nicht verstanden, aber dann sprach er. „Sie sind noch sehr jung, meine Tochter", sagte er. „Warten Sie. Lernen Sie erst sich selber besser kennen. Wenn der Herr Sie auserwählt hat, wird er Sie rufen. Bis dahin ist Ihnen die Aufgabe gestellt, eine gehorsame Tochter, eine nachsichtige Schwester und den Alten im Hause ein Trost zu sein. Denn glauben Sie mir, das Alter braucht Trost." Wieder versank er in Schweigen hinter dem Vorhang des Beichtstuhles, und in diesem Schweigen eines weisen alten Mannes klärte sich alles, was er von seinem Beichtkind in den vergangenen Monaten erfahren und nicht erfahren hatte: ihre Ungeduld, ihre Auflehnung gegen die Strenge der Mutter, die oft in der Beichte bekannten Fehler eines jungen und heftigen Temperamentes, das noch gärte wie heuriger Wein; ein leidenschaftliches Herz, das sein Ziel noch nicht gefunden hatte. „Üben Sie sich in der Liebe, Kind", sagte er abschließend, „immer wieder in der Liebe, zu den Nahen und den Fernen. Erproben Sie sich täglich an dem Hier und Jetzt und lassen Sie die Zukunft getrost in Gottes Hand ruhen."

Da hatte sie nun wieder Stoff zum Nachdenken. War es nicht schon ein Vergehen gegen die Liebe, daß sie sich so leicht von einer kleinen Mißhelligkeit die Stimmung verderben ließ? Jeder Tadel der Mama verletzte sie weit über Gebühr, auch wenn sie sich gestehen mußte, daß er berechtigt war. Dabei waren ihre Gedanken dann alles andere als liebevoll. Der Lärm der Brüder war ihr immer noch ein Ärgernis. Und wo blieb die Liebe, wenn die alte Babett sie mit ihren endlosen Geschichten aufhielt, während sie nur daran dachte, ihr möglichst bald zu entrinnen, weil sie schnell noch ein Buch fertig lesen oder etwas im Garten tun wollte. Und die Tanten mit ihren gutgemeinten Ermahnungen, auf ihre Haltung, ihre Figur, ihren Teint zu achten ... Wenn sie am Ende des Tages über alles nachdachte, ihr Gewissen erforschte, wie sie es im Kloster gelernt hatten, dann konnte ihr nicht entgehen, daß der Tag wieder eine Kette von Versäumnissen gewesen war, und mit Schrecken fiel ihr ein, wie es sein würde, wenn sie sich vor einer strengen Novizenmeisterin all ihrer Fehler anklagen müßte in Gegenwart vieler anderer Novizen, die vielleicht schon ein Stück weiter waren auf dem Weg der Tugend als sie ...

Bei Tisch saß jetzt der junge Husar auf dem ehemaligen Platz des Majors, links von der Hausfrau. Er war ein Gast des Hauses, wenn auch ein ungebetener. Die Mama achtete darauf, daß er mit allem wohlversorgt war. Onkel Emmo bemühte sich, den jungen Mann an der Unterhaltung teilnehmen zu lassen. Der Vater war noch schweigsamer als sonst. Zum Glück sorgten die Brüder dafür, daß das Gespräch nie einschlief. Die beiden Jüngsten besonders überschütteten den Leutnant mit Fragen, noch weit mehr, als sie es bei dem nassauischen Major getan hatten. Sie waren innerhalb vierundzwanzig Stunden mit fliegenden Fahnen zum Feind übergegangen. Auch August und Georg zeigten lebhaftes Interesse für ihn, und der Leutnant selber schien eine besondere Vorliebe für August zu haben. Adolf hielt sich noch zurück, aber auch er konnte sich dem Magnetismus des Offiziers nicht entziehen, zumal er seine Reitkunst bewundern mußte.

Diesem Gast hatte Paula übrigens keine Blumen aufs Zimmer gestellt, und die Mama hatte darüber kein Wort verloren. Schließlich war er der Vertreter einer feindlichen Macht, mit der noch nicht einmal ein Friedensvertrag abgeschlossen war, und Blumen gingen ganz augenscheinlich über das hinaus, was man ihm schuldete. Wenn Paula sich ihrer ersten Begegnung und der zerbrochenen Eier erinnerte, dann entdeckte sie sogar eine Spur von Ressentiment gegen ihn. Bei Tisch kümmerte sie sich mit vermehrtem Pflichteifer um Ferdinand und Karl. Nie mehr brauchte sie die Mama jetzt an das Nachfüllen der Milchbecher zu erinnern, noch mit einem Blick anzudeuten, daß Ferdinands Ellenbogen unauffällig vom Tisch geschoben oder Karls Gemüsekonsum kontrolliert werden mußte. Zwischen all diesen Obliegenheiten hielt sie den Blick hartnäckig auf ihren eigenen Teller gesenkt, denn sooft sie aufsah, begegnete sie den Augen des jungen Offiziers, der sie auf eine verwirrende Weise ansah, manchmal ernst, manchmal mit einem kleinen Lächeln. Aber gerade dieses Lächeln irritierte sie. Dachte er an die Episode ihres Zusammenstoßes auf der Haustreppe? Oder war vielleicht etwas an ihr nicht in Ordnung? Eine lose Haarsträhne, ein zerknittertes Krägelchen, ein Rußfleck vom Küchenherd auf ihrer Nase? Schnell wandte sie dann den Kopf wieder nach rechts zu Ferdinand, oder nach links zu Karl, oder geradeaus auf ihren Teller.

Im Stall vertrugen sich die beiden hochgezüchteten Preußenpferde gut mit dem Silberling, der nichts weiter als ein einfaches Landpferd war. Ebensogut vertrugen sich die Buben mit dem Burschen. Adolf merkte bald, daß er ihm noch allerhand abgucken konnte, wenn sie zusammen vor der Stalltür die Pferde putzten. Aber auch die Brüder waren jetzt viel häufiger als vorher im Stall zu treffen. Orje Prieske hieß des Leutnants Bursche. Sie erfuhren, daß Orje berlinerisch für Georg war. Er war der erste Berliner, den sie kennenlernten, und alles, was er tat und sagte, kam ihnen neu und spaßig vor. Wenn er mit der Mütze schief auf dem Kopf ein Pferd striegelte und dazu einen Marsch oder ein Soldatenlied pfiff; wenn er vor dem Leutnant stramm die Knochen zusammenriß, salutierte und seine Meldung herunterschnarrte; wenn er in voller Uniform mit der Lanze auf dem Vulkan zum Dienst ritt, dann konnte er sicher sein, daß bewundernde Blicke ihm folgten. Des Leutnants Stute hieß Krimhild und war aus dem berühmten Trakehner Gestüt; sie hatte eine Ahnentafel wie ein Reichsgraf. Der Vulkan war ein Regimentspferd, ebenfalls ein Ostpreuße, wenn auch nicht ganz so vornehm wie Krimhild. Wenn der Leutnant nicht selber sein Pferd zum Dienst ritt und auch keine Zeit zu einem Spazierritt hatte, dann setzte Orje Ferdinand und Karl auf den Vulkan und führte ihn am Zügel mit, während er selber die Krimhild ritt. Damit gewann er sich völlig ihr Herz, und wenn er sie Stöpke oder Piefke nannte, betrachteten sie das als Ehre und Auszeichnung. Ihre eigenen Gespräche nahmen zusehends mehr kavalleristisch-preußisches Gepräge an, was sich, gemischt mit ihrem Nassauer Dialekt, sonderbar genug ausnahm. Vergessen waren die noch vor kurzem so glühend beneideten Tambure der herzoglichen Armee; für Ferdinand und Karl gab es jetzt nur noch preußische Kavallerie.

Wenn der Leutnant außerdienstlich ritt, lud er oft August ein mitzureiten. Ihre Gespräche drehten sich dann um die edle Reitkunst, um deutsche Geschichte und um die preußische Armee. Quitzow sprach von den glänzenden Aussichten, die ein junger Mann mit den nötigen Qualitäten in der Offizierslaufbahn hatte und ließ August spüren, daß er ihm diese Qualitäten zutraute. Manchmal wurde um der Gerechtigkeit willen auch Georg mitgenommen, aber es war deutlich, daß der Leutnant den älteren Bruder bevorzugte. Adolf ritt weiter für sich allein den Silberling, der sein Pferd war und blieb, wenn er auch neben den beiden eleganten Preußenpferden ein wenig schwer wirkte. „Uns gefällt er, gell Aqua?“ sagte er zu seinem Hund, und der leckte freundschaftlich die zu ihm herabgeneigte Pferdenase, als wolle auch er den Silberling seiner unveränderten Zuneigung versichern.

Eines Tages sagte der Leutnant: „Warum reitest du nie mit deinem Bruder und mir, Adolf? Du hast das Zeug zu einem guten Reiter, und dein Grauschimmel ist ein gutes Pferd. Vielleicht könnte ich dir noch ein paar Winke geben." – Adolf bezweifelte, daß irgend jemand, und sei es ein königlich-preußischer Husar, mehr vom Reiten verstehen könne als Janosch. Aber er merkte schnell, wieviel es noch für ihn zu lernen gab, besonders beim Springen, das er sich schlecht und recht selbst beigebracht hatte.

Für die Husaren war auf einem Brachacker ein Reitplatz mit Sprunggarten eingerichtet worden, und manchmal nahm der Leutnant die Buben mit hinaus, entweder zu einer regelrechten Reit- und Springstunde oder zum Zuschauen, wenn er seine Husaren drillte. „Paßt nur gut auf", sagte Quitzow, „dabei könnt ihr allerhand lernen."

Am schönsten war das Musikreiten der Offiziere jeden Mittwochvormittag. Dann standen oder saßen sämtliche Schulbuben der Stadt rund um den Reitplatz, die Regimentskapelle spielte flotte Märsche, und alle Zuschauer waren sich einig, daß sie noch nie so herrliche Sommerferien gehabt hatten. Diejenigen unter ihnen, die einen Gönner unter den Husaren hatten oder in deren Elternhaus einer einquartiert war, wurden nach dem offiziellen Offiziersreiten oft auf einen Gaul gesetzt, und dann verblaßten Hannibal und Cäsar und Alexander, ihre Helden früherer Sommer, gegen die blauen Husaren. – „Sic transit gloria mundi", sagte August, der ehemalige Heerführer, aber auch er fand diesen Sommer unvergleichlich schön.

Wenige Tage nach Adolfs erster Begegnung mit der Familie des Baumeisters holte er Fräulein Stritter und die Nichten in den Amtshausgarten, wo auf der Terrasse am Fluß im Schatten der blühenden Akazie der Kaffeetisch gedeckt war. Fräulein Stritter konnte man gut anmerken, wie froh sie war, sich einmal aussprechen zu können. Sie schien sich recht einsam zu fühlen in dem verzauberten Garten da draußen, zumal sie an manchen Tagen nicht wohl genug für einen Gang in die Stadt war. Die Nichten allein konnte sie aber unmöglich zum Einkaufen schicken, und das junge Dienstmädchen war ebenfalls keine geeignete Einkäuferin. Nun war gestern mit der Postkutsche, die jetzt wieder regelmäßig fuhr, ein Brief des Baumeisters gekommen, in dem er schrieb, daß er nun doch nicht, wie geplant, die Ferien mit den Seinen auf dem Land verleben könne. Eins seiner Häuser, das er sonst an Kurgäste vermietete, war von den Preußen als Offizierskasino requiriert worden, und es war nötig, daß er in der Stadt blieb, um nach dem Rechten zu sehen. Das Savigny-Haus war hauptsächlich der Tante wegen für die Ferien gemietet worden. Sie war durch ihr Gebrechen kurzatmig und litt unter der sommerlichen Hitze in Wiesbaden. Unter den schattigen Bäumen des alten Parks wurde es nie drückend, und auch an den heißesten Tagen wehte morgens und abends immer ein frischer Wind vom Fluß herauf.

Die Isbertschen Tanten und die Frau Rat redeten ihr gut zu, den Landaufenthalt nicht vorschnell abzubrechen.

„Wir schicken Ihnen gern jeden Tag frisches Obst und Gemüse aus dem Garten, wozu haben wir so viele junge Leute im Haus. Die Buben werden sich ein Vergnügen daraus machen, Ihnen auch Sachen vom Bäcker, Fleischer und Kolonialwarenhändler mitzubringen, wenn Sie etwas brauchen", sagte die Mama und warf den Söhnen einen Blick zu, der deutlicher als Worte sagte: nun blamiert mich nicht! Aber wunderbarerweise erklärten sich alle fünf sofort zu Botendiensten bereit, obwohl sie doch sonst immer so beschäftigt waren, daß sie Mühe hatten, ihre Pflichten in Haus und Garten zu erfüllen. Die Kleinen wollten mit dem Kahn hinausrudern, und Georg erbot sich, auf dem Silberling hinauszureiten, um täglich zu fragen, was gebraucht würde, und wie er den Damen etwa sonst behilflich sein könne. Diese Unverschämtheit verschlug Adolf die Sprache, zumal er seine eigenen Pläne hatte. Bei der nächsten Gelegenheit mußte er Georg klarmachen, daß *er* es war, der den Silberling fütterte und pflegte und deswegen auch das Recht hatte, darüber zu bestimmen, wer ihn reiten durfte.

Als der Kaffeetisch abgedeckt war, nahmen Ferdinand und Karl die drei Mädchen mit ins Haus, um der Babett guten Tag zu sagen und Onkel Emmo in seiner Bücherstube zu besuchen. Den Papa durften sie in seinem Amtszimmer nicht stören, aber er hatte versprochen, später für eine halbe Stunde mit in den Garten zu kommen.

„Und jetzt", sagte Paula, die sich in der Küche ein paar Körbe geholt hatte, „gehen wir Mirabellen pflücken."

Gefolgt von den drei Ippelchen und allen Brüdern stieg sie zu der obersten Terrasse hinauf, wo die Obstbäume standen und die Weinlaube sich an die Friedhofsmauer lehnte. In diesem Garten gab es kein Labyrinth, kein Wasserbecken mit Froschkönig und Goldfisch. Es hüpften höchstens ein paar Kröten zwischen den Gemüsebeeten umher, aber die hatten nichts mit Märchen zu tun; sie waren die Überlebenden von den Kaulquappen des Frühjahrs. Alles war klar und ordentlich und nützlich hier, die Beete rechtwinklig eingeteilt, mit blühenden Stauden an den Rändern; die Wege kerzengrade, der Rosengarten ohne ein welkes Blatt.

Die beiden großen Mirabellenbäume hingen voll reifer Früchte, und die drei Stadtmädchen aßen davon, bis ihnen der Magen wehtat. Georg kletterte gefällig bis in die höchsten Zweige hinauf, um die allersüßesten, reifsten für sie herunterzuholen, denen schon die Haut geplatzt war von der Fülle des Saftes.

„Komm!" sagte Adolf zu Toni, denn er konnte die Angeberei des Bruders nicht länger mit ansehen. Keiner bemerkte, daß sie sich wegschlichen; sie trollten sich die Stufen hinunter und schlüpften in den Stall. Da roch es angenehm nach Pferden und Heu; Schwalben schossen zu den kleinen Fenstern hinaus und herein. Die Preußenpferde kauten bereits zufrieden an ihrem Abendheu. Orje war zum

Appell gegangen. Adolf fütterte den Silberling und nahm Toni mit in die Box, um ihr zu zeigen, wie sanft und gut er war. Sie streichelte ihn diesmal schon etwas zutraulicher und gab ihm ein Stück Zucker, das Adolf vom Kaffeetisch mitgenommen hatte. „Ganz flach mußte die Hand ausstrecke“, erklärte er ihr, und der Wallach nahm das Zuckerstück vorsichtig mit seinen weichen Lippen von ihrer Hand. Auch die Ziegen und das Schwein wurden besucht, das fett und faul in seiner Koje lag. Im Hühnerstall kamen sie gerade zurecht, als eine Henne mit aufgeregtem Gegacker verkündete, daß sie ein Ei gelegt hatte. Adolf griff unter das noch auf dem Nest sitzende Huhn, nahm das warme, bräunliche Ei heraus und legte es in Tonis Hand. „Wenn man's ihr nit wegnimmt, fängt se zu brüte an“, erklärte er, und das Stadtkind, das Eier bisher nur in den Körben der Marktfrauen und in der Küche daheim gesehen hatte, befühlte staunend das neugemachte Produkt. „Was du alles weißt!“ sagte sie, und ihr Respekt vor Adolfs tiefschürfenden Kenntnissen in der Landwirtschaft tat ihm in der Seele wohl.

„Über den Silberling hab *ich* zu sage“, betonte er. „Der Schorsch hat sich bis jetzt en Dreck um ihn gekümmert, un auf eimal will er'n reite. Dem werd ich's schon beibringe, dem Angeber.“

„Er hat gesagt, er wollte mich reiten lehren“, sagte Toni.

„Jetzt schlägt's dreizehn! Der kann ja selwer nix. Reite lern ich dich, Toni. Wenn ich euch Obst und Gemüs rausbring, nehm ich dich nachher vor mich auf'n Sattel, da kann dir gar nix passiern. Laß dich ja nit mit dem Schorsch ei, sonst brichste alle Knoche.“

„Jaja“, sagte sie gefügig, „wenn ich mich überhaupt auf ein Pferd setze, denn nur mit dir, Adolf.“

Sie stiegen auf den Heuboden hinauf, von dem man über den Garten hinsehen konnte, wo die anderen Mirabellen pflückten. Sie unterhielten sich über alles mögliche, dabei erfuhr Adolf auch, wieso diese Mädchen, die doch auch Nassauerinnen waren, so ein feines Deutsch sprachen, ganz ohne Endbuchstaben zu verschlucken, nur grade eben mit einer kleinen Andeutung des Dialekts der Gegend. Sie gingen in eine Privatschule in Wiesbaden, wo nur hochdeutsch gesprochen wurde.

„Später", sagte Adolf, „werd ich vielleicht das Savigny-Haus miete oder kaufe. Willste dann mei Frau werde, Toni?"

„Ja, gern", sagte sie sofort, ohne lange zu überlegen und ohne Ziererei. Sie war ein vernünftiges Mädchen.

„Abgemacht", sagte Adolf.

Aber nun rief man nach ihnen da drunten im Garten, denn die Körbe waren gefüllt, und da die Tageshitze vorbei war, wollte Tante Kätchen gerne zu Fuß mit den Nichten den Heimweg antreten. Sämtliche Buben begleiteten sie, um den *einen* Korb mit Mirabellen, Erbsen und Bohnen zu tragen. Paula brachte einen ihrer Körbe in die Küche, mit dem dritten machte sie sich auf den Weg in die Stadt, um ihn einem Schützling der Mama zu bringen. „Vergiß nicht, ein paar Blumen mitzunehmen", sagte die Mama. Nie schickte sie eine Gabe ohne einen Blumenstrauß aus dem Garten, einem frischen Tannenzweig im Winter oder einem Stückchen Kuchen. Paula hatte schon oft beobachtet, daß es diese kleinen Überflüssigkeiten waren, über die die Empfängerinnen sich am meisten freuten.

Die langen Schatten der Kopfweiden lagen wie schwarze Balken über dem gelben Sand des Uferweges. Auf dem Wasser schwammen ein paar Entenfamilien, unscheinbar braune Mütter mit ihrer Brut und in einiger Entfernung die prächtig schillernden Erpel. Wasserhühner mit rotem Schnabel und einem roten Federtuff auf der Stirn tauchten zwischen dem Uferschilf nach Wasserkäfern und kleinen Kerbtieren, auch sie von einer Schar winziger Kinder umgeben. Paula blieb ein paar Minuten stehen und sah ihnen zu, dann ging sie schnell weiter. Der lange, weite Rock ihres Sommerkleides schwang über den schwarzen Knopfstiefeletten; die breite Krempe des Florentinerhutes mit dem Kranz von rotem Mohn, blauen Kornblumen und goldenen Ähren beschattete ihr Gesicht, und da sie in die Stadt ging, trug sie auch Handschuhe; weiße, von Tante Stina gehäkelte fingerlose Sommerhandschuhe.

Frau Mauser, zu der sie den Korb bringen wollte, wohnte in einem engbrüstigen Haus am Fischmarkt, ganz oben unter dem spitzen Schieferdach. Die Stiege, die zu ihrer Stube hinaufführte, war so steil und schmal, daß die alte Frau nur noch sonntags zur Messe hinunterging, wobei ihr ein paar Mitbewohner des Hauses behilflich waren. Die Kinder der Hauswirtin sorgten dafür, daß immer genügend Feuerholz unter ihrem Herdchen lag, und brachten ihr morgens ihren Viertelliter Milch herauf mit den zwei Wecken, die der Bäckerlehrling früh um sechs in einen der weißen Beutel steckte, die für diesen Zweck von den Hausbewohnern im unteren Flur aufgehängt wurden.

„Wie geht's heute, Frau Mauser?“ fragte Paula, als sie in die Kammer trat, in der sich das Leben der alten Frau vom Aufstehen am Morgen bis zum Schlafengehen abspielte.

„Gut“, sagte die Frau. „Wenn nur die Bei nit wärn!“ Sie war eine von den Zufriedenen, die in jedem ihrer kargen Tage noch etwas zum Freuen fand. Aber daß es mit den Beinen immer schlechter wurde, machte ihr doch viel Sorge.

„Wie ich Sie auf der Trepp gehört hab, hab ich gedenkt: jetzt kommt die Frau Rat“, sagte sie, und Paula hörte die höflich unterdrückte Enttäuschung in ihrer Stimme. Was steckte nur dahinter, daß jeder, zu dem die Mama kam, sich freute, und sicher nicht nur der materiellen Hilfe wegen, die sie brachte. Die Frau Rat hatte die Gabe, mit Leuten umzugehen. Dabei war sie so wenig weich mit ihren Armen wie mit den eigenen Kindern. Sie ließ sich nichts vormachen; sie stellte unbequeme Fragen, jeder kleine Schwindel, um etwas herauszuschlagen, wurde sofort von ihr durchschaut.

Einmal war Paula dabei gewesen, wie sie einen betrunkenen Familienvater herunterputzte. Der Mann war Lastwagenkutscher und verdiente genug für den bescheidenen Unterhalt seiner Familie, aber er versoff sein Geld und nahm der braven, fleißigen Frau noch ab, was sie mit Hausarbeit in verschiedenen Häusern der Stadt verdiente. Da stand die kleine, rundliche Frau und sagte, ohne die Stimme zu erheben, diesem Berg von einem Mann, was sie von ihm dachte. Paula brach der Angstschweiß aus: er hätte sie mit einer Hand zerquetschen können. Statt dessen gelobte er Besserung, und die hatte jetzt tatsächlich schon ein paar Wochen angehalten.

„Die Mama läßt grüßen", sagte sie zu der Frau Mauser. „Sie sollen bald aufessen, was in dem Korb ist, wo das herkommt, wächst noch mehr."

„Och die schöne Blume!" sagte die Frau und betrachtete entzückt die paar Rosen, die oben auf dem Korb lagen. „Ich kann lache, daß mir's so gut geht auf mei alte Dag. Die Frau Rat schickt Obst un Gemüs, un der Frauenverein bezahlt mir die Miet. E besser Stubb gibt's gewiß in der ganz Stadt nit. Gucke Sie nur emal zum Fenster enaus, Fräulein Paula. Die schöne Blumekäste vom Ochsewirt da drüwwe seh ich von hier owe besser als er selwer. Dem Herr Ratschreiwer sein Kanarjevogel singt de ganze Dag für mich da neweaa. Un seit die Post un die Lastwage widder fahrn, hab ich jeden Dag mei Theater, wenn ich zuguck, wie die sich dorch die eng Gaß quetsche. Die Fraue rufe de Fuhrleut gute Ratschläg aus'm Fenster zu, die Kinner kreische un lache un laufe hinner dem Trompeter her, un der tut blase, daß ihm bald die Backe platze. Dann sollte Sie mal seh, wie der dick Bäcker Ulrich hippe tut, daß ihm die Gesteller mit seine Weck un Brotlaib nit umgeschmisse wern, un wie geschwind der Metzger Klein mit seiner Frau sei Würst aus'm Weg schafft. Ich sag Ihne, kei langweilig Minut de ganze Dag. Wenn nur die steife Bei nit wärn!"

„Vielleicht sollten Sie doch einmal ein paar Wochen ins Hospital gehn zur Behandlung, Frau Mauser", meinte Paula.

Aber davon wollte sie nichts wissen. „Ins Spital? Nee! Wissese, was die da mit eim mache? Die schmeiße ein in die Badebitt, un wenn mer das nit von klei auf gewöhnt is, stirbt mer. Nee, ich hab ungebad gelebt, un ich will ungebad sterwe. Kei zeh Gäul bringe mich ins Spital."

Paula mußte sich noch viel über das Ergehen der Kinder und Enkel anhören, die teils in Gießen, teils sogar in Frankfurt wohnten. Bei den Entfernungen sah man sich natürlich nur alle Jubeljahr einmal. Aber manchmal kam ein Brief, und das war immer ein Fest. – Sie warf ab und zu eine Frage in den endlosen Redestrom, aber so gut wie die Mama verstand sie es nicht. Und während sie auf dem harten Stuhl in der engen Kammer saß, die den Lebensraum einer alten Frau begrenzte, fiel ihr ein, was Pfarrer Meinert neulich gesagt hatte, daß Alter Trost braucht. Manchmal war alles, was man an Trost geben konnte, daß man geduldig zuhörte.

Als sie wieder auf dem Heimweg war, dachte sie darüber nach, daß bei der Mama wahrscheinlich sogar dieses bloße Zuhören trostreicher gewesen wäre als bei ihr.

Die Schatten der Weiden waren noch länger geworden als vorhin; der westliche Himmel strahlte in wilden Streifen von Gelb und Rot auf grünlich blauem Grunde, und im Osten stieg schon der Mond herauf. Auf der höchsten Mauerkante des Katzenturms weiter oben am Fluß saß eine Amsel und sang in die Abendstille hinein. Das Wasser gluckste verschlafen um die Wurzeln der Weiden. Kein Mensch war mehr unterwegs; in allen Häusern wurde jetzt zu Abend gegessen. Da sie keine Begegnung mehr zu fürchten brauchte, nahm Paula den Hut ab und schwenkte ihn beim Gehen an seinem Band. Es tat gut, die kühle Abendluft auf der Stirn zu spüren. Dann aber hörte sie plötzlich

Schritte hinter sich. Männerschritte! Ihr erster Impuls war, schnell den Hut wieder aufzusetzen, aber ehe er ordentlich auf ihrem Kopf saß, hatte der Mann sie überholt, und es war niemand anders als der Leutnant von Quitzow. „Guten Abend, Mademoiselle“, grüßte er, und ging neben ihr her, als wären sie alte Bekannte. Vielleicht hatte er erwartet, daß sie ihm die Hand geben würde, aber das konnte sie schon deshalb nicht, weil sie immer noch mit ihrem Hut beschäftigt war.

„Lassen Sie doch“, sagte er. „Es steht Ihnen reizend, daß Sie zur Abwechslung mal ein bißchen unordentlich aussehen. Wie der Schatten von dem Hut so verwegen schief über Ihr Gesicht fällt, köstlich . . .“

„Machen Sie sich nur lustig über mich“, sagte Paula. „Bei Tisch gucken Sie mich auch immer an, als hätte ich ein Loch im Strumpf.“

„Aber ich kann doch weder bei Tisch noch sonst jemals Ihre Strümpfe sehen, Verehrteste!“

Sie schaute schnell einmal auf mit ihren großen Augen, die jetzt im Schatten des Hutes fast schwarz waren, sah sein lachendes junges Gesicht und mußte selber lachen. „Nein, natürlich können Sie meine Strümpfe nicht sehen, Herr von Quitzow! Sieht man in Berlin bei den Damen die Strümpfe?“

„Das kommt auf die Damen an“, antwortete er. Eine der Turmuhren schlug dreimal. „Dreiviertel sieben! Soviel weiß ich schon von den Regeln in Ihrem Elternhaus, daß Unpünktlichkeit zu den unverzeihlichen Sünden gehört. Wenn wir uns nicht eilen, werden wir miteinander in die Ecke gestellt. Sosehr ich das Miteinander begrüßen würde, es ginge gegen meine Ehre, eine junge Dame in Ungelegenheiten zu bringen.“ Er lachte immer noch, man sah dabei die zwei Reihen seiner gesunden weißen Zähne.

„Enfin, allons!“ sagte sie.

„*Allons* oder marsch-marsch, ganz wie Sie befehlen. Erstaunlich, wieviel Französisch man hier im Rheinland noch überall auf der Straße hört. Bei uns ist es lediglich die Sprache der Salons."

„Das kommt von der nahen Grenze", erklärte sie ihm, als sie miteinander zwischen den Weiden auf der einen und dem dichten Buschwerk auf der anderen Seite des Uferweges hineilten. Er machte Riesenschritte mit seinen langen Beinen, aber Paula, die gelernt hatte, daß eine junge Dame auf der Straße langsam und gesittet zu gehen, nicht wie ein wilder Bub zu laufen hat, war an diese schnelle Gangart nicht mehr gewöhnt. Sie stolperte plötzlich, fing sich gleich wieder, aber schon hatte er ihre Hand ergriffen und hielt sie für den Rest des Weges fest. Erst kurz vor dem Amtshause ließ er sie wieder los. Atemlos, mit glühendem Gesicht und zerzaustem Haar unter dem noch immer schiefsitzenden Hut kam Paula schließlich zu Hause an. Auf der Diele drückte ihr der Leutnant schnell noch einmal die Hand, warf ihr einen Blick zu, als hätten sie miteinander Äpfel gestohlen, und eilte in sein Zimmer, um sich die Hände zu waschen. Paula, die ihren leeren Korb in die Küche bringen wollte, lief Tante Rikchen in die Arme.

„Guten Abend, Tantchen", sagte sie. „Ich bin . . . ich habe . . . ich mußte mich schrecklich eilen, um nicht zu spät zum Essen zu kommen."

„Man sieht es", sagte Tante Rikchen trocken. „Total echauffiert! Du hast gerade noch Zeit, dir die Haare glatt zu kämmen und mit dem nassen Schwamm durch dein Gesicht zu fahren. Sich so zu erhitzen ist Gift für den Teint."

Abends spät fand im Bubenzimmer die längst fällige Auseinandersetzung zwischen Georg und Adolf statt.

„Du willst der Toni Reitstund gewe, wo du selbst kaum grad auf'm Gaul sitze kannst, du alter Angewer!" eröffnete Adolf das Streitgespräch.

„Selwer Angewer! Tust, als hättste die Ippelcher gepacht, dabei hab ich sie schon früher gekannt als wie du."

„Ja, als Reiseführer! Da lache ja alle Hühner!"

„Hühner, ja. Für vernünftige Mensche gibt's da nix zu lache. Die Dame warn schön froh, daß ihne en gebildeter Mensch die Stadt gezeigt hat."

„Ich versteh immer gebildeter Mensch! Gebild oder nit, den Silberling reitst du auf kein Fall. Nie haste dich um den gekümmert, un jetz auf eimal willste mit ihm renomiern. Laß du dei dreckige Händ von meim Gaul un von dene Mädcher auch, die sin viel zu fein für dich."

Georgs Hände dreckig zu nennen war ein starkes Stück, wo er immer soviel Seife drauf schmierte, daß es die reine Verschwendung war. „Du hast's nötig, von dreckige Händ zu rede mit deine fiese Warze!" rief er erbost.

Jetzt wurde es Adolf zu dumm. Die Warzen waren sein wunder Punkt. Er sprang aus dem Bett, nahm den Aquarius am Halsband und brachte ihn zu Paula hinüber. Er knurrte schon eine Weile, und bei einem Kampf zwischen Adolf und Georg wäre er keinesfalls neutral geblieben.

„Behalt mir den Hund mal en paar Minute", sagte er und schob Aqua zu Paula hinein. „Ich hab da nur grad emal was mit dem Schorsch zu erledige." Und ehe sie Einspruch erheben konnte, war er wieder draußen.

Georg stand schon mitten im Zimmer und wartete auf ihn. „Nimmste die dreckige Händ zurück, du Warzeschwein?"

„Ha! Dreimal dreckige Händ!"

„Warzeschwein! Warze, die komme nämlich von dreckige Händ."

Sie gingen wie zwei Kampfhähne aufeinander los.

„Moment mal!" rief August von seinem Bett. „Meinswege könnt ihr's ausfechte. Es war schon lang was fällig zwische euch zwei. Aber fair hat's zuzugeh, un wenn ich Halt! ruf, is Schluß."

Sie kämpften stumm und verbissen, und die Brüder sahen ebenso stumm zu. Wenn es Lärm gab, würde Paula herüber- oder womöglich die Mama heraufkommen. Vorsichtshalber ging August zur Tür und drehte den Schlüssel herum.

Einmal lag Adolf unten, einmal Georg. Aus Adolfs Nase tropfte schon Blut, und Georgs linkes Auge fing an, zuzuschwellen. Plötzlich saß Georg auf Adolfs Brust. „Sag, daß ich den Silberling reite darf, un ich laß dich los", keuchte er.

„Du nit, un wennde mich kalt machst."

„Sag's!"

„Ich kann mich beherrsche!"

„Idiot, blöder!"

„Selwer . . ."

In diesem Augenblick gelang es Adolf, den allzu siegessicheren Georg abzuwerfen; sie standen beide wieder auf den Füßen und packten einander. Zwei Minuten dauerte es noch, dann hatte Adolf Georg im Schwitzkasten: tief vornübergebeugt, den Kopf zwischen Adolfs sehnige Beine geklemmt, stand der Gegner da und mußte sich die Arme auf dem Rücken verschränken lassen. Das hielt keiner lange aus.

„Eins! Zwei! Drei!" zählte August langsam.

„Sag, daß de den Silberling in Ruh läßt, sonst drück ich noch fester; den Gaul und die Ippelcher auch."

„Du elender Dreckskerl", stöhnte Georg. Viel Atem hatte er nicht mehr. „Laß . . . dich . . . eisalze . . . mit deim Gaul . . . un mit deiner Toni!"

„Schluß!" rief August. „Er wird blau." Die beiden Kombattanten gingen, schwer schnaufend, zu den Waschschüsseln und wuschen sich Blut und Schweiß ab. Es wurde kein Wort mehr gewechselt.

Am nächsten Morgen saßen zwei schwer verbeulte und auffallend schweigsame Burschen am Frühstückstisch; die Geschichte des Zweikampfes stand deutlich auf ihren einst ganz hübschen Gesichtern geschrieben. Es wurden keine Fragen gestellt. Die Eltern wußten, daß jeder der Brüder sich lieber hätte totschlagen lassen, als mit einem Wort die Ursache des Duells zu verraten. Das war Ehrensache, und die Erwachsenen respektierten es.

Ehe der Vater hinunterging, warf er noch einen Blick auf Adolfs blutunterlaufene Lippe, Georgs farbenprächtiges Auge und beider geschwollene Nasen. „Ihr bleibt heute in Haus und Garten“, entschied er. „Die Mama wird für nützliche Beschäftigung sorgen, bis ihr wieder geeignet seid, euch in der Öffentlichkeit sehen zu lassen.“

„Jawohl, Papa“, erklang es zweistimmig.

Die Luft war gereinigt wie nach einem Gewitter. Die feindlichen Brüder hatten Frieden geschlossen. Daß diesmal der Jüngere gesiegt hatte, trug ihm Ehre und Ansehen ein, sogar bei Georg, der ihm fortan mit einem gewissen Respekt begegnete.

VIERTES KAPITEL

Gleich nach dem Frühstück jeden Morgen gingen Ferdinand und Karl mit dem Leutnant in den Stall zum Pferdeappell. Gemeinsam sahen sie nach, ob die Streu tadellos frisch und die Krippen sauber waren. Der Leutnant hob bei jedem der Pferde einen Huf auf und sah scharf nach, ob etwa eine Spur von Stroh oder Mist sich darin versteckt hatte; er fuhr gegen den Strich über die glatten Rücken von Krimhild und Vulkan – und dasselbe taten die Buben bei Silberling –, wobei sich unfehlbar zeigen mußte, ob noch Staub vom gestrigen Ritt übriggeblieben war. Von Box zu Box wurden kavalleristische Bemerkungen getauscht. Orje stand während der Besichtigung stramm und selbstgefällig grinsend im Gang zwischen den Boxen. Er hielt seine Gäule prima, „mich kann keiner an die Wimpern klimpern", bemerkte er einmal unter sechs Augen zu den Buben. Die Pferde glänzten wirklich alle drei wie lackiert, denn auch Adolf hatte seinen Silberling schon vor dem Frühstück geputzt. Zum Schluß der Zeremonie bekam jedes der drei Pferde einen Zuckerklumpen, die Ziegen eine Kartoffel und das Schwein ein Stück altes Brot.

„Un jetz kommste mit zur Babett", sagte Karl. „Du hast's uns schon dreimal versproche. Jeder, der ins Haus gehört, muß die Babett besuche."

Der Leutnant gab zu bedenken, daß er ja auch noch eine kleine Nebenbeschäftigung habe, aber „ihr findet also, daß ich ins Haus gehöre?" fragte er. „Sehr schmeichelhaft, Kameraden! Denn mal los, wenn's sein muß."

„Ich lauf schnell und sag ihr, daß sie ihre Zähn anzieht", rief Ferdinand und sauste voraus ins Haus.

Der Leutnant hatte schon so viel von der Babett gehört, daß er allmählich neugierig geworden war. Bei den Buben war es eine stehende Redensart: die Babett hat dies gesagt, die Babett hat jenes gesagt. Und auch die Gretel, die ihm morgens einen Topf heißes Wasser zum Rasieren und nachmittags seinen Tee aufs Zimmer brachte, übermittelte zuweilen weise Aussprüche der Babett, die der Leutnant teils des Dialektes, teils des dunklen Sinnes wegen oft nicht verstand. Die Babett schien eine Art Familienorakel zu sein, wie die Pythia bei den alten Griechen. Wer konnte verlangen, daß ein armer Sterblicher die Aussprüche eines Orakels verstand.

„Im November wirdse neunzig", erzählte Karl, als sie hinter Ferdinand her ins Haus gingen. „Wenn die Preuße nit gekomme wärn, hättse en Brief un e Geschenk vom Herzog bekomme."

Quitzow lachte. „Ich kann nicht versprechen, daß sie von S. M. einen Glückwunsch bekommt. Es wird sich bis dahin kaum nach Berlin herumgesprochen haben, fürchte ich."

„Wer is S. M.?" wollte Karl wissen.

„Seine Majestät der König von Preußen."

„Hui! Kennste den persönlich?"

„Ich werd' ja wohl meinen obersten Kriegsherrn kennen!" sagte der Leutnant.

Karl klopfte an Babetts Tür. Ferdinand streckte den Kopf heraus und sagte, sie könnten hereinkommen. Mein Himmel, das ist ja eine Mumie! dachte der junge Mann, als er die Gestalt sah, die da in einem Sessel am Fenster saß. Sie trug eine frische weiße Haube auf dem Kopf, der vermutlich kahl war, ließ ihre Hände mit dem Strickzeug in den Schoß fallen und hob die verblaßten, rotgeränderten Augen den Eintretenden entgegen. Es waren die scharfen, bernsteinfarbenen Augen eines alten Raubvogels, und die fast fleischlose Nase glich einem Raubtierschnabel. Das gelbliche Gebiß hinter den schmalen Lippen erinnerte an die Tasten eines Klaviers. Sie trug das Prachtstück nur für Gesellschaftszwecke; zum Essen war es nicht geeignet.

Ferdinand hatte sich neben ihren Stuhl postiert. „Der Herr Leutnant von Quitzow", stellte er vor, und Karl mit seiner Vorliebe für aufgeschnappte Ausdrücke fügte hinzu: „Er möcht sich erlaube, dir sei Aufwartung zu mache."

Fehlt nur ein Zeremonienmeister, der mit dem Stock auf den Boden klopft, dachte der Leutnant.

„Freut mich, daß Sie mir endlich Ihr Visit mache, junger Mann", sagte die Babett. „Wie lang sin Se schon bei uns? Zwei Woche? Drei Woche? – No, nehme Se Platz. Karlche, rück de Stuhl e bissi näher. Sie hawwe Glück gehabt, daß Se im Amtshaus eiquartiert worde sin, Herr Leutnant."

„Davon bin ich überzeugt", versicherte er höflich und sah sich im Zimmer um. Da hing Napoleons Totenmaske an der Wand mit einem Kranz von Efeu um die weiße Stirn. Wie jung er aussah! Welcher Friede, welche Noblesse im Totengesicht dieses Mannes, der in seiner Sucht nach Macht die Welt mit Blut und Krieg überschwemmt hatte. Wurde ein besiegter Eroberer so verklärt, wenn der Tod sein letztes Wort gesprochen hatte? Der preußische Leutnant schüttelte den Kopf; er war noch zu jung, um zu begreifen, mit wieviel Leiden diese Läuterung erkauft worden war. „Ein großer Feldherr!" sagte er, und die Babett nickte, als habe er ihr persönlich ein Kompliment gemacht.

Von der Maske schweifte sein Blick zu dem Männerbildnis daneben. Da war wieder die bonapartische Nase, aber in einem weicheren Gesicht, über einem schwächeren Mund. Auf dem vergilbten Papier stand eine Widmung, die er von seinem Stuhl aus nicht lesen konnte.

„Jérôme, König von Westfale", sagte die Babett, die seinem Blick gefolgt war. „Die Widmung, die drunner steht, war für mei gnädig Frau, Madame Dudon d'Enval. Da drüwwe hängt se, un gleich danewe, das is ihr Mann, der Capitaine. Schö, awwer leichtsinnig. Ich hab nit's Herz gehabt, sei Bild enauszuschmeiße, wenn er sie auch hat sitze lasse mit ihrm Kind."

„Sitzen lassen?“ wiederholte der Leutnant und sah fragend die Buben an. Sie wußten Bescheid. „Er mußt doch mit dem Jérôme dem Napoleon zu Hilf komme, wie der von Rußland zurückkomme is.“

„Still, das versteht ihr nit.“

„Doch verstehn wir's“, beharrte Karl. „En Offizier muß zuerst für sein Kaiser dasei, gell, Herr Leutnant?“

Babetts Stock klopfte ärgerlich den Boden. „Fort un nix mehr von sich hörn lasse. Die arm Frau wär vor Kummer gestorwe, wenn se mich nit gehabt hätt. Zusamme hawwe wir das klei Mädche aufgezoge. Gucke Se mal da niwwer, Herr Leutnant. Das is se, die Tochter von meiner Madam un dem Hallodri, dem Capitaine. Wie se neunzehn Jahr war, is se dem Herr Amtmann sei Frau geworde, nach em Jahr is se im Kindbett gestorwe, un bald drauf die Madam auch.“ Die Mumienhand machte eine Bewegung an den Wänden entlang, die dicht bei dicht mit Porträtzeichnungen, Silhouetten und Daguerreotypien bedeckt waren. „All gestorwe“, sagte sie. „Ich hab se schö beienanner un kann mich mit ihne unterhalte. Manchmal besuche sie mich nachts.“

Der Leutnant schwieg. Was hätte er dazu auch sagen sollen. Die Buben nickten bestätigend mit den Köpfen. Die Babett lächelte mit ihren gelben Zähnen. „Sie sin en Preuß, junger Mann“, sagte sie. „No, Sie könne nix dazu. Der liewe Gott hat auch die Preuße gemacht; er wird schon wisse, wozu. Franzose, Russe, Preuße, Sachse, Hesse, Nassauer un Österreicher, ich hab se all erlebt. Iwwerall warn gute Leut dabei, un iwwerall schlechte. Sie sin gekomme un sin gegange. Bei der Weltgeschicht, junger Herr Leutnant, da geht's wie bei ener Schaukel, enauf un erunner. Wenn eins so alt geworde is wie ich, nimmt er's nit mehr so ernst damit.“

„Die Weltgeschichte, jawohl, Mamsell“, sagte der Leutnant. „Ihretwegen sind wir ja hier. Es ist Zeit, daß es wieder ein geeintes Deutschland gibt.“

„Die Weltgeschicht“, wiederholte die alte Frau eigensinnig, „die is so unbeständig wie der Mond. Heut rund, morje halb, iwwermorje verschwunde, un dann fängt's widder von vorne an. Ich denk mir als, dafür hat uns der Herrgott den wechselhafte Mond da owe hingehange, damit wir begreife, daß alles, was groß wird, auch widder klei wird. Awwer jeder meint, er hätt en ganz persönliche Auftrag vom liewe Gott, die Weltgeschicht zu korrigiern. Ihr Preuße habt Schleswig-Holstei eigesäckelt un Hannober, un jetzt Hesse un uns, un sogar die alt Frei Reichsstadt Frankfurt. Vielleicht könnt Ihr's fuffzig Jahr behalte, vielleicht hunnert, dann kommt widder en annerer un korrigiert. Vor Ihm, das werde Se vielleicht auch in Ihrer preußische Schul gelernt hawwe, sin hunnert Jahr wie *ein* Tag. Awwer eins könne Sie Ihrm Bismarck von mir ausrichte: er soll die Kirch in Ruh lasse. Die is zweitausend Jahr alt, un das is für die Weltgeschicht e ganz schön Stückche Zeit. Annere Leut wie der Bismarck hawwe sich schon die Zähn dran ausgebisse.“

„Werde nicht verfehlen, es zu bestellen“, sagte der Leutnant. „Übrigens brauchen Sie sich in dieser Hinsicht keine Sorgen zu machen. Solang die römische Kirche keine weltlichen Machtansprüche stellt, hat sie von Bismarck nichts zu fürchten.“

„Sollt mich freue“, sagte die Babett.

Heiliges Kanonenrohr! dachte der Leutnant, da sitzt sie wie eine Sibylle und redet von Weltgeschichte, als wäre sie überall persönlich dabeigewesen. Und was hatte er, ein Offizier des Königs von Preußen, in diesem Zimmer zu suchen, das selbst wie ein Stück Geschichte war, mit Toten an den Wänden, nichts wie Toten. Es fröstelte ihn plötzlich, obwohl die Sonne warm durchs Fenster schien. Er stand auf. Der Säbel klirrte, die Sporen an den hohen Reiterstiefeln schlugen zusammen.

„Hat mich gefreut, Herr Leutnant“, sagte die Babett

gnädig. „Guckese widder mal erei. Un was ich noch sage wollt: passe Sie auf, daß unser Buwe nit vom Gaul falle, wenn Sie ihne Reiterstückcher beibringe."

„Wenn wir Offizier werde wolle, müsse wir doch reite könne, Babett", sagte Ferdinand vorwurfsvoll.

„So, Offizier wollt ihr jetzt werde? Vor zwei Monat war's noch Trommelbub. Aber wenn ihr euch die Häls brecht, is alles Essig."

„Werde schon dafür sorgen, daß sie ganz und heil bleiben, Mamsell. Solche famosen Kerle brauchen wir."

„S. M.", sagte Karl stolz. „Der König von Preußen braucht uns."

„Die große Herrn brauche immer Kanonefutter. Der Napoleon braucht nur noch en frische Kranz; der is bescheide geworde. Denkt dran, wenn ihr in de Garte kommt, Buwe."

Der Leutnant verbeugte sich noch einmal in der Tür. „War mir ein Vergnügen, Mamsell. Auf Wiedersehen!"

„So Gott will un mir lewe noch", antwortete die Babett; es war wie ein Dämpfer auf seine preußische Forschheit.

Ein merkwürdiges Land, in das er da geraten war, dachte der junge Quitzow, als Karl die Zimmertür hinter ihm geschlossen hatte. Ein merkwürdiges Haus, in dem eine alte Person ihm die Weltgeschichte erklären wollte. In Berlin kannte er niemand, den nachts die Toten besuchen; er kannte auch keine Kinder, die sich das anhörten, als wäre es selbstverständlich. Nun, Berlin, das war die Zukunft, und dies hier war vorbei. Ein Stückchen schnurrige Kleinstaaterei, in das sie schon Raison bringen würden. Aber die Jungen mußten gewonnen werden für die Zukunft, und für den Leutnant von Quitzow hieß die Zukunft Deutschland. Sie würden prächtige Offiziere abgeben.

„Wir müsse jetzt schnell zum Jäte in de Garte", sagte Ferdinand, und zusammen liefen sie voraus. Der Leutnant kam langsam hinterher, so in Gedanken, daß er auf dem schmalen Flur des Seitenflügels fast mit Paula zusammenstieß, die etwas in Babetts Zimmer zu bringen hatte. Alle ihre Begegnungen schienen unter dem Zeichen von Zusammenstößen zu stehen.

„Pardon“, sagte er und trat an die Wand, um sie vorbeizulassen. Dabei streifte seine Hand ihre Finger. Einen Herzschlag lang lächelten sie einander zu, und schon war sie in dem Gespensterzimmer verschwunden. Nun, sie war wenigstens lebendig, und es wurde ihm plötzlich ganz warm unter seiner blauen Litewka vor lauter Glückseligkeit, daß es etwas so hinreißend Lebendiges gab.

„Hier ist noch Wolle, Babett“, sagte Paula und legte das Gebinde der Alten auf den Schoß. „Die Mama meint, daß du noch welche brauchst.“

„Freilich brauch ich noch. Die Buwe bekomme immer größere Füß un längere Bei, da reicht die Woll nie. – Un wie siehst du aus, Herzche? Endlich mal e bissi Farb im Gesicht. Kommt das vielleicht von dem junge Distelfink, der mir grad sei Visit gemacht hat?“

„Was für ein Distelfink?“ fragte Paula, und nun wurde sie wirklich rot.

„No, Distelfinke sin bunte Vögel, un der Husar is auch bunt, gell? Blau mit Silwer un überhaupt angenehm zum Angucke. Aber guck en nit zuviel an, Mädche, verstande?“

„Liebe Babett, ich hab anderes zu tun, als preußische Offiziere anzusehen“, sagte Paula mit Würde. „Soll ich das Fenster zumachen? Es wird heiß heute.“

„Ja, mach's Fenster zu un die Tür zur Küch auf. Heut gibt's Kartoffelklöß, die wern so hart wie Stei, wenn ich nit en Aug drauf hab.“

„Was täten wir ohne dich, Babett“, sagte Paula und legte einen Augenblick ihre glatte Wange an die verschrumpelte der alten Frau.

„Das möcht ich auch wisse“, brummte die Babett, die ab

und zu ein wenig Anerkennung so nötig hatte wie eine vertrocknende Pflanze einen Guß Wasser.

Später, als Paula im Garten auf der Leiter stand, um die letzten Aprikosen abzunehmen, schüttelte sie den Kopf über die Sperberaugen der Babett, denen so leicht nichts entging. Weiter unten im Garten jäteten Ferdinand und Karl das Beet mit den jungen Rosenkohlpflanzen.

„Is noch kei Stund erum?" riefen sie zu ihr hinauf. „Wir wolle auf de Reitplatz zum Zugucke. Die Große sin schon fort, un der Phlipp und der Hannes hawwe schon zweimal gepiffe."

„Laßt sie pfeifen. Ihr habt ja kaum erst angefangen."

„Du hast's gut. Aprikose pflücke is viel schöner als das elende Jäte."

„Aber wenn ihr's tätet, blieben nicht genug übrig. Kommt herauf, ihr kriegt jeder eine, weil's so heiß ist."

Sie kamen in langen Sprüngen die Stufen herauf, streckten ihre erdigen Hände aus und bissen dann in die reifen Früchte, daß ihnen der Saft übers Kinn und auf die nackte Brust tropfte. Danke, Paulinche", sagte Karl. „Zwei täte noch mehr erfrische, un dann könnte wir viel besser schaffe."

„Hier habt ihr noch eine. Aber jetzt will ich nichts mehr von euch hören, bis eure Stunde herum ist."

Sie zogen ab. Auf halbem Wege blieb Ferdinand stehen und rief zurück: „Heut nachmittag gibt uns der Leutnant Unterricht im Voltigiern. Kommste zugucke?"

„An die Arbeit mit euch! Voltigieren ist wohl alles, was euch noch gefehlt hat. Vergeßt nicht, euch die Hände zu waschen, ehe ihr weggeht!"

Sorgfältig brach sie jede einzelne der goldenen, rötlich überhauchten Früchte und legte sie in den Korb, den sie an der obersten Leitersprosse aufgehängt hatte. Sie durften nicht gedrückt werden, und man durfte sie nicht fallen lassen, sonst bekamen sie Flecken und konnten zum Einmachen in Gläser nicht mehr gebraucht werden. Die überreifen mußten gleich gegessen werden. Zum Glück fehlte es nie an Abnehmern. Oft wurde ein Körbchen voll zu Pfarrer Meinert gebracht, der keinen eigenen Garten hatte. Mutters alte Weiblein wurden versorgt, und Adolf oder Georg brachten Fräulein Stritter, was sie brauchte – Adolf auf dem Silberling oder zu Fuß, wenn der Vater selbst das Pferd brauchte; Georg im Kahn. Es war eine so überwältigende Fülle von Fruchtbarkeit in diesem Jahr, daß man alle Hände voll zu tun hatte, den Segen zu ernten. Wohin man kam, dufteten die Gärten nach reifem Obst; aus allen Küchenfenstern stieg der süße Schwaden von kochenden Früchten, und von dem, was zu hoch an den Bäumen hing, um es zu erreichen, feierten Spatzen und Amseln und Wespen ihr Mitsommerfest.

Voltigieren, dachte Paula, während sie ihren Korb füllte; muß er ihnen unbedingt noch neue halsbrecherische Kunststücke beibringen, wenn man so schon jeden Abend erleichtert aufatmet, sie vollzählig und einigermaßen heil am Tisch sitzen zu sehen! Karl und Ferdinand liefen hinter ihm her wie hinter dem Rattenfänger von Hameln. Durch ihre Freundschaft mit Orje war ihr ohnehin reichhaltiger Wortschatz noch üppiger geworden. In den gemütlichen Nassauer Dialekt mischten sich jetzt unverkennbar Berliner Laute, nicht immer zur Freude der Erwachsenen. Die großen Brüder nahmen sich mehr die Offiziere zum Vorbild und versuchten, sie in Haltung und Ausdrucksweise nachzuahmen. Georg besonders konnte täuschend echt phänomenal! kolossal! pyramidal! durch die Nase schnarren; er schlug die Hacken zusammen und schnippte mit zwei Fingern an eine imaginäre Mütze, wie er es die jungen Leutnants auf dem Reitplatz hatte tun sehen. Gestern, während August und Georg Gießkannen voller Flußwasser auf die Beete schleppten, hatte Paula im Garten ein Gespräch über das Kadettenkorps mit angehört, das die Preußen auf dem benachbarten Schloß Oranienstein einrichten wollten. „Prima Sache“, hatte Georg in stramm preußischem Tonfall gesagt. „Müßte man mal unter die Lupe nehmen, äh?“

Als das Mittagläuten vom Dom kam, hatte Paula zwei große Körbe mit Aprikosen und einen mit Mirabellen gefüllt. Am Nachmittag wollte sie die ersten vollreifen Pfirsiche von dem Spalier an der oberen Mauer pflücken und dem Papa auf seinen Schreibtisch stellen. Auch alle anderen Hausbewohner sollten einen Teller mit Obst hingestellt bekommen, hatte die Mama angeordnet. Alle? fragte sich Paula; und: Natürlich alle, antwortete sie sich; es wäre weder gerecht noch gastlich gewesen, Ausnahmen zu machen.

Als sie ins Wohnzimmer hinaufkam, um den Tisch zu decken, saßen die Tanten schon wartend an einem der Fenster, während der Amtmann und Onkel Emmo an dem anderen standen. Sie hatten jeden Tag ihr kleines Mittagsgespräch, zuweilen über einen juristischen Fall, mit dem der Amtmann am Vormittag zu tun gehabt hatte, zuweilen auch über politische Fragen. Heute redeten sie von Ikonen. Paula spitzte die Ohren; sie hatte nur eine undeutliche Vorstellung, was Ikonen waren. „Konrad Overberg ist von Rußland zurück“, hörte sie den Onkel sagen. „Fast einen Monat früher, als er vorhatte. Er war in Sorge, der alte Herr könne Schwierigkeiten mit Einquartierung haben, was zum Glück nicht stimmte. Heute morgen schneite er plötzlich herein. Er läßt sich allen empfehlen. Du mußt dir die Ikone ansehen, die er in einem Kloster in Sankt Petersburg für mich gekauft hat, Jacob.“

„Danke für die Grüße, Emmo“, sagte Tante Rikchen. „Du warst doch nicht ohne Hut im Garten, Kind? Deine Mutter sollte nicht erlauben, daß du so viel im Freien arbeitest.“

„Aber ich arbeite viel lieber draußen als im Haus, Tantchen“, sagte Paula. „Und unter den Obstbäumen ist es so schattig, daß ich keinen Hut brauche.“

„Es kommt immer noch genug Sonne durch, um deine Haut zu verderben.“ Das war nun Tante Stina, die womöglich noch besorgter als Tante Rikchen war. „Tu mir die Liebe und mach gleich nach Tisch eine Kompresse mit destilliertem Regenwasser auf dein Gesicht. Die Kaiserin Eugenie . . .“

Aber nun kam der Leutnant herein, umringt von den Brüdern, die aufgeregt von der Kavallerieübung erzählten, der sie beigewohnt hatten, was jede Eröffnung über die kosmetischen Mittel der Kaiserin Eugenie unterbrach. „Mit Musik!“ rief Karl. „Einer hat ne Pauke auf'm Gaul gehabt. Toppauke nennt mer das.“

Schallendes Gelächter der Brüder. „Kesselpauke, Schafskopf“, verbesserte Georg. Aber August stieß ihn in die Rippen, und die beiden Kleinen bekamen einen verweisenden Blick zugeworfen. Es war nicht unbedingt nötig, im Familienkreis vom preußischen Militär zu schwärmen.

Bei Tisch war wieder von Ikonen die Rede, ein schöner, neutraler Gesprächsstoff. Paula paßte gut auf, weil sie gern etwas über diese Kunstgattung erfahren hätte. Dem Herrn von Quitzow schien es ähnlich wie ihr zu gehen, was die Unkenntnis auf dem Gebiet der Ikonen betraf. Er stellte eine Frage an Onkel Emmo, und der fing an, zu erklären. Auch August wollte allerhand wissen, und so verlief die Mahlzeit in lebhafteren Gesprächen zwischen den Erwachsenen, als es sonst der Fall war.

Jeden Tag nach dem Essen, wenn im Haus die mittägliche Ruhe eingetreten war, stieg Paula mit einem Buch unterm Arm zur obersten Gartenterrasse hinauf. Sie hatte keine Kompresse mit Regenwasser auf ihr Gesicht gemacht. Was für eine Tantenidee, ihre kostbare Mittagsstunde mit so etwas zu vergeuden! Die Tanten und Onkel Emmo zogen sich nach Tisch zum Mittagsschlaf in ihre Zimmer zurück. Die Eltern saßen im Wohnzimmer bei einer Tasse Kaffee zusammen, ehe der Papa wieder in sein Amtszimmer hinunterging. Grünliches Licht kam zu den weitoffenen Fenstern herein, gefiltert vom dichten Laub der Bäume. Rosenduft lag noch in der Luft, obwohl der Rosenmond und mit ihm die Sommersonnenwende vorbei war. „Noch nie haben meine Rosen so lang und so üppig geblüht wie in diesem Jahr", sagte Margarete zu ihrem Mann, und jeder wußte, was der andere dachte: daß es vielleicht der letzte Sommer in diesem geliebten Haus sein würde, in dem sie und die Kinder so glücklich gewesen waren wie in keinem anderen.

Die Weinlaube an der Friedhofsmauer war ein idealer Platz zum Alleinsein um diese Stunde. Auch in der brütenden Mittagshitze blieb es hier kühl, und so still war es, als käme etwas von dem zeitlosen Frieden der Gräber über die alte bemooste Mauer. Der Weinstock stammte noch aus der Zeit der Mönche. Er war mit den Jahren so knorrig geworden wie die Hand eines alten Bauern, aber er trug noch jeden Herbst eine Ernte goldener, süßer Trauben, die nur der Hausherr selber schneiden durfte. In seinem dichten Schatten standen zwei alte Gartenstühle und ein runder Tisch, dessen Platte einst ein Mühlstein gewesen war.

Paula legte ihr Buch auf die Steinplatte, und ehe sie es aufschlug, lauschte sie ein paar Minuten in die Stille. Sie hörte das Rufen der Buben am Fluß und das Tellerklappern aus der Küche, begleitet von den Stimmen der Mädchen, die langgezogen und mit viel Gefühl das Lied von den drei Lilien sagen: „O Reitersmann, o Reitersmann, laß doch die Lilien stehn, die soll ja mein Herzliebster noch einmal sehn." Orje, ebenfalls ein Reitersmann, saß vor dem Stall und begleitete das Lied auf der Mundharmonika. All das klang so verschlafen, so fern, daß es die Stille noch stiller machte.

Wieviel leichter war das Leben im Sommer! Die Kälte und frühe Dunkelheit zog während der Wintermonate die Familie in den wenigen geheizten Zimmern zusammen. Jetzt war der Raum weiter. An jedem Sonntag zog die ganze

Familie in den Wald, in die Berge hinaus, und immer häufiger war Paula in letzter Zeit in aller Frühe aus dem Haus geschlüpft, um mit Adolf schnell einen Ritt auf dem Silberling zu machen oder ein heimliches Bad im Fluß zu nehmen. Die Laube, in der sie um die Siestastunde niemand störte, war wie ein eigenes Zimmer, in dem sie, ohne unterbrochen zu werden, Briefe schreiben oder lesen konnte. Sie fühlte sich freier, mehr ihr eigener Herr, als im Winter. Das lag aber auch daran, daß sie gelernt hatte, sich ihre Pflichten in Haus und Garten selbst einzuteilen, ohne erst einen Befehl abzuwarten. Sie vergaß nicht mehr so viel, weil sie sich an die geregelte Ordnung des Hauses gewöhnt hatte. In dem Maße, in dem sie die Berechtigung dieser Ordnung besser verstand, wurde es ihr leichter, die Mama zufriedenzustellen, von der sie im Anfang immer geglaubt hatte, sie verlange Unmögliches von ihr. Schade war es nur, daß sie so verschieden waren in ihrem Tempo, ihrer ganzen Veranlagung, in dem, was sie für wichtig hielten. Aber mußte das wirklich eine so große Rolle spielen? Konnte nicht einer den anderen gelten lassen in seiner Eigenart? Auch der Papa und Onkel Emmo waren ja über manches verschiedener Ansicht, und doch kamen sie so gut miteinander aus.

Noch etwas hatte Paula inzwischen entdeckt, was ihr zu denken gab. Sie war lieber mit Männern zusammen als mit Frauen. Wenn sie für den Vater schrieb und danach ein wenig mit ihm plauderte; wenn sie sich beim Abstauben der Büchergestelle mit Onkel Emmo unterhielt, fühlte sie sich *à l'aise,* wie man im Französischen sagte. Und die Gespräche, die manchmal am Abend im Garten vom Vater und Onkel Emmo mit ein paar Domherren, dem Sanitätsrat und einigen anderen Herren gesetzteren Alters geführt wurden, interessierten sie weit mehr als die Unterhaltungen der Damen bei den Kaffeegesellschaften der Mama oder den Whistnachmittagen der Tanten. Mit dem Kaplan Knodt, der als Verwandter der Familie zuweilen zum Abendessen kam, unterhielt sie sich lebhafter und unbefangener als mit gleichaltrigen jungen Mädchen. Es wurde ihr etwas bedenklich zumute bei dieser Einsicht, denn wie sollte das im Kloster gehen, wo ihr Leben doch ausschließlich in der Gesellschaft von Frauen verlaufen würde und sie unter der Regel des Gehorsams Tag für Tag Frauen gehorchen mußte. Der Gedanke daran war ihr unbehaglich, und sie verdrängte ihn schnell. Seltsam überhaupt, wie der Glanz dieser schönen Sommertage die Erinnerung an Nancy verblassen ließ. Wie war es nur möglich, daß so schnell zurückblieb, was doch vor kurzem noch der Kern ihres Daseins gewesen war, oder was sie jedenfalls dafür gehalten hatte.

Manchmal, wenn der Leutnant nicht zum Dienst ritt, sondern zu Fuß ging, nahm er den kürzeren Weg durch den Garten und über den Friedhof; dann schaute er bei ihr in der Laube herein, und sie wechselten ein paar Worte. Einmal hatte sie ihm eine besonders schöne Aprikose gereicht, er hatte sie genommen und galant ihre Hand geküßt, nicht eigentlich die Hand, nur die Spitzen ihrer Finger . . .

Aber nun öffnete sie ihr Buch, sonst war die kostbare Freizeit vorbei und sie hatte nichts gelesen. Onkel Emmo hatte ihr Kleist gegeben. „Er ist der preußischste der deutschen Dichter", hatte er gesagt, „und wir haben ja jetzt allen Grund, die Preußen verstehen zu lernen. Hier, *Prinz Friedrich von Homburg* – da ist alles drin: die Stärke und die Schwäche des Preußentums, die Glorie und die Hybris. Ein großartiges Stück!"

Sie las, und schon nach wenigen Seiten sah sie den jungen Prinzen leibhaftig vor sich, ohne zu merken, daß er bekannte Züge trug. Das war keine Figur aus Papier und Druckerschwärze, es war ein Mensch aus Fleisch und Blut, an dem man Anteil nehmen mußte. Er gefiel ihr, gefiel ihr mit jeder Seite besser, dieser Reitergeneral des Großen Kurfürsten von Brandenburg – jung, schön, glühend von ritterlichem Ehrgeiz, hingerissen von der Idee eines werdenden Staates, der noch um seine Existenz zu kämpfen hatte. Und welch ein Liebender! Den Kurfürsten dagegen, den obersten Kriegsherren des Prinzen und Onkel des Mädchens, das er liebte, mochte Paula von vornherein nicht leiden. Denn was war das für ein geschmackloser und grausamer Scherz, den er sich da im ersten Akt mit dem jungen General erlaubte! Dann aber kam die Schlacht. Der Prinz hatte strengen Befehl, nicht einzugreifen, ehe der Adjutant des Kurfürsten ihm dessen persönlichen Befehl zur Attacke bringen würde. Um was es bei dieser entscheidenden Schlacht gegen die Schweden ging, verstand Paula nicht ganz, nur das verstand sie, daß Abwarten nicht die Sache dieses jungen Feuerkopfes war. Nein, ohne die Ordre abzuwarten, greift er ein, und sie glaubt mit ihm, daß die Schlacht verloren wäre, wenn er zögerte. Da stürmt er hin auf seinem Goldfuchs, blau und silbern, und alle folgen ihm. Er siegt, er siegt, Fortuna selbst kann ihm nicht widerstehen!

Der Sieg war errungen, aber es hieß, der Kurfürst sei gefallen. Der Prinz selber, wie viele andere, hat Roß und Reiter stürzen sehen. Der Schimmel des Kurfürsten war nicht zu verkennen. Friedrich eilt zur Kurfürstin, seiner mütterlichen Freundin, zu Natalie, dem geliebten Mädchen, um ihnen die schreckliche Nachricht zu bringen, und im Schmerz um den Oheim sinkt sie an seine Brust. Er küßt sie zärtlich; er verlobt sich mit ihr. Paula kann kaum noch atmen; sie zittert so heftig, als wäre sie selbst geküßt worden.

Nun aber stellte sich heraus, daß der Kurfürst lebte. Der treue Stallmeister Froben hatte ihn im letzten Augenblick unter einem Vorwand überredet, das Pferd, den auffallenden Schimmel, mit ihm zu wechseln. Froben war es, der unter dem stürzenden Schimmel begraben wurde, nicht der Kurfürst. Der aber hatte sogleich die ganze Generalität nach Berlin befohlen. Und nun, so meinte Paula, mußte das glückliche Ende kommen, der Held gefeiert, Natalie in seine Arme gelegt werden als Preis für seinen Sieg.

Unerfahren in den Gesetzen der Dramatik, vergaß sie, daß sie erst am Ende des zweiten Aktes war.

Was geschah? Der Kurfürst, der noch nicht wußte, daß Prinz Friedrich die Reiterei geführt hatte – denn auch von ihm hieß es irrtümlich, er sei verwundet vom Schlachtfeld getragen worden – der Kurfürst erklärte, wer immer die Reiterei vorzeitig in den Kampf geworfen habe, komme vor ein Kriegsgericht. In diesem Augenblick erscheint der Sieger und legt die eroberten schwedischen Fahnen seinem Herrn zu Füßen. Der Kurfürst ist betroffen: er liebt diesen jungen Heißsporn wie einen Sohn, obwohl er ihm schon zweimal durch sein Ungestüm eine Schlacht verloren hat. Das wurde verziehen. Diesmal aber hat er gegen ausdrücklichen Befehl gehandelt, und der Sieg, den er errang, ist nicht so vollständig, wie er es gewesen wäre, hätte ein anderer General erst die Einschließung der feindlichen Truppen vollendet gehabt. Der Kurfürst läßt dem jungen Helden seinen Degen abnehmen. Man führt ihn als Gefangenen ab. Das Kriegsgericht wird ihn zum Tode verurteilen; nicht seine besten Freunde, nicht die liebende Natalie werden ihn retten können.

Nun aber konnte Paula nicht weiterlesen. Alles in ihr sträubte sich gegen diese Art von Gerechtigkeit. Sie fühlte die Todesangst des Prinzen, als ginge es um ihr eigenes Leben, haßte den Hohenzollern, verabscheute diese unmenschliche Staatsraison, für die es kein anderes Gesetz als blinden Gehorsam gab. Es war zuviel für ihr unbewehrtes Herz. Tränen des Zornes und des Mitleidens tropften auf den alten Steintisch.

Und in all diesen Aufruhr der Gefühle fiel plötzlich eine Stimme: „Aber um Gottes willen, was ist denn passiert, teuerste Demoiselle?"

„Da, lesen Sie!" sagte sie mit erstickter Stimme und schämte sich nicht einmal, daß er sie so fassungslos sah. „Lesen Sie! Oder kennen Sie dieses fürchterliche Stück?"

Der Leutnant setzte sich auf die Tischkante und sah in das aufgeschlagene Buch. „Jaja", sagte er, nahm sein Taschentuch hervor – es roch nach Sattelleder und Pferd und Eau de Cologne – und tupfte ihr damit die Tränen ab. „Aber trösten Sie sich doch, *ma belle,* Sie haben ja noch gar nicht zu Ende gelesen."

„Ich kann nicht", schluchzte sie. „Und ich will auch nicht."

Er legte den Arm um ihre zuckenden Schultern und tupfte immer noch mit dem weißen Leinentüchlein. „Hören Sie doch! Ich bin nicht gerade ein Kenner von dem, was man Schöne Literatur nennt. Als Berufssoldat muß man seine Nase in andere Bücher stecken. Aber Kleists *Prinz von Homburg* haben wir natürlich im Kadettenkorps gelesen, und später habe ich es in Berlin auf der Bühne gesehen. Ein phänomenales Stück! Wenn Sie es nur erst fertiglesen wollten, müßten Sie mir recht geben. Sie können sich doch denken, daß Natalie für ihren Verlobten bitten wird, nicht wahr? Und der Kurfürst ist bereit, ihn zu begnadigen. Unter einer Bedingung freilich: der Prinz muß unterschreiben, daß er sein Todesurteil ungerecht findet."

„Gott sei Dank!" seufzte Paula erleichtert.

Quitzow zögerte einen Augenblick. Es wurde ihm schwer, sie wieder in ihren Kummer zurückzustürzen, wenn auch nur für kurze Zeit. „Bedenken Sie", sagte er, „daß er nicht unterschreiben könnte, ohne zu lügen."

„Zu lügen?"

„Gewiß. Denn er weiß ja, daß dieses Urteil gerecht ist, und er kann die Gnade des Kurfürsten, er kann sein Leben nicht mit einer Unwahrheit erkaufen; das ginge ihm gegen jeden Begriff von Ehre und Anstand. Begreifen Sie doch, *ma chère,* wenn er selbst zur Entscheidung aufgerufen wird, muß er das Urteil als gerecht anerkennen. Auf Ungehorsam vor dem Feind steht die Todesstrafe, das weiß er so gut wie jeder Soldat, der seinen Fahneneid geschworen hat."

„Was für ein gemeiner Trick des Kurfürsten!" rief Paula, bebend vor Empörung.

„Sie verstehen immer noch nicht. Prinz Friedrich unterschreibt nicht; er kann es so wenig, wie ich oder irgendeiner meiner Kameraden es könnte. Jetzt plötzlich selber vor die Entscheidung gestellt, kann er dem Tod ins Auge sehen, wie er es hundertmal auf dem Schlachtfeld getan hat, ohne zu zittern. Man verbindet ihm die Augen und führt ihn fort. Auf dem Weg zum Richtplatz läßt man ihn noch einen Augenblick auf einer Bank im Schloßpark ruhen. Und nun hören Sie! Der Wachtoffizier nimmt ihm das Tuch von den Augen. Er sieht sich um, Fackeln blenden ihn, der ganze Hof ist versammelt, und Natalie, das geliebte Mädchen, reicht ihm den Kranz des Siegers, wie damals in seinem Traum. Nicht weil er in der Schlacht, nein, weil er über sich selbst siegte. Der Schwede hat seine Truppen noch einmal gesammelt; er ist zum Frieden bereit, aber eine seiner Bedingungen ist die Hand Nataliens, der Nichte und Erbin des Kurfürsten. Er muß nun erst endgültig besiegt und aus dem Lande vertrieben werden, in dem er nichts zu suchen hat. Und von keinem anderen wollen die Offiziere sich führen lassen als vom Prinzen Friedrich. ‚Zum Sieg!' rufen sie. ‚In Staub mit allen Feinden Brandenburgs!'" Quitzow hatte sich selber in Begeisterung geredet. „Zufrieden, kleine Paula?"

Sie mußte erst einmal tief Atem holen, ehe sie wieder sprechen konnte. „Zufrieden?" sagte sie dann. „Einen jungen Menschen erst alle Qualen der Todesangst ausstehen lassen und dann so ein Theater aufführen mit Siegeskranz und Fackeln und Begnadigung! Nein, mit dieser männlichen Logik kann ich nichts anfangen. Und diesen preußischen Raufbold und Eisenkopf, den Ihr den Großen Kurfürsten nennt, den ..." ihre Stimme brach in einem zornigen Schluchzen, „den verabscheue ich aus ganzer Seele. So! Nun wissen Sie es."

Er war hingerissen von diesem Ausbruch leidenschaftlicher Teilnahme. Mein Himmel, dachte er, da vergießt dieses Kind Tränen um einen Mann, der schon zweihundert Jahre tot ist! In der Berliner Gesellschaft wußte er keine Frau, kein Mädchen, bei der er sich etwas Ähnliches hätte vorstellen können.

„Halt!“ rief er. „Der Große Kurfürst, auf den Sie so böse sind, war ja gar kein Preuße. Die Stammburg der Hohenzollern steht nämlich meilenweit im Süden, im Schwabenland. Der erste von ihnen, damals ein Burggraf von Nürnberg, kam erst so um vierzehnhundert herum zu uns in die Mark Brandenburg. König Siegismund hatte ihn geschickt, um die wilden Barone Mores zu lehren und Ordnung zu schaffen. Die wehrten sich natürlich, und die Quitzows waren unter den wildesten – Raubritter, heute würde man sagen Straßenräuber. Tolle Kerle! Der Hohenzoller mußte erst ihre Burgen ausräuchern und ein gutes Dutzend von ihnen aufhängen, ehe der Rest der Brut ihn anerkannte.“ Er lachte. „Raufbolde und Eisenköpfe verstehen einander, auch wenn sie erst in verschiedenen Lagern stehen. Die brandenburgischen Raubritter wurden unter den Hohenzollern prima Offiziersmaterial.“

Gut, daß er nicht weiß, daß auch unser Name etwas mit Eisenköpfigkeit zu tun hat, dachte Paula. Aber das happy end, das sich der Herr von Kleist da ausgedacht hatte, konnte sie nicht mit dem Großen Kurfürsten versöhnen. Sie schüttelte noch einmal heftig den Kopf.

„Kleine Paula“, sagte er und nahm ihr Gesicht zwischen seine beiden Hände. Sie sah ihn groß und vorwurfsvoll an, obwohl er an dieser ganzen Sache doch unschuldig war. Dabei stellte er fest, daß ihre Augen nicht schwarz waren, wie er gedacht hatte, auch nicht braun, wie die ihrer Brüder, sondern von einem dunklen, sanften Grau, das immer noch von Tränen glänzte. Auch an ihren langen Wimpern hingen noch zwei Tropfen, und weil er zu den Männern gehörte, die ihre Attacken reiten, ohne den Befehl abzuwarten, nahm er nicht noch einmal sein Taschentuch, das weiß und duftend auf dem Steintisch lag, sondern er zog die schmalen Schultern näher an sich, nahm die Tränen mit seinen Lippen weg, und da es von den Wimpern zu ihrem Mund nicht weit war, küßte er auch den.

Paula wehrte sich nicht. Sterne tanzten vor ihren Augen; das Blut rauschte in ihren Ohren, als stürzten die Wellen aller Meere der Welt über sie hin. Die Zeit stand still. Endlich aber löste sie sich sanft aus seinen Armen. „Bitte, gehen Sie jetzt, Herr von Quitzow", sagte sie, zitternd an allen Gliedern, aber mit leidlich fester Stimme.

Er nahm ihre Hand und küßte wieder ihre Fingerspitzen, eine nach der anderen, wie damals, als sie ihm die Aprikose gegeben hatte, nur daß jetzt aus galanter Spielerei herzbeklemmende Intimität geworden war.

„Adieu, ma belle chérie", sagte er zärtlich.

In ihrem hellen Sommerkleid trat sie in die grelle Nachmittagssonne hinaus, den Korb am Arm, das Buch in der Hand, den schmalen Kopf unter den schweren Flechten ein wenig zur Seite geneigt. Er sah ihr nach. Dann lief er in großen Sprüngen die Stufen hinunter. Vor der Stalltür warteten die Buben schon mit den Pferden. Als er sein Taschentuch herausziehen wollte, merkte er, daß er es auf dem Steintisch hatte liegenlassen.

Herbst

ERSTES KAPITEL

Als Paula um drei Uhr mit ihren frischgepflückten Pfirsichen in des Vaters Zimmer kam, hob er den Kopf von seinen Akten. „Die ersten? Wie aufmerksam von dir, Paulinchen!"

„Ich weiß doch noch von früher, wie gern du die Früchte von diesem Baum immer hattest", sagte sie.

„Kannst du etwas für mich schreiben?"

„Ja. O ja, wie gern!" Beim Schreiben mußte sie ihre Gedanken zusammennehmen, und es gab nichts, was sie jetzt nötiger brauchte.

Später brachte sie erst der Babett ihren Tee, zu dem es heute frischgebackene Aprikosentörtchen gab, weil die überreifen Früchte verwendet werden mußten. Die Babett klagte über Reißen und prophezeite ein Gewitter, obwohl kein Wölkchen am Himmel stand. „Leg mir mein Stei in de Backofe, Mädche", bat sie. „Du wirst seh, ich brauch en heut noch."

Die Tanten beklagten sich über eine Maus, die sie in der vergangenen Nacht mit ihrem Genage und Geraschel gestört hatte. Man beriet ausführlich über alle Möglichkeiten, den nächtlichen Ruhestörer loszuwerden. Gift und Fallen kamen im Zimmer der weichherzigen Tanten nicht in Betracht. Der Kater Nicki, den ihnen Onkel Emmo vielleicht für eine Nacht geliehen hätte, war ein verwöhnter Stubenkater, der es nicht nötig hatte, sich eine tägliche Maus zu verdienen. Aquarius, der große Rattenfänger, hätte mit seiner Mausejagd noch mehr Geräusch gemacht als die nagende Maus.

„Wenn du das Loch suchen und zustopfen würdest, Paula, ich glaube, das wäre die beste Lösung", fiel Tante Rikchen ein.

„Ach ja, dann brauchen wir uns nicht vorzuwerfen, das

arme Tierchen getötet zu haben“, stimmte Tante Stina erleichtert bei. „Du wirst das Loch schon finden, Kind. Es muß unter dem Schrank sein. Vielleicht auch hinter dem Schrank. Oder hinter der Kommode . . .“

Paula rutschte lange auf den Knien umher und fand endlich ein Loch. Ob es *das* Loch war, würde sich erst heute nacht zeigen. Sie holte ein paar alte Lappen, tränkte sie mit Petroleum und stopfte das Loch zu. Die Tanten waren beruhigt und voller Dankbarkeit. „Denk nur, wenn das Tierchen meine Manuskripte angefressen hätte!“ sagte Tante Stina.

Paula setzte sich ein paar Minuten zu ihnen, goß ihnen den Tee ein und legte ihnen die Servietten über die Knie. Wie alt sie sind, dachte sie. Nicht ganz so alt wie die Babett, die nur noch wie ein Denkmal längst vergangener Vergangenheit ist; aber doch auch schon sehr betagt. Und wie schrecklich traurig muß es sein, wenn man so alt ist, ging es ihr durch den Kopf. Ja, es war schon so, Alter brauchte Trost. Da saßen sie, die beiden, und auch sie waren doch einmal jung gewesen, hatten das bittersüße Glück der Liebe erfahren und waren von einem Mann geküßt worden. Tante Stina jedenfalls, denn da hing ja das Bild des jungen Offiziers an der Wand, den sie geliebt hatte und der vor einem halben Jahrhundert gefallen war. Nun schrieb sie gefühlvolle Romane, die niemand las, erzählte der Schwester und sich Geschichten, die sie nicht hatten erleben dürfen, und wenn sie Rikchen daraus vorlas, dann nickten beide und waren bewegt von den Leiden und Freuden erfundener Gestalten. Ihr Leben war vorbei, sie konnten nichts mehr erwarten; wenigstens nichts mehr, was die junge Paula für wichtig hielt, und deswegen empfand sie auf einmal eine warme, traurige Zärtlichkeit mit ihnen. Sie umarmte die zwei alten Damen und küßte sie auf die welken Wangen. „Laßt euch euren Tee und die Törtchen gut schmecken“, sagte sie, und die nüchternen Worte klangen wie eine Liebeserklärung.

Danach ging sie in die Küche zurück, um Onkel Emmos Tablett zu holen, und als sie damit ins Bücherzimmer kam, saß Konrad Overberg da, obwohl Onkel Emmo doch erzählt hatte, daß er heute früh schon dagewesen sei. Es stellte sich heraus, daß er den Tag über in der Stadt zu tun gehabt hatte und nur schnell noch einmal bei dem alten Freund hereinsehen wollte, ehe er nach Bad Ems zurückritt. „Wahrscheinlich habe ich gerochen, daß es im Amtshaus frische Aprikosentörtchen gibt", sagte er.

„Wie war es in Rußland?" fragte Paula; nicht, weil sie im Augenblick das Zarenreich besonders interessiert hätte, aber wenn jemand so weit fort gewesen war, mußte man doch fragen.

Overberg fing sogleich bereitwillig zu erzählen an, selber noch ganz erfüllt von dem Erlebten. Und während er von der Krim sprach, von Moskau, Sankt Petersburg und einem Kloster, in dem er großzügige Gastfreundschaft genossen hatte, erinnerte sich Paula an seine Schilderungen französischer Kathedralen, Schlösser und Museen damals auf dem Fastnachtsball. Wieder berührte sie die Frische und Unmittelbarkeit seiner Berichte; wieder stand alles, wovon er sprach, greifbar und farbig da. Menschen, Dinge und Landschaften lebten und atmeten, rückten nah und bekamen Bedeutung, und dabei blieb die Person des Erzählers ganz im Hintergrund. Ehe sie sich's versah, war sie gefesselt, obwohl sie doch wenige Minuten vorher noch gemeint hatte, es hätte nichts auf der Welt mehr Wichtigkeit als ihr eigenes überwältigendes Erlebnis. Nicht mehr nur aus Höflichkeit hörte sie zu, und plötzlich hob sie den Blick und sah ihn ganz selbstvergessen an. Dabei entdeckte er, was heute schon ein anderer entdeckt hatte, daß diese dunklen Augen nicht eigentlich schwarz, sondern von einem merkwürdig sanften Grau waren. Ein zärtliches Grau, dachte der junge Overberg in einer Bestürzung, die er nicht hätte erklären können. „Genug für heute", sagte er. „Vielleicht ein andermal mehr, wenn es Ihnen beliebt.“

Als Paula mit dem Teetablett gegangen war, bemerkte Onkel Emmo: „Sie kann zuhören, meine kleine Paula, nicht wahr?“

„Gewiß“, antwortete Overberg. „Übrigens hat sich das Fräulein Nichte verändert seit vorigem Winter.“

„Aus Kindern werden Leute. Ich habe mich inzwischen bemüht, ihrer noch ziemlich rudimentären Bildung ein wenig nachzuhelfen, wenigstens was die Weltliteratur betrifft.“

So sehr Konrad Overberg die Weltliteratur schätzte, wurde es ihm doch schwer, zu glauben, daß die Veränderung, die ihm aufgefallen war, allein davon herrühren könne.

Paula machte schnell noch einen Korb mit Obst und Gemüse für Fräulein Stritter zurecht. Der Verkehr zwischen den beiden Häusern war ganz lebhaft geworden. Die Damen des Amtshauses und Fräulein Stritter hatten Gefallen aneinander gefunden, und die drei Mädchen halfen lieber im Amtshausgarten Obst pflücken oder sahen den Buben bei ihren waghalsigen Sprüngen in den Fluß zu, als daß sie in dem düsteren Park des Savigny-Hauses spielten. Selbst Aquarius und das komische weiße Hündchen standen jetzt auf ganz freundschaftlichem Fuße miteinander. Das kam wahrscheinlich daher, daß Adolf oft bei seinen Morgenritten ganz zufällig bei der hohen Mauer vorbeikam und dann ebenso zufällig, wenn auch nicht ganz so oft, eine kleine weiße Person am Törchen auf ihn wartete.

„Hier ist der Korb für die Ippelchen“, sagte Paula, als sie Adolf im Stall fand. „Macht es dir etwas aus, schnell mal hinauszureiten und ihn abzugeben?“

Nein, es machte Adolf nichts aus. Er wollte sogar zu Fuß hinausgehen, denn die zwei Kleinen hatten den Kahn mit Beschlag belegt und trieben sich irgendwo auf dem Fluß herum. „Den Silberling hab ich schon auf Hochglanz geputzt für meine Fahrt mit dem Papa morgen", sagte er. „Der kommt mir heut nit mehr aus dem Stall." Er freute sich auf die Fahrt, die mehrere Tage dauern sollte, und hätte sich noch mehr gefreut, wenn er dadurch nicht die letzten Ferientage mit Toni versäumt hätte.

„Und die Kleinen sind also noch auf dem Wasser oder im Wasser?" fragte Paula. „Ich wundere mich immer, daß ihnen im Sommer keine Schwimmhäute wachsen." Adolf antwortete, er habe sie vor einer Stunde noch da drunten schreien hören. August und Georg waren heute wieder einmal auf den Bummel in die Stadt gegangen.

Paula begab sich also zum Fluß hinunter, wo sie auch gleich die zwei Kleinen entdeckte, die den Kahn an Land gezogen hatten und sich noch mit ihren Kumpanen im Wasser herumbalgten. Sie hatten blaue Lippen und schrumpelige Fingerspitzen von all dem vielen Wasser. „Heraus mit euch!" rief sie und trieb die zwei triefenden Buben vor sich her dem Hause zu, damit sie nicht noch einmal auskneifen konnten. „Wie war es denn beim Voltigieren?" fragte sie unterwegs.

„Kolossal!" versicherte Karl. Und Ferdinand prahlte: „Der Leutnant hat gesagt, wir wär'n Pfundskerl, un wir hätte es prima gemacht fürs erstemal. Wenn wir fleißig übe täte, hat er gesagt, wärn wir zwei bald reif für'n Zirkus un die drei Große fürs Königlich Preußische Kadettekorps."

„Awwer da nehme sie nur gute Schüler", sagte Karl. „Un ob's der Schorsch schaffe tät, is mehr als zweifelhaft."

„Der Leutnant war auch Kadett", erzählte Ferdinand.

„Er is der jüngste von fünf Brüdern", sagte Karl. „Grad wie ich." Sie zählten die fünf Quitzowbrüder an den Fingern her. „Der Älteste kriegt das Familiegut. Zwei sin auf der Universität, awwer was denkste, für die zwei jüngste hat's Geld nit mehr gelangt zum Studieren. No, das war nit schlimm, denn die wollte sowieso Offizier wern." Sie schienen über alles, was die Familie Quitzow betraf, genau Bescheid zu wissen.

Beim Abendessen blieb der Platz des Leutnants leer. Er hatte sich durch Georg entschuldigen lassen. Zuweilen aß er abends mit ein paar Kameraden in der *Goldenen Gans.*

Und dann kam endlich auch an diesem Tag der Augenblick, wo Paula allein in ihrem Zimmer war. Die Babett hatte wieder einmal recht behalten; es wetterleuchtete vom Rhein herauf, und ferner Donner rollte über die Hügel wie ein schwerer Lastwagen über holpriges Pflaster. Im Zimmer war es noch schwül von der Hitze des Tages. Draußen hatte sich schon ein frischer Wind aufgetan, der große Wolken schnell über den Himmel trieb. Im noch dichten Sommerlaub der Bäume rauschte es. Die Pappeln der Allee jenseits des Flusses bogen sich hin und her. Ein paar Lichter glänzten auf. Ein Hund bellte, und ein anderer gab ihm Antwort.

„Ich muß denken!" sagte Paula und legte die Hände an die pochenden Schläfen. „Mein Gott, in was bin ich da hineingestürzt!" Sie staunte nicht einmal, daß ihr keinen Augenblick der Gedanke gekommen war, Quitzow so zurechtzuweisen, wie es sich nach allen Regeln des guten Benehmens gehört hätte. Es war süß und schön gewesen, von ihm geküßt zu werden; so schön, daß ihr jetzt noch in der Erinnerung daran das Herz stillstand unter dem Ansturm einer Leidenschaft, die sie vorher nicht einmal hatte ahnen können. Aber jetzt mußte sie sich besinnen. Mit verschränkten Armen ging sie im Zimmer auf und ab, vom Fenster zur Tür und wieder zurück zum Fenster. Es fing an, hereinzuregnen, und für eine Weile hielt sie ihr heißes Gesicht den kühlen Tropfen hin. Dann schloß sie das Fenster.

Was hatte mère Céleste in ihrem letzten Brief geschrieben? Sie zündete die Kerze an und nahm den Brief noch einmal hervor. Da stand es: „Gott hat Dir einen klaren Verstand gegeben, und ich wundere mich, daß Du in letzter Zeit so wenig Gebrauch davon gemacht hast. Deine allzu lebhafte Phantasie hindert Dich offenbar daran, Dich selbst und die Faktoren, die Dein Leben bestimmen, so zu sehen, wie sie wirklich sind."

Wo war nun der Verstand geblieben, den mère Céleste ihr zutraute? Jetzt, wo sie ihn so nötig brauchte, war nicht viel von ihm zu merken. Wie ahnungslos waren sie und ihre Freundinnen gewesen, wenn sie geglaubt hatten, der erste Mann, von dem sich ein Mädchen küssen ließ, müsse schnurstraks zum Vater eilen und um ihre Hand anhalten. So jedenfalls konnte man es in all den überaus edlen Romanen lesen, die sie im Kloster lesen durften, und von den guten Schwestern selber hatten sie nie das Geringste darüber erfahren, was es mit Liebe und Ehe und allem, was dazugehörte, auf sich hatte. Wollte sie denn, daß Quitzow mit ihrem Vater sprach – womöglich heute noch? Es wurde ihr heiß und kalt bei dem Gedanken. Es war ja alles noch so ganz unbegreiflich; wie hätte sie denn so schnell über ein ganzes Leben entscheiden sollen in der völligen Verwirrung, in die sie da gestürzt war! – Und dann fiel ihr auch noch ein, daß er Protestant war; die Brüder hatten erwähnt, daß er der Offizier vom Dienst war, wenn die Protestanten unter seinen Soldaten sonntags in die einzige evangelische Kirche Limburgs geführt wurden. Und kam er nicht überhaupt aus einer ihr ganz fremden Lebenssphäre: von preußischem Adel, dem man nachsagte, er sei weit exklusiver als der süddeutsche; aus einem Offizierskorps, das vor kurzem noch als feindliche Besatzung nach Nassau gekommen war. Und sonst . . . was wußte sie denn überhaupt von ihm, als daß sie ihn liebte. Und hatte sie nicht ganz andere Pläne gehabt? War schon bei der ersten Begegnung mit der Zärtlichkeit eines Mannes alles das ins Wanken geraten, womit sie sich monatelang in ihren Gedanken beschäftigt hatte? Und hatte mère Céleste also recht, wenn sie vermutete, daß sie dabei ihrer Phantasie die Zügel hatte schießen lassen?

Draußen war das Gewitter jetzt mit voller Kraft losgebrochen. Blitze zerrissen den Nachthimmel in schneller Folge; die Donnerschläge klangen immer näher. Sie achtete kaum darauf, während die Gedanken so schnell wie die Blitze draußen durch ihren Kopf gingen. Könnte ich nur ein paar Tage allein sein, dachte sie. Zeit haben zum Überlegen. Sie kniete nieder vor dem Marienbild auf ihrem kleinen Altar. Wenn der Verstand einen im Stich ließ, mußte man beten. Wie lange sie da gekniet hatte, wußte sie nicht, als ein Blitz über den Himmel zuckte, der ihr Zimmer bis zum letzten Winkel mit blauweißem Licht erleuchtete. Gleichzeitig erbebte das feste Haus von einem ohrenbetäubenden Donnerschlag.

Aus der Mädchenkammer nebenan klang ein erschreckter Schrei, dann ängstliches Murmeln von Gebeten. Es klopfte an Paulas Tür. „Haste Angst gekriegt, Paulinchen?" fragte Adolf.

„Angst? – Nein. Ich weiß nicht." Sie war noch viel zu sehr mit ihren eigenen Gedanken beschäftigt.

Schon rief die Mama von unten: „Ist alles in Ordnung bei euch? Sind die Mädchen wach? Hast du mal bei den Buben hereingeschaut, Paula?"

„Jaja, Mama, wir sind alle wach. Soll ich mal nach den Tanten und der Babett sehen?"

„Der Papa ist schon hinuntergegangen und bringt ihnen Baldriantropfen. Wartet noch ein paar Minuten, ich glaube, das Gewitter zieht schon ab und ihr könnt wieder schlafen gehen. Sieh zu, daß die Mädchen sich nicht ängstigen, Paula."

In der Mädchenkammer wurde es bald wieder still. Draußen rauschte jetzt der Regen wie ein Wildbach; das Donnern klang schon ferner. „Ob's irgendwo eingeschlage hat?" sagte Adolf. Die Schwester ging mit ihm ans Fenster; sie schauten hinaus, konnten aber nirgends Feuerschein entdecken. Sonst hätte man auch die Feuerwehr mit Hufgeklapper und lautem Geklingel durch die Straßen rasseln hören; der Michel oder sein junger Gehilfe hätten die Brandglocke geläutet, und der Papa wäre in die Stadt geeilt, um zu sehen, wo es etwas zu helfen gab.

„Geh schlafen, Adolf“, sagte Paula. „Ich wünschte, ich könnte morgen mit dir und dem Papa wegfahren.“

„Frag doch eifach, ob du mitdarfst. Du, das wär prima, wennste mitkomme tätst.“ Adolf war begeistert von der Idee. Es sollte zu den Verwandten in Montabaur gehen, wo der Vater oft dienstlich zu tun hatte.

„Meinst du?“ sagte Paula, nahm ihr Fichu ab, faltete es ordentlich und legte es auf die Kommode. Dabei fiel etwas herunter, und Adolf bückte sich, um es aufzuheben. „Laß doch . . .“ sagte Paula, aber er hatte schon seine Nase hineingesteckt. „Mönsch! Das riecht ja wie unser Leutnant!“

„Was du dir einbildest!“ Sie schob ihn zur Tür hinaus. Dann faltete sie das Tuch auseinander und betrachtete es. In einer Ecke des feinen Leinenbatistes war ein Monogramm eingestickt, darüber eine winzige Krone mit sieben Zacken. Die Raubritter sind nobel, dachte sie zärtlich und drückte das Tuch an Mund und Wange. – Dann legte sie es unter ihr Kopfkissen.

Zur gleichen Zeit saß der Leutnant von Quitzow mit dem Rittmeister von Bassewitz, einem märkischen Gutsnachbarn und Freund der Familie, noch in der *Goldenen Gans* zusammen, nachdem die Kameraden klugerweise beim ersten Donnergrollen in ihre Quartiere gegangen waren. Bassewitz war ein gut Teil älter als Quitzow, glücklich verheiratet und Vater von zwei Söhnen. Er hatte gemerkt, daß den jungen Freund irgendwo der Schuh drückte, darum war er bei ihm sitzen geblieben, als die anderen gingen, und wartete nun, was kommen würde.

„Es ist etwas passiert, Basso!“ sagte Quitzow, nachdem der Rittmeister noch eine Flasche Rüdesheimer bestellt hatte. Der hob die Augenbrauen. „Schulden?“

„Das sowieso. – Viel schlimmer: Liebe.“

„Nicht grade etwas Neues.“

„Sei nicht so frivol ... Ich sage dir, es ist etwas vollkommen anderes als jemals zuvor.“

„Natürlich. Das denkt ihr jungen Dachse immer. Vermutlich handelt es sich um die Tochter deiner unfreiwilligen Gastgeber.“

„Ich habe sie geküßt, Basso.“

„Bist du von Sinnen? Küßt die Tochter des Amtmannes, der Lümmel! Das kann einen schönen Skandal geben, mein Teurer.“

„Ich werde morgen um ihre Hand anhalten ...“

„Und wovon willst du heiraten, wenn ich mir die Frage erlauben darf? Die alte traurige Geschichte: er war jung und schön, und sie hatte auch nichts.“

„Schweig! Der Herr Papa würde mich ohnehin wahrscheinlich hinausschmeißen. Stell dir sein Gesicht vor: ein protestantischer preußischer Offizier! Neulich wurde bei Tisch erwähnt, daß es in dieser Familie noch nie eine Mischehe gegeben hat.“

„Das hättest du dir alles vorher überlegen sollen, du leichtsinniger junger Windhund! Was *deine* Eltern betrifft, an die du immerhin auch mal denken könntest – märkischer Uradel, stockprotestantisch! Kaum anzunehmen, daß die in lauten Jubel ausbrechen würden über eine bürgerliche, katholische und vermutlich unvermögende Schwiegertochter. Natürlich müßtest du den bunten Rock an den Nagel hängen und erst mal überlegen, wie du eine Familie ernähren könntest. Einundzwanzig Jahre, nichts gelernt und denkt an Heiraten! – Da gibt's nur eins, du mußt fort, und zwar gleich, ehe du selbst dein bißchen Verstand vollends verloren und dem armen Kind ganz den Kopf verdreht hast.“

„Fort! Du herzloser, verknöcherter Philister! Ich muß sie wenigstens noch einmal sehen, ihr alles erklären, Abschied nehmen. Begreifst du denn gar nichts?“

„Herr Leutnant von Quitzow!“ Das war die Stimme des Vorgesetzten. Der Leutnant riß sich zusammen. „Jawohl, Herr Rittmeister.“

„Sie reiten morgen früh um fünf Uhr los und melden sich unverzüglich in Wiesbaden beim Divisionsstab. Es trifft sich ausgezeichnet, daß ich heute Befehl bekam, einen meiner Herren zum Stabe abzukommandieren. Haben Sie mich verstanden?“

„Befehl, Herr Rittmeister!“ Pause. Und dann durch die Zähne: „Du hast ja keine Ahnung, keine blasse Ahnung hast du ja, du alter, prosaischer . . .“

„Ruhe, mein Junge. Du wirst mir später einmal dankbar sein. Und die junge Dame ebenfalls.“

Die junge Dame . . . der war es kein bißchen damenhaft zumute; eher wie einem verlaufenen Kind. Noch nie in ihrem Leben hatte sie eine solche Nacht verbracht. Als sie in aller Frühe ihren Bruder August heruntergehen hörte, stand sie auf, wusch sich die verschwollenen Augen mit kaltem Wasser und zog sich schnell an. August war schon aus dem Haus, als sie hinunterkam, aber eben ging die Mama über die Diele mit einem Korb frischgeschnittener Rosenknospen. „Die aufgeblühten sind verregnet“, sagte sie, „aber den letzten Knospen hat's nichts getan. Willst du in die Frühmesse?“ Sie hob die Rosen, um Paula daran riechen zu lassen. „Wenn du ein paar Minuten wartest, komme ich mit. Ich will sie nur schnell in Vaters Zimmer bringen.“

„Ach . . .?“ sagte Paula hinter ihr her. „Ach so!“

Wenig später stiegen sie zusammen die Gasse zum Dom hinauf. Der Morgen war köstlich frisch; vom Friedhof wehte der Duft nasser Kräuter herüber, Lavendel, Rosmarin, Kamille . . . Der Himmel stand noch blaß über Fluß und Feld und Wald, blank gewaschen vom Regen der Nacht. Ein schüchternes Rot schimmerte im Osten durch den Dunst feuchter Wiesen. Vögel sangen. Paula hörte und sah, roch und fühlte das alles mit einer Intensität wie nie vorher.

„Wolltest du mich vorhin etwas fragen?“ sagte die Mama.

„Ich . . . Nein, ich glaube nicht.“

Die Mutter nahm ihren Arm. „Es ist wohl auch nicht nötig“, sagte sie ruhig. Paula sah sie schnell einmal von der Seite an, die kleine, etwas rundliche Frau, die so hausbacken wirkte, verglichen mit dem schönen Mädchenbild in Vaters Zimmer. Aber wäre denn sie, Françoise Dudon d'Enval, noch ebenso schlank und schön gewesen nach zwanzig Jahren und als Mutter von sechs Kindern? Sie war tot und durfte für immer ein Traum aller Lieblichkeit bleiben. Die andere aber lebte, und aus ihrem Reichtum gönnte sie der armen Toten den Platz in der Erinnerung des geliebten Mannes. Es war sehr einfach und sehr verständlich – nur daß es Paula gestern noch nicht verstanden hätte.

Sie betete inbrünstig während der Messe, und dabei wurde ihr ganz klar, daß sie für ein paar Tage weg mußte. Wenn sie sich heute und morgen und wer weiß wie oft noch von der Süßigkeit seiner Umarmung betäuben ließ – und sie wußte, daß sie das tun würde, wenn sie blieb –, dann war es ganz aus mit ihrer Vernunft, und was daraus entstehen konnte, war nichts als Kummer für sie und ihn, für seine und ihre Eltern. Sie brauchte Zeit, um ihr Gleichgewicht wiederzugewinnen.

„Jetzt fällt mir doch etwas ein, was ich dich fragen wollte, Mama“, sagte sie, als sie nach der Messe zwischen der Mutter und August nach Hause ging.

„Ja?“

„Wenn du mich ein paar Tage entbehren kannst, möchte ich gern mit dem Papa und Adolf fahren.“

„Gute Idee“, sagte August. „Du siehst richtig elend aus, Schwesterchen. Kannst wirklich mal en paar Tag Ferie brauche.“

„Warum nicht“, sagte die Mama. Die Geschwister wechselten einen erstaunten Blick über diese schnelle Einwilligung. „Sicher nimmt dich der Papa gern mit. Dein weißes Kleid hängt frisch gewaschen im Schrank. In Montabaur gibt es sicher eine große Familienzusammenkunft, da mußt du nett aussehen.“

Nun waren sie unterwegs, und es gab kein Zurück mehr. Bis zum letzten Augenblick hatte Paula gefürchtet, daß sie schwach werden und unter irgendeinem Vorwand zu Hause bleiben würde. Quitzow war nicht zum Frühstück gekommen, und Adolf hatte erwähnt, der Leutnant sei schon mit Orje und den Pferden fortgewesen, als er um sechs zum Füttern in den Stall kam. „Sicher zu ner Übung“, sagte Adolf. Vielleicht war es gut so, dachte Paula. Und doch hätte sie ihm gern mit einem Blick über den Frühstückstisch hin zu verstehen gegeben, daß sie ihm nicht zürnte und daß auch er ihr nicht zürnen dürfe, wenn sie nun wegging. In ein paar Tagen, wenn sie wiederkam, würde sie ihre Fassung wiedergefunden haben. Er durfte nicht ahnen, wie brennend sie sich danach sehnte, noch einmal von ihm geküßt zu werden. Nein, kein Treffen in der Laube mehr, keine Heimlichkeiten, dazu war sie jetzt schon fest entschlossen. Und niemand in der Familie sollte ihr etwas anmerken. Dabei kam ihr zustatten, daß sie alle früh gelernt hatten, sich zusammenzunehmen. „Menagier dich!“ sagte die Mama, wenn eins der Kinder weinte, weil es sich wehgetan hatte, über einen nichtgewährten Wunsch enttäuscht war oder sich einen Zahn ziehen lassen mußte. Der Vater brauchte bei gelegentlichen Ausbrüchen von Launenhaftigkeit der Kinder nur auf den Tisch zu klopfen. *„Contenance!“* sagte er dann; das genügte. Haltung und Selbstbeherrschung war ein strenges Gesetz im Haus der stürmischen Temperamente. Wo wäre man sonst hingekommen! Und Haltung mußte sie in diesen Tagen gewinnen. Dabei war dieser abgrundtiefe Liebeskummer nicht das einzige, worüber sie sich klarwerden mußte. Hinter dem allem stand ja die Frage, was Gott ihr mit diesem Erlebnis sagen wollte. Denn daß ein Sinn darin war, daß sie einen Kern von Erkenntnis aus dieser Traurigkeit schälen mußte, daran zweifelte sie keinen Augenblick.

„Ist dir nicht gut, Paulinchen?“ fragte der Vater, der im Fond des Wagens neben ihr saß.

„Ein bißchen Kopfweh, Papa. Wahrscheinlich noch von dem Gewitter. Es wird schon besser.“

Seine ruhige, zuverlässige Gegenwart tat ihr gut. Auf dem Bock saß Adolf, pfiff fröhlich vor sich hin und war sichtlich glücklich, daß sie mitfuhr. Auch das tat gut. Der Silberling trabte munter dahin. Sie waren schon über der Brücke; die Stadt blieb zurück. Noch ein paar Häuser, ein paar Gehöfte, dann nur noch Feld und Wiese und Wald und über ihnen das silberne Geriesel von Lerchenliedern. Aquarius, der bis zum letzten Augenblick in qualvoller Unsicherheit gewesen war, ob er mitdürfe, saß neben Adolf auf dem Bock, den Kopf an seines Herrn Knie gedrückt.

„Schaut euch noch einmal um, Kinder“, sagte der Papa. „Der Dom steht so schön da im Morgenlicht, und unten am Fluß unser altes Amtshaus. Ich glaube, da winkt jemand.“ Aus einem Fenster flatterte ein weißes Tuch.

Es war ein klarer Tag, wie sie oft nach Gewittern kommen; südlich blau der wolkenlose Himmel, golden die Garben auf den abgeernteten Feldern. „Orange und blau“, sagte der Amtmann. „Die schönen, warmen Farben des Geschlechtes der Oranier, dem die ersten Fürsten von Nassau angehörten. Die werden weiter jeden Herbst über dem Land leuchten, auch wenn das harte Schwarz-Weiß der Preußenflagge von den Türmen weht.“

Auch er hat Liebeskummer, dachte Paula mit einem verstehenden Lächeln, denn dieses Ländchen, in dem er geboren war und dem er während seiner ganzen Beamtenlaufbahn gedient hatte, war ja seine große Liebe, und nun hatten es die Preußen genommen!

Sie unterbrachen die Fahrt in einem der hübschen, sauberen Dörfer, wo der Amtmann mit dem Bürgermeister zu tun hatte. Der war ein alter Bauer, rothaarig, mit tiefliegenden schlauen Augen hinter schweren Lidern. Zum Mittagessen waren sie bei ihm zu Gast in einem schönen Fachwerkhaus mit eingebrannten Sprüchen an den Querbalken. Die Bäuerin trug eine Riesenschüssel Reisbrei auf, mit brauner Butter übergossen und dick mit Zucker und Zimt bestreut. Der Hausvater, die Frau, zwei Söhne, ein alter Knecht und eine junge Magd saßen um den Lindenholztisch in der Küche, schweigend und ernst. Der Bauer murmelte ein Gebet, alle bekreuzten sich, dann ergriff jeder einen der Zinnlöffel und langte in die Schüssel, die in der Mitte des Tisches stand. Dabei wurde erst recht kein Wort gesprochen; Essen war eine wichtige Sache, und wer sich nicht dranhielt, kam zu kurz. Für die Amtmannskinder gab es nichts Schöneres, als bei Fahrten mit dem Vater in einem Bauernhaus zum Essen eingeladen zu werden. Fast immer wurde dann Reisbrei aufgetragen, das feststehende Gericht für geehrten Besuch. Zwar gab es auch im Amtshause an Fasttagen manchmal süßen Milchreis als Hauptgericht; aber der schwamm nicht in einem ganzen Teich von Butter; und in Einzelportionen auf dem Teller schmeckte er lange nicht so gut wie aus der gemeinsamen großen Schüssel. Kein Körnchen blieb übrig; aber in dem Kochtopf war noch ein Rest, den die Bäuerin für Aquarius auskratzte, und der leckte sich danach die Schnauze, als habe er noch nie etwas so Gutes bekommen.

Nachdem der Amtmann seine Geschäfte mit dem Bürgermeister erledigt hatte, fuhren sie weiter und kamen am Nachmittag in Montabaur auf dem Westerwald an. Da hielten sie auf dem Marktplatz wieder vor einem Fachwerkhaus, aber diesmal keinem bäuerlichen, sondern einem patrizischen. Es war das Haus des Stadtschultheißen Peter Modest Waterlo, dessen Frau des Amtmannes Schwester Helene und dessen Sohn Adolfs Patenonkel war.

Freudig überrascht schloß Tante Helene die junge Nichte, die sie so lange nicht gesehen hatte, in die Arme. Zu einer Benachrichtigung war keine Zeit mehr gewesen, aber die Gastzimmer in den Häusern der Verwandten waren immer bereit. Der junge Waterlo entführte sein Patenkind Adolf in seine Junggesellenwohnung, wo sie zwei Tage lang ein herrliches Männerleben miteinander führen wollten. Der Amtmann wurde von Modest und Paula von Tante Helene in ihr Zimmer geführt. Das Gastzimmer im Giebel war groß und luftig, das hochgetürmte Bett schneeweiß und so einladend, daß Paula sich am liebsten gleich hineingelegt hätte, noch immer müde von der ersten fast ganz durchwachten Nacht ihres Lebens. „Mach dich frisch“, sagte die Tante. „Ich schicke gleich das Mädchen herum, die ganze Sippschaft zum Abendessen einzuladen. Sie werden's kaum abwarten können, dich nach so langer Zeit wiederzusehen.“

Als Paula eine Stunde später wieder hinunterkam, war die Wohnstube schon voller Menschen, und sofort fand sie sich umringt von Tanten in schwarzer und grauer Seide, von Onkeln in langen Röcken, von Vettern und Basen, von denen eine ihre beiden kleinen Kinder mitgebracht hatte. Es war nicht ganz leicht, die Generationen auseinanderzuhalten. Die älteren Schwestern des Amtmannes hatten Kinder, wie den Adolf Waterlo, die eher die Onkel und Tanten der jungen Limburger Isberts hätten sein können. Paula ließ sich umarmen, sie knickste und küßte glatte junge und alte faltige Wangen, beantwortete Fragen nach der Familie zu Hause, lächelte über Neckereien, die zwischen den einzelnen Familienmitgliedern hin und her flogen, rückte den älteren Frauen ein Kissen, eine Fußbank zurecht und ließ ihr für Montabaurer Begriffe aufregend weltstädtisches weißes Kleid bewundern, das zu dem Fastnachtsball im vorigen Winter für sie genäht worden war.

Beim Abendessen hielt der würdige Onkel Modest mit seinen schneeweißen, noch ganz biedermeierischen Bartkoteletten eine kleine Rede auf die Gäste, und der Amtmann antwortete mit einem Toast auf die Gastgeber. Die Gläser mit Rheinwein klangen aneinander. Schließlich stand noch Onkel Heinrich auf und hielt in Stegreifversen eine Rede auf die Damen. Die Stimmung wurde immer lebhafter, und wie bei ihrer Heimkehr im vorigen Dezember war Paula überwältigt von der lauten, dabei so warmen und natürlichen Fröhlichkeit ihrer Sippe. Adolf sah man an, wie gehoben er sich fühlte als persönlicher Gast seines Patenonkels, dessen Wohnung mit der Sammlung von Pfeifen und den Mützen seiner studentischen Verbindung unter zwei gekreuzten Degen ihm einen tiefen Eindruck gemacht hatte.

Ein Kindermädchen in ländlicher Tracht führte nach dem Essen die Kinder der Base noch einmal herein, ehe sie zum Schlafen nach Hause gebracht wurden – ein dreijähriges Mädchen und einen winzigen Buben. „Darf ich ihn halten?" fragte Paula, und die junge Mutter legte ihr das warme kleine Bündel Leben in ihre Arme. Paula hielt es, sog den sauberen, gesunden Babyduft ein, fühlte die Kinderhaut, die so glatt wie ein Blumenblatt war, und dachte: ich möchte ein Kind haben! Aber selbst das war nun in unerreichbare Ferne gerückt. Dann wurden wieder Fragen an sie gestellt, und sie mußte antworten, den Onkeln von Onkel Emmo, den Tanten von der Mama und den Tanten, und allen von den Brüdern und der preußischen Besatzung erzählen, denn von der hatten sie hier oben auf dem Westerwald nicht viel gemerkt. Sie wurde dabei immer schläfriger, hielt nur noch mit Anstrengung die Augen offen, vor denen allmählich das ganze Zimmer voller Verwandten zu verschwimmen begann. Die gute Tante Helene merkte es schließlich. „Das arme Kind fällt uns gleich um vor Müdigkeit!“ rief sie. „Bedenkt doch, den ganzen Tag unterwegs und nun die starke Westerwaldluft, die sie nicht gewöhnt ist . . .“

Nach nochmaligen Küssen und Umarmungen wurde Paula draußen auf dem Flur der Messingleuchter mit ihrer Schlafzimmerkerze in die Hand gedrückt, und sie stieg die Treppe zur Giebelstube hinauf. Das Fenster stand weit offen auf den stillen Marktplatz hinaus, und auch dieser Platz war wie eine Familienversammlung. Dort drüben, unter der einzigen Laterne, die heute nicht angezündet war, weil der Mond für Beleuchtung sorgte, stand das Haus *Zum Roten Ochsen,* das ihr Urgroßvater erbaut hatte und in dem jetzt der verwitwete Onkel Adam wohnte. An der Ecke Onkel Heinrichs Haus, nach dem jener Zweig der Familie die „Isberts an der Eck“ hieß, und in den benachbarten Straßen verstreut die Häuser der verschwägerten Waldorfs und Wingens und Corcilius. Ein Brunnen plätscherte. Von einer unsichtbaren Turmuhr fielen elf Schläge in die Stille der Spätsommernacht.

Paula häufte die schweren Federbetten auf das geschweifte Sofachen, schlupfte zwischen die kühlen Leinenlaken, zog das Tüchlein mit der Krone hervor, dachte noch: ich werde wieder kein Auge zutun . . . und schlief dann doch tief und fest bis in den hellen Morgen hinein, als schon der Duft von starkem Kaffee und frischen Brötchen verlockend das Haus durchzog.

An diesem Tag fuhr der Amtmann mit dem Schwager Waterlo über Land, und wenn er gestern abend Fragen nach seinen Zukunftsplänen ausgewichen war, so äußerte er sich jetzt etwas offener. „Wir haben noch nichts entschieden und darum noch nicht einmal mit den Kindern darüber gesprochen“, sagte er. „Die Preußen haben mir eine Stelle als Oberregierungsrat in Coblenz angeboten. Es spricht manches dafür und vieles dagegen. Ich bin nicht mehr jung genug, um mich an diese Trennung von Verwaltung und Rechtsprechung zu gewöhnen. Zum Schreibtischbeamten habe ich kein Talent; ich brauche den persönlichen Kontakt mit Menschen, will mit ihnen sprechen, sie ermutigen oder schelten, ihnen klarmachen, warum ich dies oder jenes von ihnen verlange; sie beraten und, soweit das möglich ist, erziehen."

„So ähnlich, wenn auch in engerem Rahmen, sehe ich meine Stelle als Stadtoberhaupt auch an", bestätigte Modest Waterlo. „Und bei mir wird wohl alles beim alten bleiben. Dich freilich kann ich mir nicht gut als preußischen Beamten denken."

Paula und Adolf waren inzwischen mit einem Korb später Blumen aus dem Waterlo-Garten auf den Friedhof gegangen, um die Gräber der Ahnen zu besuchen. Auf dem kühlen, schattigen Gottesacker rund um die Kirche fanden sie den Stein von Johann Emmerich, der 1712 im Herrn entschlafen war, und seiner Ehefrau Christine. Ihren Mädchennamen und beider Geburtsdaten hatten die Jahre ausgelöscht. „Sie müssen noch während des Dreißigjährigen Krieges gelebt haben!" sagte Adolf. Da lagen sie nun, oder was von ihnen übrig war, aufgestiegen aus dem dunklen Schoß der Zeit in Jahren des Krieges und unbeschreiblicher Verwirrung – woher? Da lagen sie, umgeben von Kindern und Kindeskindern. „So viele!" sagte Paula, überwältigt von der Menge der Toten, wie gestern von den Lebenden. Und es waren nicht nur Alte, die der Sensenmann gemäht hatte; es gab sehr kleine Hügel von Kindern, von jungen Menschen, auch das Grab der ersten Frau ihres Vaters war zwischen all den anderen; es lag schon ein Asternstrauß darauf. Jung wie sie waren, fühlten die Kinder den Anhauch von Tod und Vergänglichkeit. Paula preßte schnell einmal Adolfs Arm, um doch etwas Warmes, Lebendiges zu spüren. Sie verteilten ihre Blumen auf den Gräbern, sprachen ein Gebet und liefen dann eilig hinaus in die warme

Sonne, wo Aquarius geduldig auf sie wartete. Adolf ging in die Stadt zurück, um seinen Paten abzuholen; sie wollten zusammen fischen gehen. Paula stieg allein weiter den bewaldeten Hang hinter der Kirche hinauf bis zu einer Stelle, von der man die Westerwald-Landschaft in ihrer kargen Schönheit bis zu den kahlen Basaltkuppen im Osten übersehen konnte. Sie saß lange zwischen Ginsterbüschen und blühender Heide, froh, allein zu sein mit ihren Gedanken.

Am Nachmittag wurde sie von Vettern und Basen zu einem Ausflug in die Umgebung entführt, und abends traf man sich heute im *Haus an der Eck* bei Tante Gertrud und Onkel Heinrich, dem Rotgerber und Lederhändler, der seinen älteren Bruder, den Amtmann, mit freundlichem Spott „unser Armutche" nannte, weil er bescheiden mit einem Roß daherkam. Heinrich tat's nicht anders als zweispännig. „Vierspännig tät der fahren", sagte die alte Tante Anna Maria, „wenn er nicht Angst hätt, wir täten all mit den Fingern auf ihn zeigen." Später flüsterte sie Paula noch zu, die Kinder im Haus an der Eck seien mit Butter *und* Gelee auf dem Brot aufgezogen worden, und es solle sie wundernehmen, was einmal aus jungen Leuten würde, die mit solcher Ausschweifung aufgewachsen seien.

Noch eine Nacht in der mondhellen Giebelstube, mit dem Schlaflied des plätschernden Brunnens auf dem Marktplatz, dann hieß es Abschied nehmen. Am schwersten wurde es Adolf, dem das Junggesellenleben mit seinem Paten großartig gefallen hatte. Zum ersten Male hatte er eine richtige Tabakspfeife rauchen dürfen, von der ihm viel weniger übel wurde als von dem Kastanienkraut, das man jeden Herbst mit den Kameraden auf der Pestinsel rauchen mußte, wenn man als ein ganzer Kerl gelten wollte. Vom Fischen waren sie heute früh mit einem dicken Hecht und vier schönen Forellen zurückgekommen. Der Hecht wurde in der elterlichen Küche abgeliefert, die Forellen hatte des jungen Waterlo Haushälterin blau gesotten und mit Petersilienkartoffeln, frischer Butter und grünem Salat serviert. Zum Schluß aber hatte der junge Waterlo Adolf, der schon mit den Zügeln in der Hand auf dem Bock saß, fünf ganze Gulden hinaufgereicht, eine schwindelhafte Summe. Der August war sein Geburtstagsmonat und auch der seiner kleinen Braut, Toni. Er wurde dreizehn, sie zwölf, und er malte sich aus, daß er ihr ein Geschenk von großer Pracht kaufen wolle. Denn diesmal würde er das Patengeld selbst behalten. Der Papa mußte einsehen, daß man nicht alles auf die Sparkasse legen konnte für nebelhafte spätere Zeiten. Seit er ganz allein das Pferd besorgte, bekam er dafür jeden Monat einen Gulden, er konnte sich also mit Recht als Krösus und Millionär betrachten und große Pläne für Geschenke machen. Paula hatte im November Geburtstag, und Aquarius brauchte ein neues Halsband, und dann mußte man ja auch an Weihnachten denken.

Die Straße, die sie fuhren, senkte sich erst in ein Tal, dann stieg sie an zu einem höheren Gebirgsrücken, von dem sich wieder ein weiter Blick auf die nahen und ferneren Berge auftat. Auf der Höhe angekommen, rasteten sie und verzehrten den Proviant, den ihnen Tante Helene mitgegeben hatte. Ihre Reisebecher füllten sie an einer der Quellen, die in dieser Gegend so reichlich fließen. Silberling wurde ausgespannt und durfte auf einer Bergwiese weiden. Kein Dorf, kein Mensch war zu sehen, bis sie weit drüben, auf einem anderen Hang, einen Schäfer mit seiner Herde entdeckten. Er stand, an einem langen Wollstrumpf strickend, in der Nähe des länglichen Schäferkarrens, der vom Frühjahr bis zum Herbst sein Haus und Heim war und den er von einer Weidestelle zur nächsten weiterschob. Das Ding sah aus wie ein Sarg auf Rädern; trotzdem meinte Adolf, Schäfer müsse ein schöner Beruf sein, da störe einen doch keiner, wenn man sich etwas ausdenken und aufschreiben und vielleicht ein herrliches Heldenepos zustande bringen wollte. Auch der Aquarius stand ganz steif und starr da, schaute zu der Herde hinüber und stieß dabei einen merkwürdig hohen, wimmernden Ton aus.

„Komm, spann wieder an“, sagte der Papa, nachdem sie lange an dem stillen Fleck gesessen hatten, jeder mit seinen Gedanken beschäftigt. „Ich habe in Hadamar noch zu tun.“

Die schmale Fahrstraße mit ihren tiefen, grasbewachsenen Radspuren lief in großen Kehren talwärts. Fingerhutstauden standen am Wegrand; Pilze drängten sich um Baumstümpfe. Die Heckenrosen waren voller Hagebutten und die Schlehenhecken voll schwarzer Beeren. Als sie tiefer hinunterkamen, sahen sie hier und dort ein Dorf oder ein Gehöft. Von einem Brachfeld winkte ihnen noch einmal ein Schäfer im blauen Kittel zu, kam mit eiligen Schritten den Hang herab, und Adolf hielt den Wagen an, weil der Mann ganz augenscheinlich auf einen Schwatz erpicht war. Oft hatte er wochenlang keine Gelegenheit, mit einem menschlichen Wesen zu sprechen; für seinen Hund genügten wenige Worte, und mit den Schafen war auch keine ausgiebige Unterhaltung möglich. Den Amtmann kannte er wie beinahe jedermann in der Gegend. „Hawwese bei dene Dickschädel da owe nachgeguckt, ob se nit widder nix wie Erdäppel aagebaut hawwe, um Schnapps zu brenne, Herr Amtmann?“ fragte er grinsend.

„Dafür ist’s zu spät im Jahr, Schäfer. Übrigens sind sie ganz vernünftig geworden, seit wir zwei schlechte Kartoffeljahre hintereinander hatten und sie ihr Vieh abschlachten mußten, weil nichts zum Füttern da war. Jetzt bauen sie auch Runkeln und Gerste, aber es hat lang gedauert, bis sie’s einsahen.“

Aqua beschnupperte den Mann und witterte zu den Schafen hinüber. „Wenn ich nit wüßt, daß meim Vetter Kasper sein Bello im März 65 beim Hochwasser ersoffe is, tät ich denke, der wär’s“, sagte er und deutete mit einer seiner Stricknadeln auf Aqua. „Ich hab emal mei Hündin von em decke lasse, weil er so en guter Herdhund war.“

„So?“ sagte der Amtmann. „Wo wohnt denn der Mann?“

„Hoch drowwe im Elbbachtal. Drei, vier Stund Weg üwwer Hadamar.“ Er wandte sich zu Adolf. „Du hast ja die ganz Hand voller Warze, Bub. Zeig emal her.“

Adolf hielt ihm seine Hand hin, und der Mann klemmte den Strickstrumpf unter den Arm und strich über die Warzen. „Ich sorg dir dafür, Amtmannsbub. – Bhüt euch Gott beisamme.“

„Behüt ihn Gott, Schäfer“, sagte der Amtmann, und Paula nickte dem Mann zu, der langsam wieder zu seiner Herde zurückging.

Sie sprachen alle drei nicht mehr, bis sie nach Hadamar hinunterkamen. Der Amtmann überlegte, ob seine Bauern auf dem hohen Westerwald wohl wieder zu ihrer Schnapsbrennerei zurückkehren würden, wenn er ihnen nicht mehr auf die Finger sah. Und überhaupt, wie wohl alles weitergehen würde, was er in jahrelanger mühsamer Arbeit aufgebaut hatte, wenn er nicht mehr da war.

Paula dachte an die Heimkehr. Ob sie ihn heute noch wiedersah? Morgen, morgen spätestens würde sie ihm sagen, daß alles aus sein mußte zwischen ihnen.

Adolf hatte seinen Hund zu sich auf den Bock gerufen, er saß neben ihm, den Kopf auf seinem Knie. Kein anderer Gedanke hatte Raum in ihm als der, ob der Vater womöglich heute noch von ihm verlangen würde, er solle das Elbbachtal hinaufwandern und nach dem Schäfer suchen, dem vielleicht der Hund gehören konnte. Aber zum Glück war es schon zu spät am Tag. Nein, heute war keine Gefahr mehr, und morgen fing die Schule wieder an.

Zu Hause warteten Ferdinand und Karl schon im Hof; sie mußten unbedingt sofort ihre große Neuigkeit loswerden. „Unser Leutnant is fort! Der Leutnant un Orje un die zwei Gäul. En Brief für dich, Papa, und für die Mama hat auf deim Schreibtisch gelege, darin steht, daß er sich für alles schön bedanke tut, un er wär ganz plötzlich nach Wiesbade versetzt worn."

„Guten Tag, meine Herrn!" sagte der Vater, worauf sie sich denn entschlossen, die Heimgekehrten zu begrüßen.

Nach Wiesbaden versetzt . . .

Als Adolf den Silberling abgeschirrt, trocken gerieben und ihm sein Futter in die Raufe getan hatte, sah er plötzlich den Vater in der offenen Stalltür stehen, dunkel gegen die letzte Helligkeit des Abendhimmels. „Danke dir, daß du uns so gut gefahren hast, Adolf", sagte er.

„O bitte, Papa", murmelte Adolf, und das Herz schlug ihm bis zum Hals hinauf, denn nun mußte es ja kommen.

Es kam. „Denk mal darüber nach, was der Schäfer gesagt hat. Vielleicht irrt er sich. Aber jedenfalls solltest du in den Herbstferien mal das Elbbachtal hinaufwandern und feststellen, was es mit dem ertrunkenen Hund des Vetters da oben auf sich hat. – Und jetzt komm zum Essen hinein, Adolf."

Am nächsten Tag, als Paula nach Tisch wieder zur Laube hinaufging, entdeckte sie zwischen den Mauersteinen im Hintergrund etwas Weißes. Sie zog ein Briefchen heraus und las: „Adieu, ma belle amie. Pardonnez mois. Je ne vous oublierais jamais. F. Q."

ZWEITES KAPITEL

Die schmale Sichel des jungen Septembermonds stand über den Stoppelfeldern. In den Scheunen klopfte der Viervierteltakt der Dreschflegel, als ticke überall im Lande die große Uhr der Jahreszeiten: der Herbst ist da, der Herbst ist da. Die Frühäpfel färbten sich schon gelb. Sie waren noch so sauer, daß sie, wie die Erwachsenen sagten, die Löcher in den Schuhsohlen zusammenziehen konnten. Trotzdem waren die Buben nicht davon abzuhalten, sich jedes Jahr wieder Leibschmerzen an den unreifen Äpfeln zu essen, obwohl die Birnen und Zwetschgen dicht daneben vollreif und triefend von süßem Saft ins Gras plumpsten.

Das sind auch die Tage, in denen am Rhein und in seinen Nebentälern die Weinlese beginnt, milde Tage der Reife nach der Glut des Sommers, verklärt von dem ersten Schatten der Abschiedsstimmung. Auch im Amtshaus war etwas von Abschied zu spüren, obwohl das Wort noch nicht ausgesprochen wurde.

„Wer wird nächstes Jahr die schönen Trauben von unserem Weinstock schneiden", sagte Onkel Emmo zu seinem Bruder Jacob. „Wer wird im nächsten Juni die erste halberblühte Knospe von meinen Zentifolien pflücken", sagte die Frau Rat zu den Tanten, und „Wie werden uns die Kinder fehlen", antworteten sie.

Wenn der Oktobermond so aussieht wie die dünne Sichel des Septembermonds da oben, dann gibt's Herbstferien, dachte Adolf; aber wie sehr er sonst die Ferien immer herbeiwünschte, in diesem Jahr hätte er gern darauf verzichtet, weil er dann mit seinem Hund den Elbbach hinaufwandern und den Mann suchen mußte, dem Aquarius von Rechts wegen gehörte. Denn dem Recht mußte Genüge geschehen, darüber brauchte kein Wort verloren zu werden im Hause des Richters. Zu Ostern war der Falke in die Freiheit geflogen, weil Janosch sagte, einen Raubvogel dürfe man nicht gefangenhalten; und als seine Zeit gekommen war, war auch der Janosch gegangen, ohne daß ihn einer hielt. Nun war der Aquarius an der Reihe, und das war schlimmer als alles vorher. Der Mond würde rund werden, wieder abnehmen und verschwinden. Wenn die Silbersichel zum andernmal heraufstieg, war die Zeit gekommen. Dann blieb nur noch der Silberling.

Der Amtmann war in letzter Zeit ein paarmal in Wiesbaden gewesen und hatte bei der Gelegenheit auch die Frau von Savigny besucht, die wieder um seine Beratung gebeten hatte. Solange er Beamter war, nahm er für diese freundschaftlichen Beratungen weder Bezahlung noch Geschenke von der Dame an. Jetzt aber schlug sie ihm vor, gegen ein festes Gehalt die Verwaltung ihres Vermögens zu übernehmen, da sie annahm, daß er nicht in preußische Dienste gehen würde.

„Das heißt, daß wir nach Wiesbaden ziehen müßten“, sagte Jacob Isbert am Abend zu Margarete.

„Und daß wir eine sehr willkommene Ergänzung deiner Pension bekämen“, erwiderte seine praktische Frau.

„Und sonst noch allerhand Annehmlichkeiten, wie sie eben nur eine große Stadt bietet: das Hoftheater, so heißt es, wird auch unter den Preußen vom König unterstützt werden. Wir können Schauspiel und Oper genießen, es gibt die guten Kurkonzerte mit Solisten aus allen Kulturländern. Das Kurhaus hat einen ausgezeichneten Lesesaal. Und was Gesellschaften und Bälle betrifft, können wir Paula weit mehr bieten als in dem ländlichen Limburg.“

„Ein Wink des Schicksals, Jacob. Aber wie mögen sich die Kinder in einer engen städtischen Mietwohnung zurechtfinden? Sie sind hier doch an fast unbegrenzte Freiheit in Hof und Garten, Fluß und Wäldern gewöhnt.“

„Wie viele von ihnen werden dann noch bei uns sein“,

sagte der Amtmann nachdenklich. „Paula, Adolf, Karlchen . . .“

Was August und Georg seit ihrer Freundschaft mit dem Leutnant von Quitzow planten, war den Eltern nicht verborgen geblieben, wenn auch noch nicht ausdrücklich darüber gesprochen worden war. „Und für Georg wäre die strenge preußische Zucht womöglich das allerbeste“, meinte die Mutter. „Zumal er ja dort immer auch unter den Augen von August sein wird.“ Sie seufzte ein wenig, aber den Gedanken, daß ihr Ältester Priester werden würde, hatte sie nun endgültig aufgegeben. Ein juristisches Studium war lange und teuer. In der Kadettenanstalt trug der Staat die Erziehungskosten, und schließlich war die Laufbahn eines preußischen Offiziers standesgemäß und aussichtsreich.

Ferdinand sollte nächste Ostern in das Internat der Jesuiten in Feldkirch kommen, das war beschlossene Sache. Sein Hang zum Vagabundieren war nach den langen Sommerferien üppiger als je ins Kraut geschossen. Wenn das Wetter gut war und die Wanderlust ihn ankam, dann brachte er es immer wieder einmal fertig, sich in der ersten Pause unbemerkt vom Schulhof zu drücken und glücklich und selbstvergessen ins Blaue hinein zu streunen. Auf alle Fragen der Eltern und Lehrer schwieg er, das dunkle, kleine Gesicht eher ratlos als trotzig. Was hätte er auch auf all die bohrenden Fragen der Erwachsenen antworten sollen, wenn er selber nicht wußte, was ihn trieb. Nur Karl erzählte er abends im Bett flüsternd von seinen Erlebnissen; von dem Ausschlupfen eines verspäteten Schmetterlings aus seiner Puppenhülle, das er, auf dem Bauch neben einer Hecke liegend, beobachtet hatte, so geduldig, wie er in der Schule ungeduldig war. Auch von Riesen und Zwergen berichtete er, am liebsten aber von seinem Kampf mit dem Drachen Fafnir, den er bestimmt eines Tages erlegen würde – bis jetzt sei er ihm immer wieder „durch die Lappen gegangen“, sagte Ferdinand. Es kam ihm dabei nicht so sehr auf den Nibelungenhort an, als darauf, daß er im Blut Fafnirs baden wollte, um eine Hornhaut zu bekommen wie einst Siegfried. Kein Pfeil und kein Speer konnte ihm dann etwas anhaben. „Und denk nur, wie nützlich so e hörnerne Haut fürs Hinnerteil wär, Karlche! Kein Stock un kein Teppichklopper tätste dann mehr spürn."

„Warum kannste nur die Schwänzerei nit lasse?" sagte Karlchen unglücklich, denn er litt fast mehr als Ferdinand, wenn der seine wohlverdienten Prügel bekam. „Un außerdem hawwese inzwische das Pulver un Blei erfunde, dagege nützt auch e Hornhaut nix."

Wenn die Mutter jetzt bei den Mahlzeiten den großen Familientisch übersah, froh über die Fülle des Lebens unter ihrem Dach, dann schien er vor ihren Augen zusammenzuschrumpfen. Drei von den Kindern nur noch in den Ferien zu Hause, „und was wird aus unseren Alten?" fragte sie ihren Mann, wenn sie allein waren.

„Vielleicht fängt Emmerich noch einen Buchladen in Wiesbaden an", meinte der Amtmann. „Wenn sich's um Bücher handelt, ist ihm allerhand zuzutrauen. Er hat in Wiesbaden, und übrigens auch in Frankfurt, ein paar gute alte Kunden. Und Adam, das weißt du ja, wird glücklich sein, wenn die Tanten zu ihm kommen."

„Aber alte Bäume soll man nicht verpflanzen."

„Sie sind ja in Montabaur aufgewachsen und waren beide schon nicht mehr jung, als sie zu mir ins Haus kamen. Die Familie wird sie wieder aufnehmen, als wären sie nie fortgewesen."

„Die Babett . . .?"

„Vielleicht entschließt sie sich doch noch, ins Altersheim zu gehen. Und wenn nicht, dann wird sich auch in einer Wiesbadener Wohnung ein Platz für sie finden. Um viele Jahre kann sich's doch nicht mehr handeln bei ihrem Alter."

Diesmal unterdrückte Frau Margarete tapfer einen Seufzer. Die wenigen Jahre konnten bei der Lebenszähigkeit der Babett gut ein Jahrzehnt werden. Und ein Zimmer mehr würde eine Stadtwohnung wesentlich verteuern.

Adolf saß jetzt fast jeden Abend noch ein Stündchen in Paulas Zimmer, immer von Aqua begleitet, dessen Kopf auf seinem Knie lag, unter der Hand, von der ihm immer nur Gutes geschehen war. Paula wußte, woran der Bruder dachte, und manchmal strich sie schnell über seine langgliedrige, rauhe Jungenhand, weil er mit Worten nicht getröstet sein wollte. Er sprach so wenig über seinen Kummer wie sie über den ihren. Eines Tages machte sie eine Entdeckung: „Adolf, deine Warzen sind weg!"

Er nickte. „Ich weiß", sagte er gleichgültig, obwohl er sich doch früher so über die häßlichen Dinger geärgert hatte; besonders solange die Ippelchen noch da waren. Auch die waren fort.

Alles war aus den Fugen und ins Wanken geraten in diesem Jahr. Nun würde nächste Ostern August mit Georg in diese verflixte Kadettenanstalt gehen; von nichts anderem redeten sie abends, wenn die Kleinen eingeschlafen waren. Konnte man das vielleicht anhören? Nein, da ging er lieber zu Paula, bei der er immer willkommen war mit seinem Hund. „Die Preuße brauche Nachwuchs für ihr Offizierskorps", erklärte er der Schwester. „Du hättst nur hörn solle, wie verlockend der Leutnant dem August alles geschildert hat. Auf die Kriegsakademie könnt er komme, so tüchtig un begabt wie der August wär. Das wär so gut wie ne Universität, un dem August sei Kenntnisse in Geschichte täte ihm da hoch angerechnet werde. Nur die Allerbeste komme auf d'Kriegsakademie, un von da vielleicht inne Generalstab . . ."

„Der August wird schon seinen Weg machen", sagte Paula. „Was er auch anfängt."

„Awwer der Schorsch, der Aff, macht natürlich mit, weil er von jeher alles mitmache muß, was der August macht. Un der paßt ins Kadettekorps wie die Kuh in de Kirchechor."

„Na, laß nur, dem tut die spartanische Zucht sicher gut. – Sag mal ganz ehrlich, Adolf, hättest du denn keine Lust, da auch mitzumachen?"

„Ich? Nit ums Verplatze!" rief Adolf mit plötzlich ausbrechender Heftigkeit. „Mit dem Schorsch zusamme wär ich doch immer nur 's fünfte Rad am Wage, un davon hab ich genug. Das wär üwwerhaupt nix für mich. Exerziern un strammsteh un preußisch hochdeutsch schwätze, un von früh bis spät nur tun, was befohle wird, genau dasselwe wie hunnert annere Buwe – nee, da käm ich mir vor wie innere Hammelherd. Der Schorsch natürlich, der denkt nur dran, daß er in drei oder vier Jahr Leutnant sei kann, un wie gut ihm da die Uniform steh wird, un da sollste erst emal seh, wie er da mit dene Mädcher scharwenzelt! Awwer warum sich der August auf sowas eiläßt, das versteh ich nit."

„Der August weiß, was er will, darauf kannst du dich verlassen. Un der bleibt auch zwischen hundert anderen Buben genau das, was er ist."

„Kann sein", sagte Adolf. „Ich wünscht, ich wüßt auch schon, was ich will."

Minnesänger konnte man ja in diesen dummen modernen Zeiten leider nicht mehr werden. Überhaupt, mit den ritterlichen Berufen war's aus, und wenn der August dachte, Offizier wäre noch das nächste zu einem ritterlichen Beruf, was es heutzutage gab, dann hieß es eben abwarten, ob er sich nicht täuschte. Nur daß August in jedem Beruf ritterlich geblieben wäre, dachte Adolf. Er war im vorigen Monat sechzehn geworden und Adolf dreizehn. Der älteste Bruder hatte auf Paula schon fast wie ein junger Mann gewirkt, als sie im Januar aus Nancy zurückkam. Inzwischen war seine Stimme tief und männlich geworden, meistens jedenfalls, manchmal kippte sie noch ein wenig um. Jetzt beobachtete Paula Adolfs Schatten, den das Kerzenlicht auf die weiße Wand malte. Sonderbar, wie da die wesentlichen Züge gleichsam nackt hervorkamen, von allem Detail befreit. Das war nicht mehr das runde Kindergesicht, das sie bei der Heimkehr begrüßt hatte. Die Struktur des Schädels war deutlicher geworden, man konnte schon erraten, wie er als Mann aussehen würde. Kein Kind mehr, dachte Paula erstaunt, ein junger Mensch, mit dem allerhand Wandlungen vorgegangen waren in diesen neun Monaten. Was hatte er nicht alles schon werden wollen, und was würde er wohl wirklich einmal werden? Sie liebte ihn sehr, diesen jungen Bruder, der auf der Suche nach sich selber war.

Ihr ging es ja nicht viel anders. Es kam ihr vor, als wäre sie in den letzten Wochen um ebenso viele Jahre gealtert, und immer noch auf dem Wege, immer noch lange nicht an einem Ziel. Wo war das junge Ding geblieben, das sich eingebildet hatte, der Eintritt ins Kloster wäre eine so einfache wie fromme Lösung für alle gegenwärtigen und zukünftigen Probleme? Konnte man denn aus der Wirklichkeit fliehen, weil sie einem nicht gefiel? Konnte man in einen Lebensabschnitt zurück, der endgültig vorüber war? Mère Céleste und Pfarrer Meinert hatten es gleich erkannt, aber jeder muß seine Erfahrungen selber machen. Sie hatte eingesehen, daß sie nicht zur Himmelsbraut auserwählt war, und seit sie sich selbst ein wenig besser kennengelernt hatte, wunderte sie das nicht. Aber warum hatte ihr Gott dann den Mann gezeigt, den sie lieben konnte, nur um ihn gleich wieder fortzunehmen aus ihrem Leben? Jeden Morgen beim Aufwachen, jeden Abend vor dem Einschlafen drückte sie das weiße Leinentuch an ihr Gesicht – es fing schon an, seinen Duft zu verlieren. Er ist fort! sagte sie sich immer wieder, und täglich war es wie ein neuer Schock, als widerführe es ihr jetzt und in diesem Augenblick: er ist fort, und ich werde ihn nie wiedersehen. Wüßte ich wenigstens, ob er selbst um seine Versetzung gebeten hat, weil er mich und sich nicht noch tiefer verstricken wollte. Oder war er abkommandiert worden mit der blinden Zufälligkeit militärischer Entscheidungen, für die menschliche Gefühle nicht existieren? An ihm zu zweifeln kam ihr nicht in den Sinn. Unmöglich, ihn für einen Don Juan zu halten, oder gar für einen homme fatale, wie Ottilie und Melanie, Caroline und Lottchen mit merkwürdig flackernden Augen Konrad Overberg nannten.

Was sie überhaupt über den alles zu reden hatten! Daß er in jeder Saison einem anderen jungen Mädchen Hoffnungen erweckte, nur um dann plötzlich auf eine große Reise zu verschwinden, hatte sie ja schon mehr als einmal gehört. „Und es heißt, auf seinen Reisen habe er noch viel aufregendere Abenteuer!" flüsterte Lottchen. *Hoffnungen erwecken* war eine der häufig wiederkehrenden Redensarten im Kränzchen. Paula hatte es nie vertragen können, wenn jemand angegriffen wurde, der sich nicht verteidigen konnte. „Seine Abenteuer in fremden Ländern werden sich wohl hauptsächlich in Bibliotheken und Museen und im Hochgebirge abgespielt haben", sagte sie, tapfer ihre Schüchternheit überwindend. „Er interessiert sich für Bücher und Kunst, und er soll ein guter Bergsteiger sein, sagt mein Onkel Emmo, der ihn sehr genau kennt."

„Soso!" sagte Melanie, aber Paula war nun einmal in Fahrt geraten. „Ich finde es albern, sich wegen ein bißchen Kurmacherei gleich in einen netten älteren Herrn zu verlieben, der ein ausgezeichneter Tänzer ist und deswegen noch lange nicht daran zu denken braucht, sich zu binden. Das könnte doch allmählich jede wissen. Warum fallen sie dann immer wieder darauf herein?"

„Warum? Warum?" echoten die vier jungen Damen und schlugen die Augen zur Decke über so viel Einfalt.

„Einen älteren Herrn nennt sie ihn, habt ihr's gehört?" kicherte Lottchen, und: „warum? fragst du, Schäfchen! Sehr einfach, weil ihm keine widerstehen kann, wenn er's darauf anlegt."

Ottilie, die Älteste des Kreises, belehrte sie: „Er ist eben, was man einen *homme fatal* nennt. Hand aufs Herz und ganz unter uns: im Grunde finden wir ihn doch alle hinreißend." Aber nun war Paula schon wieder bei Friedrich Quitzow mit ihren Gedanken.

Ein wahres Glück, daß ihr tagsüber wenig Zeit zum Grübeln blieb. Sie mußte ihrer Arbeit in Haus und Küche und Garten nachgehen; sie war dabei noch ein wenig stiller geworden, aber sie war dankbar für den festen Halt dieses so genau geregelten Tageslaufs mit allen seinen Pflichten. Immer häufiger fand sich daher ein halbes Stündchen Zeit, der Babett zuzuhören oder sich von Tante Stina ein Kapitel aus ihrem neusten Roman vorlesen zu lassen. Vor allem aber, um dem Papa beim Schreiben zu helfen, ohne erst um Erlaubnis fragen zu müssen; oder bei Onkel Emmo ein paar Kunstmappen anzusehen und sich mit ihm über ihre eigene Lektüre zu unterhalten.

Noch hatten die Eltern nicht mit den Kindern über die bevorstehende Veränderung gesprochen, aber ab und zu fiel doch ein Wort, aus dem sich allerhand entnehmen ließ. Die Babett, immer zu dunklen Orakelsprüchen geneigt, brummelte: „Alles hat en End, Mädche. En alt Mensch gehört ins Altersheim, wie en alter Hut in die Rumpelkammer. Un ich wär so gern bei meim Herr Amtmann gestorwe."

„Sprich nicht vom Sterben", sagte Paula. „Du willst doch deinen Neunzigsten noch feiern."

„So Gott will un mir lewe noch", sagte die Babett, aber die Aussicht auf das große Fest belebte sie doch sichtlich. „En Gänsebrate!" sagte sie, „en rechte fette Gänsebrate soll's zu meim Jubiläumstag gewe, mit Kartoffelklöß, un wenn mir die Buwe die Trepp enaufhelfe, kann ich mit owe esse. Vielleicht kommt mir der Herr Bischof selwer gratuliern? Un der Herr Bürgermeister. Un sorg mir ja dafür, daß einer vom Blättche kommt, denn ich will alles gedruckt seh, was ich erlebt hab."

Paula versprach, den Redakteur des „Lahnboten" rechtzeitig von dem großen Ereignis zu benachrichtigen. Dann mußte sie den Tanten ihren Tee bringen und zum Schluß das Teetablett für Onkel Emmo richten, denn bei dem hielt sie sich immer gern ein wenig länger auf. Manchmal fand sie den Vater da, und es gab eine gemütliche Unterhaltung über irgend etwas, wobei sie gern zuhörte. Sie hatte sich angewöhnt, immer gleich drei Gedecke mitzubringen, eins für den Onkel, eins für etwaigen Besuch irgendeines alten Bücherwurms; eins für sich selber, denn auch wenn niemand sonst da war, und erst recht dann, hatte der Onkel gern ihre Gesellschaft zur Teestunde. Immer seltener waren es in letzter Zeit alte Bücherwürmer, die sie bei Onkel Emmo vorfand, und immer häufiger der junge Overberg. Sie hatte sich daran gewöhnt, ihn den „jungen" zu nennen, weil ihn zur Unterscheidung von seinem Vater jeder so nannte. Für sie war und blieb er der väterlich besorgte ältere Herr, der ihr in der Postkutsche die Hälfte seiner warmen Pelzdecke über die Knie gelegt hatte. Wenn er für andere Mädchen ein *homme fatale* war, dann hatten sie es sich nur selber zuzuschreiben.

Die Gespräche in Onkel Emmos Zimmer drehten sich fast ausschließlich um Bücher. Einmal las der Onkel etwas aus der Odyssee in griechisch vor, denn er und der Papa hatten offenbar die Voss'sche Übersetzung Homers ins Deutsche besprochen. Es klang wie Musik, auch wenn man kein Wort verstand, und Paula bedauerte, wie schon oft, daß es für Mädchen die großartige Geistesschule der humanistischen Erziehung nicht gab. Wenn Overberg da war, dann las Onkel Emmo nicht selbst vor, sondern er forderte seinen jungen Freund dazu auf. Und da hörte Paula denn Verse von Goethe, von Schiller, von den Romantikern, die sie zum Teil schon selbst gelesen hatte und die doch nun beim lauten Lesen ein neues, warmes Leben bekamen. Overberg hatte eine dunkle Stimme – wie ein Cello, dachte Paula. Eines Tages las er gerade ihr Lieblingsgedicht, als sie mit dem Teetablett hereinkam: *An den Mond* von Goethe. Sie blieb an der Tür stehen und winkte Overberg zu, fortzufahren und nicht höflich aufzuspringen, wie er es sonst getan hätte. Ein Dichter dürfe nicht unterbrochen werden, fand sie, wer auch immer ins Zimmer kam. Sie stand ganz still und ließ die Verse über sich hinströmen:

Fließe, fließe, lieber Fluß!
Nimmer werd ich froh.
So verrauschte Scherz und Kuß
und die Treue so.

Die Worte, die sie schon immer bewegt hatten, trafen sie jetzt mitten ins Herz.

Ich besaß es doch einmal,
was so köstlich ist.
Daß man doch zu seiner Qual
nimmer es vergißt.

Als sie endlich das Tablett hinstellte, klirrten die Tassen leise, und sie war froh, daß sie einen Grund hatte, ihre Augen auf den Teetisch gesenkt zu halten. Denn was sie jetzt empfunden hatte, war nicht mehr das sanfte Licht des Mondes über Busch und Tal, es war ein Aufschrei der Verzweiflung über die Vergänglichkeit der Liebe.

Overberg war dann aufgestanden und hatte sich stumm vor ihr verbeugt. Sie tranken zu dreien still ihren Tee, dann zündeten sich die beidenHerren ihre Pfeifen an, und schließlich sagte Onkel Emmo: „Denk dir, Kind, Herr Overberg senior läßt mich fragen,ob ich nicht Bibliothekar bei ihm werden will."

„Mein Vater war immer ein leidenschaftlicher, aber nie ein systematischer Büchersammler", sagte Konrad Overberg. „Und was mich betrifft, so habe ich erst in den letzten Jahren von Ihrem Herrn Onkel gelernt, wie eine Bibliothek aussehen und wie sie geordnet und ergänzt werden müßte.

Nun finden Vater und ich, daß es Zeit wird, zunächst einmal einen Katalog herzustellen."

„Ich bin Ihnen dankbar für das Vertrauen, das Sie in mich setzen", sagte Emmo Isbert. „Und Sie können sich darauf verlassen, daß ich mir Ihr Angebot gründlich überlegen werde."

„Und was wird aus uns?" fragte Paula. „Sie locken uns unseren Onkel fort und fragen nicht danach, wer Georg und Ferdinand jedes Jahr in der Vorosterzeit Nachhilfestunden gibt und sich um meine lückenhafte Bildung kümmert!"

„Sie können Ihren Onkel doch jederzeit in Bad Ems besuchen", sagte Overberg. „Übrigens habe ich noch eine Einladung zu überbringen. Samstag in acht Tagen wollen wir in unserem alten Haus *Rheingold* in Aßmannshausen mit ein paar Freunden den Beginn der Weinlese feiern. Wir treffen uns alle in Ems, nehmen die Bahn nach Ehrenbreitstein, und von dort wird uns ein gecharterter Dampfer den Rhein hinaufbringen. In Aßmannshausen angekommen, werden die älteren Herrschaften geruhsam auf der Rheinterrasse Kaffee trinken, nachdem sie sich im Haus erfrischt haben. Die Jugend geht sicher lieber für eine oder zwei Stunden mit in den Weinberg hinauf, danach findet eine Führung durch die Keller statt. Und nach dem Abendessen gehen wir alle in die *Krone* hinüber, wo um diese Zeit des Jahres jeden Abend getanzt wird. Der junge Hufnagel, der mit mir in die Schule gegangen ist, wird die besten Tische für uns reservieren. Zum Übernachten ist im Haus *Rheingold* Platz für alle, wenn die jungen Herren etwas zusammenrücken. Am Sonntag nach dem Frühstück bringt uns der Dampfer wieder zurück, und unterwegs können wir alle in der Wallfahrtskirche von Bornhofen das Hochamt hören. – Einverstanden mit dem Programm, Fräulein Paula?"

„Es klingt großartig, nicht, Onkel Emmo?" sagte Paula. „Aber was werden die Eltern dazu sagen?"

„Ihre Genehmigung ist schon eingeholt. – Darf ich daran erinnern, daß Sie mir noch eine Quadrille schulden?“

„Ich hab's nicht vergessen“, sagte sie mit der Unbefangenheit, die noch nichts von den Finessen der großen Welt wußte. „Die erste, Herr Overberg?“

Sie tanzt gern mit mir, weil ich ein guter Tänzer bin, und das ist alles, mein guter Konrad, sagte sich Overberg mit einem Schuß Selbstironie. Übrigens hatte sie ihm im vorigen Winter ja angedeutet, daß sie ins Kloster gehen wollte. Ob sie das immer noch vorhatte? Es schien ihm nicht recht zu der Veränderung zu stimmen, die mit ihr vorgegangen war.

„Da fällt mir ein, daß es auf einem Winzerball keine Quadrille gibt“, sagte er. „Am Rhein geht es zur Zeit der Weinlese volkstümlich zu: Rheinländer, Schottisch und Walzer. Mit der Quadrille müssen wir bis zum Winter warten. Wie viele Walzer wollen sie mir statt dessen bewilligen?“

„Rechnen Sie sich das nur selber aus, Herr Overberg. Wir werden uns dann schon einigen.“

Sie fing an, das Teegeschirr wegzuräumen, und er stand auf, um ihr das Tablett abzunehmen. Sie wehrte ab. „Nein, danke, es ist nicht schwer. Bleiben Sie nur bei Onkel Emmo. Bis später, Onkelchen. Au revoir, monsieur.“

Er hielt ihr die Tür auf und schloß sie wieder hinter ihr. Dann klopfte er seine Pfeife aus, sah auf die Uhr und fand, daß es Zeit zum Aufbruch für ihn sei. „Der alte Herr wartet nicht gern mit dem Abendessen. Und abgesehen davon hat uns die Nikodema streng zur Pünktlichkeit erzogen in ihrer mehr als zwanzigjährigen Regierungszeit.“ Sie lachten beide; die Strenge, aber auch die unverbrüchliche Treue der Overbergschen Haushälterin war im ganzen Ländchen bekannt. Konrad verabschiedete sich und machte sich auf den Weg ins Domhotel, wo er sein Pferd abzustellen pflegte, wenn er in der Stadt war.

Als er über den Hof des Amtshauses kam, schirrte Adolf gerade den Silberling ab, mit dem sein Vater unterwegs gewesen war. Overberg blieb stehen und sah ein paar Minuten wohlgefällig zu, wie der Junge mit dem Pferd umging. Er konnte schwer an einem Pferd vorbeigehen, ohne es auf die Kruppe zu klopfen und ein paar freundliche Worte zu ihm zu sagen. „Guten Tag, Adolf, guten Tag, Silberling."

„Tag, Herr Overberg", sagte Adolf, jederzeit zu einem Pferdegespräch aufgelegt. „Ich wollt Sie schon immer mal frage, was das für en Hengst is, den Sie reite?"

„Ein englischer Hunter, Adolf. Eastermoon heißt er. Die Hunter werden aus Norfolkstuten von Vollbluthengsten gezogen. Gefällt er dir? Ich erwarte im November ein Fohlen von ihm aus meiner kleinen Araberstute Suleika."

„Donner und Doria!" strahlte Adolf. „Ein Fohlen von einer Araberstute! Das is doch der Schimmel mit dem kleine Kopp un dem lange Schweif, gell? Un Ihre Kutschgäul?"

„Ungarische Jucker. – Dein Onkel Emmo hat mir erzählt, daß du schon ein tüchtiger Reiter bist. Daß du auch ein guter Pferdepfleger bist, seh' ich selbst. Wenn du mit zu unserm Fest kommst, zeig' ich dir unseren Stall, ja?"

„Was für'n Fest?"

„Den Anfang der Frühlese in Aßmannshausen. Du bist eingeladen, weil du jetzt schon zu den Großen gehörst. Die beiden alten Damen haben beschlossen, zu Hause zu bleiben und eure zwei Jüngsten zu hüten."

„Danke, Herr Overberg. Aber ich kann bloß komme, wenn ich den Aqua mitbringe darf."

Aqua hatte seinen Namen gehört und kam aus dem Hühnerstall, dessen Tür irgend jemand offengelassen hatte. Adolf sah ihn scharf an; entweder war er unschuldig, oder er hatte sich die Schnauze so gut abgeleckt, daß kein Indizienbeweis mehr konstruiert werden konnte.

„Tag, Aquarius, du Wassermann, der nicht ins Wasser geht“, sagte Overberg. „Wirst du denn auf ein Schiff gehen, alter Bursche?“

„Auf ’n Schiff schon“, sagte Adolf und fuhr mit der Hand in Aquas Fell. „In unsern Kahn geht er nit, awwer ich glaub, gege en richtige Dampfer hat er nix, wenn ich mitgeh, gell, Aqua?“ Aqua wedelte bestätigend mit der langen Rute. Adolf fiel noch etwas ein. „Wenn Sie finde, daß ich en guter Pferdepfleger bin, Herr Overberg, dann stelle se doch Ihrn Hengst in Zukunft bei mir ei statt im Domhotel. Ich tät prima für’n sorge, un es tät Sie kein Kreuzer koste.“ Awwer wenn er mich zum Dank mal auf’m reite läßt, hätt ich nix dagege, dachte er bei sich.

„Ein verlockendes Angebot“, lachte Overberg. „Wenn dein Papa einverstanden ist, kommt der Eastermoon von jetzt an in den Amtshausstall.“

Fräulein Nikodemus, die Haushälterin der Overbergs, war schon zwei Tage vorher mit dem Wagen nach Aßmannshausen gefahren, um mit Hilfe des Kutschers und zweier Mädchen aus dem Dorf das Haus zu lüften und alles für das Fest in Ordnung zu bringen.

„Hier owe riecht’s wie innere Gruft“, sagte Frau Schickel, die Frau des Verwalters, die mit ihrem Mann im Parterre hinter den Büros der Firma und neben dem eichengetäfelten Probierzimmer wohnte. Hier hielt sie auch immer ein Zimmer für den jungen Herrn bereit, der fast jede Woche einmal von Ems herüberkam, um nach dem Rechten zu sehen und bei den Weinproben den Gastgeber zu machen. Da drunten, wo Küfer und Kellermeister, Kunden und Lieferanten der Firma aus- und eingingen, war Leben; hier oben, in den ehemaligen Räumen der Familie, war Tod und Vergangenheit. „Wie innere Gruft“, wiederholte Frau Schickel. „Schad um die schö Villa!“

Aber die Nikodema hatte weder Zeit noch Lust, sich mit

Frau Schickel über die Gründe zu unterhalten, deretwegen dieses Haus seit über zwanzig Jahren nicht mehr von den beiden Overbergs, Vater und Sohn, bewohnt wurde. Sie war damals als junges Ding ins Haus gekommen, aus Hamburg ins Rheinland verschlagen; und sie war heute noch da, Stab und Stütze ihrer beiden Herren, die sie bemutterte und tyrannisierte. Nun wurde zum erstenmal seit vielen Jahren wieder ein Fest gefeiert im Haus *Rheingold*. Die Weinlese war zum Vorwand genommen worden; sie allein wußte, daß es der dreißigste Geburtstag von Konrad war, der begangen wurde. Der alte Herr logierte aber auch diesmal im Hotel *Zur Krone,* wie er es jedesmal tat, wenn er nach Aßmannshausen kam.

„Un wie wollese all die Leut unnerbringe?" fragte Frau Schickel, während die Mädchen überall die Leinenbezüge von den Möbeln nahmen. „Da machen Sie sich man keine Sorge um", antwortete die Nikodema, auch nach so vielen Jahren immer noch Hamburgerin und nicht angesteckt von dem gemütlich rheinisch-nassauischen Dialekt. „Heut sind's nur achtzehn, und früher hatten wir oft zwanzig Wochenendgäste. Das Zimmer für Herrn Konrad haben Sie ja wohl bereit. Der Herr Emmerich Isbert schläft mit dem alten Herrn in der *Krone,* da sie allerhand zu besprechen haben. Der Herr Amtmann und die Frau Gemahlin kommen ins Südzimmer, gleich daneben ins rote Kabinett das Fräulein Paula. Ins weiße Zimmer eine von den jungen Damen, zwei ins grüne und noch eine ins chinesische, macht fünf. Zwei von den älteren Ehepaaren ins Ost- und zwei ins Südostzimmer. Die jungen Herren in den Oberstock. Alles Organisation, meine Liebe."

„Is denn ei bei dene fünf Mädcher, bei der's so aussieht, als ob unsern Herr Konrad . . ."

„Das geht mich nichts an, Frau Schickel, und Sie geht es auch nichts an. Aber wenn es Sie beruhigt, kann ich Ihnen verraten, daß die fünf Schachteln Pralinen vom Hofkonditor

Schilling aus Wiesbaden, die ich in die Zimmer der jungen Damen stellen soll, eine wie die andere aussehen. – Nun rührt euch, ihr Mädchen. Bringt mir die Federbetten auf den Rasen. Von den Kronleuchtern im Eßzimmer und Salon müssen die Tüllbeutel abgenommen, und das Silber muß geputzt werden. Die Blumen arrangier' ich später selbst. Jetzt muß ich in die Küche. Wenn ihr hier oben fertig seid, kommt mir bei der Backerei helfen. Und Er, Johann, sorge bitte dafür, daß der Herd ordentlich brennt und genug Holz bereitliegt."

Als am Samstag nachmittag der Dampfer an der Brücke im Dorf anlegte, begrüßte die Nikodema die Gäste im schwarzen Kleid mit weißer Halskrause, würdig wie die Chateleine von einem der alten Schlösser an den Ufern des Stromes, und geleitete sie dann ins Haus und ihre Zimmer, wo sie sich erfrischen konnten. Die Jugend, die keine Erfrischung nötig hatte, stieg gleich unter der Führung von Konrad Overberg in den Weinberg hinauf. Die älteren Herrschaften fanden sich etwas später auf der Terrasse am Rhein unter dem Schattendach verschnittener Platanen zu Kaffee und Kuchen zusammen.

Im Wingert, den man auf schmalen Steigen durch den Park und dann den steileren Schieferhang hinauf erreichte, ging es lebhaft zu. Die Mädchen in ihren weißen Blusen und bunten Kopftüchern, die Burschen in grünen Kitteln waren schon seit den Morgenstunden an der Arbeit, und um Mittag hatte die Sonne noch heiß gebrannt. Aber noch immer flogen Neckereien, Gelächter und Gesang hin und her, noch immer wurden fleißig Trauben in die Körbe der Mädchen gesammelt und von den Männern in Zinkwannen auf dem Rücken den Hang hinuntergetragen. Auf dem Fahrweg warteten Ochsengespanne, um in großen Bottichen die Trauben zur Presse zu bringen.

Die Gäste beteiligten sich eine Weile an der Lese, steckten aber mehr Trauben in den Mund als in die Wännchen, die man ihnen, mehr scherzeshalber, gegeben hatte. Konrad Overberg mußte unzählige Fragen der unwissenden Stadtleute beantworten, zum unverhohlenen Vergnügen der Winzer und Winzerinnen. August stieg mit der Schwester noch höher die Berglehne hinauf zu einer Stelle, wo man weit den Lauf des stolzen Stromes und seiner Ufer überblicken konnte. Gegenüber das Städtchen Bacharach, dahinter die Wälder des Hunsrück; Burgen auf steilen Felsen über dem Fluß, grau von Alter, von efeubewachsenen Türmen bewacht; herbstlich gelbe Wiesen, Gold der Obstgärten, Braun eines umgepflügten Ackers, Rostrot der Laubwälder.

Adolf war nicht mit in den Weinberg gegangen, ihm war es wichtiger, die Burg Rheinstein zu besuchen – ein Ritter ohne Roß und Falken, nur von Aqua begleitet; ein Minnesänger ohne Laute auf dem Weg zu der Burg, wo schöne Damen und große Herren seinen Liedern lauschen würden.

Overberg hatte inzwischen seine Gäste auf einem Waldweg wieder in den Park und von dort in die Keller geführt, die sich wie eine unterirdische Stadt tief in den gewachsenen Fels des Hanges hineinzogen; Straßen, gesäumt von schweren Eichenfässern oder von Regalen mit Tausenden von Flaschen; Katakomben des Weins. Man hätte sich verlaufen können in diesen Gewölben, wäre nicht ein Kaliban von Kellermeister in großem Lederschurz mit einer Bergwerkslaterne vorausgegangen und hätte nicht Overberg darauf geachtet, daß sich keiner von seiner kleinen Herde in einer Seitengasse verlor. Ganz weit hinten, in einer Art Grotte, tropfte Wasser aus dem Mund eines großen Fisches in ein Steinbecken; darüber war das Wappen des Hauses Overberg in den Stein geschnitten: ein Weinstock mit drei Trauben unter dem Kreuz und dem Gründungsjahr der Firma 1752. Kaliban beleuchtete es mit seiner Laterne: Kreuz und Fisch und Weinstock, die uralten Symbole des Glaubens, es reimte sich alles wie in einem frommen Lied.

Sie stiegen wieder ans Tageslicht hinauf und sahen noch die Traubenraspel, deren hölzerne, geriefelte Walzen die Weinbeeren gelinde pressen, ohne Stiele und Kerne zu zerquetschen. „Die allerbesten Sorten der Spätlesen werden vorher abgebeert“, sagte Konrad. „Der ohne jeden Druck aus den zerrissenen Trauben abfließende Most gibt unsere edelsten Weine. – Jetzt aber, meine Damen und Herrn, wird es Zeit, daß wir uns zum Abendessen umziehen.“

In Paulas Zimmer stand eine Glasschale mit zwölf gelben Rosen auf dem Tischchen neben dem üppig geschweiften Bett, über dem sich ein Baldachin aus rotem Brokat wölbte. An die schlichte Anmut der Biedermeiermöbel in ihrem Elternhaus gewöhnt, sah sie sich plötzlich von der verspielten, anspruchsvollen Kostbarkeit des Rokoko umgeben. Weiß und golden hoben sich zwei graziöse Sessel vom Rot der Wände; weiß und golden auch die verschnörkelte Lackkommode, in zärtlichen Pastellfarben bemalt. Die Stiche an den Wänden, schaukelnde Damen in Reifröcken und Puderperücken, waren aus dem Jahrhundert, über dem schon der Schatten der Guillotine heraufzog. An der Decke schwebten Putten mit Kränzen von Früchten und Blumen, und auf dem großen Paravant in der Ecke war eine Schäferszene, wie von Watteau oder Lancret gemalt; Paula hatte ähnliche in Onkel Emmerichs Mappen gesehen. Als sie hinter den Paravant guckte, fand sie dort eine zinnerne Sitzbadewanne mit heißem Wasser gefüllt, daneben eine Kanne mit kaltem Wasser, und in einem geblumten Porzellanschälchen ein Stück duftende französische Seife. Es fiel ihr ein, daß ja Samstagabend war, an dem jeder saubere Mensch ein Bad nahm. Das zierlich verschnörkelte Wännchen sah reizend und verlockend aus. Welch ein Gegensatz zu den derben Holzzubern zu Hause und im Kloster! Sie zog sich schnell aus und stieg ins Wasser. In Nancy waren ihnen immer lange, weite Kattunhemden neben die Badewanne gelegt worden. Bei ihrem ersten Bad hatte sie das Hemd nicht benutzt und war später von der Waschhausschwester, die auch die Badestube betreute, zur Rede gestellt worden. Sie habe doch nicht etwa ... nackt gebadet? Doch, das hatte sie. Aber um die Gefühle der Schwester zu schonen, hatte sie in Zukunft stets das keusche Hemd in der Wanne naß gemacht und zum Trocknen an dem dafür bestimmten Gestell aufgehängt. Es war zu schwierig, sich in dem langen Mäntelchen richtig zu waschen.

Nach dem Bad zog Paula das frische Leinenhemd mit den gestickten Börtchen an, darüber das Schnürleibchen (die Taille eines jungen Mädchens muß man mit zwei Händen umfassen können, hatten die Tanten beim Anprobieren des grünen Kleides gesagt, und gottlob, darin wenigstens entsprach Paula ganz ihren Ansprüchen), die knöchellange Batisthose mit den gehäkelten Borten, den Unterrock aus Schweizer Piqué – so stand sie vor dem Spiegel und frisierte sich. Zusammen mit ihrem Gesicht stand das Bildnis einer wunderschönen Frau in dem geschliffenen Glas. Es hing an der gegenüberliegenden Wand, das Porträt einer jungen Frau in großer Balltoilette. In einem plötzlichen Einfall versuchte Paula, ihre Frisur der auf dem Bild anzugleichen. Einen Teil ihrer dunklen Haare steckte sie als Flechtenkrone über dem Scheitel auf, den Rest ließ sie in einem tiefen Chignon in den Nacken fallen. Zuletzt zog sie den mit Roßhaar verstärkten Unterrock, die Krinoline, an und darüber das neue grüne Kleid. Den Stoff hatte sie diesmal selbst ausgesucht, als Isidor nach der Frankfurter Ostermesse mit seinem Ballen ins Amtshaus gekommen war und eine Rolle von zartgrünem Linon vor den Damen des Hauses ausgebreitet hatte. Es sollte als Geburtstagsgeschenk für Paula weggelegt werden, und ihr Geburtstag war erst im November. Aber als die Einladung nach Aßmannshausen kam, war beschlossen worden, das Festkleid für nächsten Winter schon jetzt zu nähen.

„Grün!“ hatten die Tanten einstimmig protestiert. „Unmöglich.“ „Grün zu dem blassen Teint meiner Tochter? Was fällt Ihm ein, Isidor?“ hatte die Mama gesagt. Aber „Grün! Ja, bitte, dieses Grün!“ hatte Paula gebeten. Sogar die Babett, die sonst so gern für Paula Partei ergriff, hatte behauptet, in dieser Farbe würde sie „wie ein Käs“ aussehen.

Aber Isidor bestand darauf, „Apfelgrün“ sei die allerneuste Farbe, und schnell legte er zu dem duftigen Linon für den Rock ein Stück köstlich weiche Seide von etwas dunklerem Yadegrün für die Taille. „Nit wie en Käs, mit Verlaub zu sage“, hatte er beteuert, „wie en Prinzeßche wird das Demoisellche Paulinche dadrin aussehe.“

„Bitte, Mama! Bitte nichts anderes!“ Gegen die geschlossene Phalanx von vier Frauen hatte sie ihren Willen durchgesetzt. Und nun bauschte sich der weite apfelgrüne Rock über ihrer Krinoline. Die dunklere Taille war eng anschließend gearbeitet, mit kleinen Puffärmeln, aber zum Glück nicht so weit ausgeschnitten wie die der schönen Dame auf dem Bild. Ob es die Frau war, um die Konrad Overbergs Vater seit über zwanzig Jahren trauerte? Sie empfand plötzlich eine zärtliche Dankbarkeit für den Papa, der nach langer Trauer doch wieder dem Leben sein Recht zugestanden hatte. Sonst wären wir alle nicht da, dachte sie.

Nebenan, bei den Eltern, hörte man Wassergeplätscher und die Geräusche des Anziehens. Sie klopfte an der Verbindungstür, öffnete sie einen Spalt und reichte der Mama die große Bonbonniere hinein, die sie neben den Rosen gefunden hatte. „Die nehmen wir den Tanten, der Babett und den zwei Kleinen mit“, sagte sie, „weil sie zu Hause bleiben mußten.“ Als sie die Tür zu den Eltern wieder geschlossen hatte, klopfte es auch an ihre Tür. Die Nikodema kam herein und fragte, ob sie dem Fräulein beim Anziehen behilflich sein könne, und als Paula erwiderte, sie sei schon fertig und an Hilfe nicht gewöhnt, sagte die Haushälterin: „Warten Sie, demoiselle!", nahm zwei der gelben Rosen aus der Vase, beschnitt die langen Stiele und befestigte die eine in Paulas Haar, die andere an ihrem Dekolleté. „Heut frisch mit Extrapost aus Wiesbaden gekommen", sagte sie. „So! Und nun schauen Sie noch einmal in den Spiegel."

Sonderbar, was zwei Rosen ausmachen können, mußte Paula zugeben, als sie sich im Spiegel betrachtete. Sie sahen aus, als wären sie von einem raffinierten Modeschöpfer zu dem mattgrünen Kleid entworfen worden, das plötzlich etwas von großer Welt bekommen hatte. Die Rosen waren noch schöner als die kalten Edelsteine auf dem Bild.

Als Paula auf den Flur kam, standen da schon die Freundinnen in ihren Abendkleidern. „Die Bonbonnieren!" flüsterte Lottchen aufgeregt. „Von Schilling in Wiesbaden. Habt Ihr so was schon erlebt?"

Caroline betupfte mit den behandschuhten Fingern die blaßrosa Nelken an ihrem blauen Kleid. „... und die Blumen, Kinder", strahlte sie, überwältigt von so viel Luxus.

Zu Melanies weißem Tüllkleid paßten die Nelken von etwas stärkerem Rosa. „Und wo bleibt Ottilie?" fragte Lotte. „Ah, da ist sie! Sieh sie dir an, Paula!"

Und nun Getuschel hinter vorgehaltenen Fächern. „Die Toilette ist vom Salon Odenheimer in Frankfurt." Das war freilich etwas anderes als die im Haus oder bei der Limburger Schneiderin genähten Kleider der Freundinnen: Kaskaden von rosa Tüll über weißer Seide, kunstvoll gerafft; die Taille ganz mit Pailletten bestickt, dazu ein paar dunkelrote Rosen am Ausschnitt.

„Man muß etwas investieren", hatte Ottiliens Mama gesagt, als sie mit einem leisen Seufzer die Odenheimersche Rechnung bezahlte. Ottilie war schon einundzwanzig und noch nicht verlobt. Und sie ist doch schön, dachte Paula: eine Milch- und Rosenhaut, haselnußbraune Augen und dunkelblonde Locken, die über anmutig gerundete Schultern herabfielen. Überhaupt war alles so hübsch gerundet an ihr, ganz wie es dem Idealbild der Tanten von einem jungen Mädchen entsprach.

Paula in ihrem grünen Kleid mit den gelben Rosen ging als letzte der Mädchen die geschwungene Treppe hinunter. Unten wartete schon Pedro, der älteste der Trombettasöhne, auf sie, der sie zu Tisch führen sollte. „Donnerwetter!" rief er, „was aus einem schlaksigen Ziegenlämmchen alles werden kann! Ein Wesen mit betörenden Augen und dem Teint einer Perle."

„Ziegenlämmchen ist ein starkes Stück", sagte Paula. „Und seit wann haben Perlen einen Teint?" Sie kannten einander seit vielen Jahren, hatten sich aber nach Paulas Rückkehr aus Nancy nur ein paarmal gesehen, als er in den Universitätsferien bei seiner Familie in Limburg war. Einst hatte er sie an den Zöpfen gezogen und sich über ihre Streichholzarme und Storchenbeine lustig gemacht. Dafür hatte sie ihm einmal seine römische Nase blutig gekratzt, und er mußte sie mit einer Tüte klebriger Bonbons wieder versöhnen.

Jetzt verbeugte er sich tief, reichte ihr den Arm mit den geschniegelten Manieren eines Bonner Korpsstudenten, und belustigt von so viel Zeremoniell, betraten sie zusammen den Speisesaal. Der war im Empirestil eingerichtet, steif-pompös, wie es der napoleonischen Zeit entsprach. Bei Tisch saß Paula zur Linken von Konrad Overberg, dessen Tischdame Ottilie war, die strahlend ihrer ebenfalls strahlenden Mutter am anderen Ende der langen Tafel zunickte. Was anderes als eine standesgemäße Heirat kam denn für ein junges Mädchen aus guter Familie in Betracht? – Sie konnte vielleicht Gesellschafterin bei einer launischen älteren Dame werden, oder Gouvernante bei den Kindern anderer Leute, oder als Tante in der eigenen Familie einspringen, wo und sooft es nötig war. Point-de-lace-Spitzen machen, mühsame und überflüssige Stickereien . . . Ich aber, dachte Paula, will etwas Vernünftiges tun, wenn ich schon nicht den Mann haben kann, den ich liebe! Sobald die Brüder auf der Kadettenanstalt sind, bitte ich den Papa, daß er mich zu den Ursulinen in Geisenheim oder den Englischen Fräulein in Wiesbaden aufs Seminar gehen und mein Lehrerinnen-Examen machen läßt.

Konrad unterbrach ihre Gedanken. „Wie viele Walzer, Fräulein Paula?" fragte er und hob sein Weinglas. Sie stieß mit ihm an. „Ich dachte, Sie wollten das ausrechnen?"

„Alle", sagte er. Paula merkte, wie Melanie und Caroline einen Blick wechselten. Ihr Kopf auf dem schlanken Hals senkte sich, und Overberg sah das leichte Rot in ihrem blassen Gesicht aufsteigen und wieder vergehen. „Den ersten müssen Sie jedenfalls mit Ihrer Tischdame tanzen", sagte sie leise. „Und ich mit Pedro."

„Natürlich", flüsterte er zurück. „Sie brauchen nicht so streng mit mir zu sein. Auch nach dem ersten erhebe ich nur ganz bescheiden Anspruch auf alle folgenden Walzer. Die Polkas und Rheinländer und Mazurkas bleiben zu Ihrer freien Verfügung."

In der *Krone* war der Winzerball schon in vollem Gange, als die Overbergs mit ihren Gästen hinüberkamen. Auf der rebenbewachsenen Terrasse standen weißgedeckte Tische um die mit glatten Steinplatten belegte Tanzfläche. Rote, gelbe und blaue Lampions hingen im gilbenden Weinlaub. Auf dem Strom zog ein Dampfer dahin; Musik und Gesang klang herüber. Im Garten der *Krone* stimmte die kleine Kapelle, die von Coblenz bis Mainz hinauf als eine der besten Tanzkapellen bekannt war, einen Walzer des jüngeren Strauß an, dessen Melodien in diesem Jahr ganz Europa verzauberten. Paula tanzte mit Pedro und Overberg mit Ottilie, aber auch die älteren Herrschaften, die sich sonst nur an den Quadrillen beteiligten, tanzten ganz munter mit. Paula sah das schwarze Seidenkleid der Mama, das sie, solange die Tochter zurückdenken konnte, zu allen Festlichkeiten trug, mit dem braunen Frack von Overberg senior vorüberschweben, und man hatte den Eindruck, daß es ihnen beiden Freude machte, wenn sie sich auch nach einigen Runden wieder an ihren Tisch zurückzogen. August hatte sich für den nächsten Tanz, einen Rheinländer, bei Paula vorgemerkt, und Georg entführte sie für die zweite Hälfte des Tanzes. Dann eine Polka mit dem Sohn des Sanitätsrates, eine Mazurka mit einem der Accessisten, und nun kam Overbergs Walzer. Die „Frühlingsstimmen". Die jungen Leute waren alle so hingerissen von dem Wiener Charme dieser Musik, daß das Orchester noch zweimal den Walzer wiederholen mußte, und auch dann hätten sie noch lange nicht genug gehabt, wenn der erste Geiger nicht eine Ruhepause für seine Musiker eingelegt hätte.

„Und jetzt müssen Sie sich abkühlen, Paula", sagte Overberg. „Kommen Sie, wir promenieren ein wenig am Rhein entlang."

Paula hatte nichts gegen einen Spaziergang einzuwenden. Sie legte die Hand auf den Ärmel des lavendelblauen Fracks, und miteinander gingen sie am Strom hin, fort von der lärmenden Fröhlichkeit des Tanzplatzes, die alle zarteren Stimmen der Nacht übertönte: das Raunen des Stromes, das Glucksen der kleinen Wellen, die ans Ufer schlugen, das Rascheln welker Blätter. Bald ließen sie das Städtchen mit seinen paar verschlafen blinkenden Lichtern hinter sich.

„Ich habe meinen Vater lange nicht mehr so fröhlich gesehen", sagte Overberg. „Er hat sogar getanzt mit Ihrer Frau Mama."

„Ja, und er sah richtig vergnügt dabei aus. – Sagen Sie, in meinem Zimmer hängt ein so bezaubernd schönes

Frauenbild. Ist es ein Porträt Ihrer verstorbenen Mutter?"

„Nein", sagte Overberg, blieb stehen und wandte sein Gesicht dem Fluß zu. „Es gibt kein Bild von ihr bei uns. Sie ist nicht tot, Paula."

„Nicht tot?"

„Nein." In dem Schweigen, das diesem Nein folgte, wünschte Paula, nicht nach dem Bild gefragt zu haben. Sie gingen langsam weiter, er noch immer mit abgewandtem Gesicht, als suche er etwas da draußen auf dem dunklen Strom.

„Fort mit einem anderen", sagte er schließlich. „Vater und sie waren damals am Gardasee zusammen. Dort lernte sie einen Mann kennen und ging mit ihm auf und davon. Als Vater heimkam, sagte er, sie sei beim Schwimmen ertrunken. Niemand außer Ihrem Papa erfuhr die Wahrheit, und er war dem meinen eine große Hilfe. Ich war neun Jahre alt, als es passierte. An meinem zwanzigsten Geburtstag sprach mein Vater zum ersten- und letztenmal mit mir darüber."

„Ach!" sagte Paula, zu Tode erschrocken. War es denn möglich, wegzugehen von einem Mann, einem Kind? Konnte etwas so Unausdenkbares geschehen, auch wenn man glaubte, in der Geborgenheit einer Ehe zu leben?

So war das also ... Und Konrad hatte es erfahren müssen, als junger Mensch, ungewarnt. Die lang vernarbte Wunde um den Verlust der Mutter, an die er sich wohl kaum erinnerte, war aufgerissen worden von der viel tiefer verletzenden Erkenntnis ihrer Treulosigkeit.

Sie hätte ihm gern ein Wort des Mitfühlens gesagt, und auch einen Dank für sein Vertrauen, aber ungewohnt, ihre Gefühle zu äußern, war sie nun ganz verstummt.

„Vielleicht verstehen Sie jetzt, warum ich den Leuten Grund gegeben habe, mich zu kritisieren", sagte der Mann an ihrer Seite. „Ich will nichts entschuldigen; es ist so, wie sie sagen. Die Spatzen pfeifen es von den Dächern, daß ich diesem und jenem Mädchen den Hof gemacht habe und es zuließ, daß sie mich liebgewann. Aber jedesmal, wenn es soweit war, daß ich mich hätte erklären müssen, verlor ich den Mut. Ja, daß ich's schon sage, ich bekam Angst, auch so tödlich verletzt zu werden wie mein Vater."

„Und dann reisten Sie weg."

„Ja, dann reiste ich weg. Zum Glück trösteten sie sich alle wieder, früher oder später."

„Sind Sie sicher, daß Frauen so schnell vergessen?" Arme Ottilie, dachte sie. Mußte er ihr denn ausgerechnet rote Rosen schenken?

„Und wissen Sie, ob Männer schnell vergessen?" sagte er. „Sehen Sie meinen Vater an. Er hat bis heute nicht vergessen. Als Katholik konnte er nicht wieder heiraten, aber auch ohne das wäre er allein geblieben. – Genug davon."

Er wandte sich ihr wieder zu. „Sprechen wir lieber von Ihnen, Paula. Denken Sie noch immer daran, ins Kloster zu gehen, wie Sie mir vorigen Winter anvertrauten?"

„Ach Gott, nein", antwortete sie. „Ich mußte ja endlich einsehen, daß es nur eine Flucht gewesen wäre, und vor allem, daß ich gar nicht geeignet bin fürs Kloster. – Aber jetzt, bitte, lassen Sie uns umkehren. Wenn uns auch beiden nicht viel daran liegt, was die Leute sagen, so möchte ich doch nicht, daß es so aussieht, als müßten Sie das nächste Mal meinetwegen verreisen."

Er sah sie betroffen an. „Könnten Sie nicht ein wenig Vertrauen zu mir haben, Paula?"

Sie spürte die Traurigkeit in seiner Frage. „Doch", sagte sie schnell, „ich kann schon Vertrauen zu Ihnen haben, wenn nur alles ganz klar ist zwischen uns. Sie waren so freundlich zu mir, damals in der Postkutsche, und ich war doch gewiß kein Objekt zum Hofieren – ein dürres, vor Frost mit den Zähnen klapperndes Schulmädchen mit roter Nasenspitze."

„Ich protestiere: sie war nicht rot."

„Schon blau? Wie schrecklich! – Im Ernst, ich freue mich immer, wenn ich Sie zur Teestunde bei Onkel Emmo treffe und wie ein trockener Schwamm Eure gebildete Unterhaltung aufsaugen kann. Und ich tanze lieber mit Ihnen als mit allen anderen. Ich mag Sie gern, das wissen Sie doch . . ." Sie sah ihn voll an mit der Offenheit, die ihn immer wieder überraschte. „Aber wenn wir Freunde sein wollen, müssen Sie mir etwas versprechen."

„Was Sie wollen, Paula."

„Daß Sie nie auf den Gedanken kommen, Sie müßten eines Tages meinetwegen Ihre Koffer packen. Dazu wird kein Anlaß sein, weil mein Herz schon vergeben ist – für immer und immer vergeben, wenn auch ganz ohne Hoffnung."

Jetzt war es an Konrad Overberg, „Ach!" zu sagen, und dann sprach er kein Wort mehr, bis sie wieder an der Kronenterrasse angekommen waren. Aber ehe sie hineingingen, blieb er noch einmal stehen und löste behutsam die Rose aus ihrem Haar. „Sie ist schon welk; darf ich sie behalten? Ich habe nämlich Geburtstag heute, aber sagen Sie es nicht weiter. Dreißig Jahre, Kind! Alt genug, um Geduld gelernt zu haben."

„Alle guten Wünsche, Konrad! Vor allem, daß Sie doch noch die Frau finden, bei der Sie keine Angst zu haben brauchen."

„Danke." Er steckte die Rose in seine Brusttasche und küßte Paulas Hand.

Auf der Terrasse tanzten die jungen Leute noch so eifrig wie vorher, obwohl es kühl geworden war. Herr Overberg senior führte gerade seine älteren Gäste ins Haus. Die Mama winkte Paula zu. Adolf trottete mit seinem Hund hinter den Eltern her, müde von einem langen Wandertag, denn er war schon in aller Morgenfrühe von Limburg nach Bad Ems gelaufen, um ja genügend Zeit zur Besichtigung der Overbergschen Pferde zu haben.

Die Kapelle stimmte die Blaue Donau an. „Unser Walzer“, sagte Overberg und führte Paula auf die Tanzfläche.

Auf der Dorfstraße klang Hufgeklapper; eine vierspännige Mailcoach voll junger preußischer Offiziere aus Mainz und Wiesbaden fuhr vor. Sie hatten den Abend in Rüdesheim verbracht und so spät noch Lust bekommen, nach Aßmannshausen zu fahren, als sie hörten, daß in der Krone das berühmte Tanzorchester spielte. Der Overberg-Tisch war gerade rechtzeitig für sie frei geworden. Schon eilte ein Kellner mit der Weinkarte herbei. Paula hörte, daß August und Georg jemand mit lautem Hallo begrüßten. Sie wandte ihr Gesicht ab, über Overbergs Schulter zum Mond hinauf, der so beruhigend unbeteiligt auf dem Samtgrund des Nachthimmels schwamm – gleich darauf aber wieder zurück, der unwiderstehlichen Anziehung der bekannten Stimme zu.

„Müde . . .“ sagte sie, hielt im Tanzen inne und stand wie erstarrt in Overbergs Arm, die Augen groß und schwarz vor Spannung, die Lippen leicht geöffnet, aber ohne eine Spur von Lächeln. Overberg brauchte nur ihrem Blick zu folgen, um alles zu begreifen.

Und da kam er auch schon auf sie zu, mitten durch die Tanzenden hindurch wie ein Schwimmer durch bewegtes Wasser. „Gestatten Sie, Herr Overberg.“ Die Sporen klirrten. Overberg erwiderte die Verbeugung und ließ geschehen, was er nicht hätte ändern können.

Sie tanzten. Sie hatten noch nie miteinander getanzt. Sein Arm hielt sie fest, sein Atem war dicht an ihrem Ohr. *„Ma belle chérie“*, sagte er, wie damals in der Laube, leise, zärtlich und traurig. Und war es vorher – mit Overberg – reine Freude an Musik und Rhythmus und dem vollkommenen Einklang ihrer Bewegungen gewesen, jetzt war es Ekstase, ein hilfloses und zugleich entzücktes Gefangensein mit dem Partner im Netz der betörenden Melodie, ein Ineinander-Verschmelzen ohne Widerstand und ohne

Besinnung. *„Ma bien aimée“,* flüsterte er. „Daß uns das noch geschenkt wurde!“ Und dann: „Morgen wird die Division abgelöst. Wir gehen nach Berlin zurück.“

„Adieu“, sagte sie. *„Adieu, mon ami.“*

Einmal umrundeten sie die Tanzfläche, zweimal, ein drittes Mal. Es waren Minuten. Es war eine Ewigkeit. „Genug“, bat sie, so erschöpft, als hätte sie mit dem letzten Aufwand von Kraft einen Gipfel erstiegen.

Quitzow führte sie an die Stelle zurück, wo Overberg noch wartend stand, stellte sie an seine Seite, als gäbe er etwas Zerbrechliches in seine Hand. Sie neigte den Kopf, ohne ihn noch einmal anzusehen. Die beiden Herren verbeugten sich.

„Wir müssen weitertanzen“, sagte Overberg.

„Ja“, antwortete sie. Von weither schien sie des Vaters Stimme zu hören: *contenance,* Kind! Sie merkte nicht einmal, daß die Freundinnen zu ihr herüberschauten. Immer noch lockten und schmeichelten die Wellen der Blauen Donau, und sie mußte dazu tanzen. Als die Musik endlich schwieg, sagte Overberg: „Ich bringe Sie jetzt nach Hause, Paula.“

„Ja“, sagte sie wieder und ließ sich am Strom entlangführen, in der entgegengesetzten Richtung jetzt, dem Haus *Rheingold* zu. Die Sterne wanderten über den Himmel, vom Mond bewacht, der Fluß raunte wie der in einem Gedicht, das sie einmal gehört hatte, vor langer Zeit . . . vor sehr langer Zeit: „nimmer werd ich froh . . .“ Die große Stille der Nacht nahm die Tränen auf, die ihr Gesicht überströmten.

Overberg spürte das lautlose Weinen neben sich, ohne es mit einem Wort oder auch nur einem festeren Druck seines Armes zu stören. Es mußte ausgelitten werden. Er durfte nur dasein; er würde von dieser Stunde an immer für sie dasein, das wußte er plötzlich, überwältigt von der Tiefe seiner Zärtlichkeit.

Sie gingen noch eine ganze Weile schweigend nebeneinander her, über das Haus *Rheingold* hinaus, bis er meinte, nun müsse sie endlich müde genug sein, und wieder zurück, und den Fußweg zum Haus hinauf.

„Schlafen Sie", sagte er an der Tür ihres Zimmers. „Schlafen Sie, meine Liebe."

Sie sagte mit einer sehr kleinen, sehr beherrschten Stimme: „Ich danke Ihnen, Konrad."

DRITTES KAPITEL

Auf den Äckern brannten die Kartoffelfeuer, und die Schulkinder hatten Kartoffelferien. Für die Bauernkinder bedeutete das schwere Arbeit, denn auf dem Land mußte jeder, soweit er nicht mehr in der Wiege lag oder schon am Krückstock ging, beim Auflesen der Kartoffeln helfen. Bei Regenwetter stand man dabei im aufgeweichten Ackerboden, einen leeren Sack um die Schultern gebunden; bei klarem Himmel brannte die Sonne auf die gebeugten Rücken von alt und jung. Der beizende Geruch des brennenden Kartoffelkrautes zog in diesen Wochen über Äcker und Wiesen bis in die Stadt hinein: es war der Geruch des Herbstes, der Duft von Tod, der zukünftiges Leben düngt.

Für Adolf war jetzt die Zeit gekommen, mit seinem Hund auf Wanderschaft zu gehen, um Aquas rechtmäßigen Herrn zu suchen.

„Sag mir, wann du gehst“, sagte August. „Ich geh’ mit dir.“ August, der sich jetzt bemühte, hochdeutsch zu sprechen, keine Silben, keine Endbuchstaben mehr zu verschlucken; August, der nächste Ostern mit Georg fortgehen und Adolf zurücklassen würde. Sein Angebot war ein Abschiedsgeschenk; ein Zeichen, dessen Sinn Adolf begriff und das er doch nicht annehmen durfte, so schwer es ihm auch wurde. Denn diesen Gang mußte er allein tun, wie einst König Artus’ Ritter allein auf die Suche nach dem Gral gehen mußten. Sie hofften, etwas zu finden, aber er, Adolf, mußte etwas weggeben; das war der Unterschied. Allein mußte eins wie das andere getan werden. „Danke, August“, sagte er. „Nein . . . danke.“ Und der große Bruder klopfte ihm auf die Schulter: „In Ordnung, Adolf.“

Am dritten Oktober fuhr die ganze Familie zur Hochzeit der Gretel nach Dietkirchen auf der anderen Lahnseite. Die

Hochzeit fand am Sankt-Lubentius-Tag statt, an dem alljährlich Hunderte von Pilgern von nah und fern zu der stolzen Basilika wallten, in der die Gebeine des ersten Heiligen ruhen, der vor mehr als tausend Jahren als Erster die frohe Botschaft des Christentums in die damals noch weglosen Wälder an Mosel und Lahn brachte. Über der kleinen, noch von Sankt Lubentius selbst erbauten Kapelle errichtete man später den Dom. Der steht nun auf dem steilen weißen Felsen hoch über dem Fluß und grüßt täglich mit seinen Glocken zu dem gleichaltrigen Schwesterdom in Limburg hinüber.

Bauernhochzeiten wurden drei Tage lang gefeiert, und auch das Lubentiusfest mit Jahrmarkt dauerte drei Tage. Aber die Familie aus dem Amtshaus blieb nur zum Sonntag, dem eigentlichen Hochzeitstag. Sie gingen alle mit in dem langen Zug, der das Brautpaar zum Dom geleitete, wo nach dem Hochamt die Trauung vollzogen wurde; dann zurück auf den elterlichen Hof der Braut. Und hier entfaltete sich nun ein Fest, das der alte flämische Maler, den sie später den Bauernbreughel nannten, gemalt haben könnte. Lange Tische waren unter den zwei Linden vor dem Haus gedeckt; die bunte Gesellschaft in der ländlichen Sonntagstracht nahm auf den harten Bänken Platz, und schon wurde die Terrine mit dampfender Suppe und Leberklößen herausgetragen; dann ein Trumm von gesottenem Rindfleisch mit Karotten, Erbsen und Blumenkohl; dem folgte ein Gericht von Flußfischen in brauner Butter schwimmend und von neuen Kartoffeln umgeben. Hierauf kamen die gebratenen Hähnchen und Tauben mit Salat, und zum Schluß der unvermeidliche Reisbrei, zur Feier des Tages mit Schlagsahne versteift. Das alles wurde mit Unmengen von frischem Most, Wein und Bier hinuntergespült, sonst hätten es auch die tapfersten Esser nicht geschafft. Nach dem Mahl steckten sich die Männer ihre Pfeifen an, die Frauen wandten sich starkem Kaffee mit Streusel- und Zwetschgenkuchen zu, und die Jugend begab sich auf die blankgefegte Tenne zum Tanz. Da standen die Mädchen auf einer, die Burschen auf der anderen Seite an den Wänden der Scheune entlang, bis der Amtmann mit der Braut die feierliche Ehrenrunde getanzt hatte. Nun stimmten die Dorfmusikanten lebhaftere Weisen an, die Burschen ergriffen ihre Mädchen und stampften los, daß der Staub aus dem irdenen Estrich stieg und der Schweiß über die roten Gesichter rann. Auch Paula tanzte ein paar Runden mit, von festen Bauernfäusten wie von Eisenklammern gehalten, um und um gedreht, bis die Mama zum Aufbruch mahnte, denn der Abend dämmerte schon. Adolf schirrte den Silberling an; die Familie verabschiedete sich, und die Chaise fuhr die steile Dorfstraße hinunter heimwärts, noch lange begleitet von Tanzmusik aus dem Hochzeitshaus und den beiden Wirtshäusern, Gesang und Jahrmarktsgedudel. In den engen Gassen stand noch Weihrauchduft von der Prozession, vermischt mit dem irdischen Geruch von Most und frischem Zwetschgenkuchen.

Adolf fuhr nicht mit den Seinen nach Limburg zurück. Da er nun einmal auf der rechten Lahnseite war, nicht weit von der Mündung des Elbbaches, wollte er in der ersten Morgenfrühe gleich weiterwandern. Gretels Mutter hatte ihm den Rucksack vollgepackt mit Resten vom Hochzeitsschmaus. Er übernachtete in der Scheune eines Bauern, die etwas abseits des lärmenden Jahrmarkttrubels lag. Den Hund neben sich, schlief er im duftenden Heu – nicht ganz so fest und ruhig wie sonst, sei es wegen dem schweren Essen oder dem schweren Weg, der vor ihm lag. In der ersten Dämmerung schüttelte er sich die Halme aus den Haaren und Kleidern, wusch sich am Brunnen den Schlaf aus den Augen und verabschiedete sich von der Bäuerin, die gerade mit ihren Milcheimern aus dem Stall kam. Sie hielt ihm einen der Eimer hin, und er trank und wischte sich mit dem Handrücken den Schaum vom Mund.

„'gelt's Gott", sagte er. „Komm, Aqua." Und sie machten sich auf den Weg in den jungen Tag.

Vor ein paar Tagen hatte ihn der Kaplan Knodt nach der Frühmesse gefragt, was er in den Herbstferien vorhabe. „Ich mach'n Elbbach nauf", sagte Adolf. „Da soll doch der Schäfer wohne, dem der Aqua gehört hat. Warum hat sich der bloß nit gemeld, wo wir's doch ins Blättche gerückt hawwe, Herr Kaplan?"

„Die Leute auf dem Land lesen die Zeitung nur, wenn sie mal einer aus der Stadt mitbringt, und dann interessieren sie sich höchstens für die Vieh- und Kartoffelpreise."

„Awwer warum hat der Herrgott mir den Aqua geschickt, wenn er die ganze Zeit gewußt hat, wo er hingehört und daß er'n mir eines Tages widder wegnehme will? Eimal geschenkt bleibt geschenkt!" sagte Adolf, enttäuscht von dem himmlischen Gesetzgeber, der die zwischen Buben geltenden Spielregeln offenbar für nichts achtete. Adolf ahnte nicht, daß er dabei dieselbe Frage stellte wie seine große Schwester; die Frage Hiobs, die uralte und immer unbeantwortete Frage der Menschheit.

„Wenn wir anfangen Warum zu fragen, kommen wir nicht weit, Adolf", sagte der Kaplan, der sich selbst einst den Kopf blutig gestoßen hatte an diesem Warum, damals, als er ins Seminar ging, um ein Diener Gottes zu werden, und eine gescheckte Katze zurücklassen mußte, mit der er aufgewachsen war. Das hatte er nicht vergessen, und darum verstand er, daß dem Jungen, der da vor ihm stand und so heftig mit den Augen blinkern mußte, damit die Tränen nicht herausrollten, seine Welt in Stücke brach. Aber er kannte ihn jetzt auch schon gut genug, um zu wissen, daß er die Scherben wieder zusammenflicken würde, diesmal und noch viele Male in seinem Leben.

Als Adolf jetzt in den Herbstmorgen wanderte, der sich immer klarer entfaltete, dachte er, Gott könne den Mann vielleicht inzwischen haben sterben lassen und wolle ihn nur auf die Probe stellen. Oder es war auch möglich, daß der Aqua sich weigerte, bei ihm zu bleiben. Es blieb immer noch eine kleine Hoffnung.

Hagebutten hingen wie Blutstropfen im bräunlichen Gestrüpp der Heckenrosenbüsche. Hoch oben in der dünnen blauen Luft zog ein Raubvogelpaar seine Kreise. Adolf dachte an seinen Falken, aber das war eine vernarbte Wunde, die nur noch schmerzte, wenn man daran rührte. Er hatte eingesehen, daß ein Falke frei sein, daß er einen Gefährten haben mußte, wie der da droben. – Ein Hund aber gehörte zu seinem Herrn.

Von Dietkirchen und Limburg kam das Geläute der Morgenglocken, und die Glocken der Dörfer Elz und Hadamar stimmten ein in den frohen Gesang. Es ging sich gut in der klaren Herbstluft, die ganz ohne Schwere war. Der Wald stand braun und rot und golden, gefleckt von dem ernsten Schwarzgrün der Nadelbäume. Auf den Wiesen lag ein blasser Teppich von Herbstzeitlosen. Aqua genoß ahnungslos den Spaziergang, lief voraus und kam wieder zurück, verbellte die Krähen auf den Pappeln, verfolgte eine Hasenspur. Wenn hier und dort eine Schafherde auf den Brachfeldern weidete, blieb er minutenlang stehen und zog die scharfe Witterung der Tiere schnaufend ein, die vom Wind herübergetragen wurde. Einmal sprach Adolf mit einem der Schäfer. „Kenne Sie den Hund?“ – „Weiß nit. Die Schäferhund sehn all enanner gleich. Guck, mein Molli könnt sein Bruder sei.“

Ja, natürlich, alle Schäferhunde der Gegend hatten Ähnlichkeit miteinander. Sie wurden nicht nach einem Stammbuch und nicht auf Schönheit gezüchtet. Wer einen guten Hütehund hatte, dessen Eltern schon gute Hütehunde waren, verwendete ihn zur Nachzucht. Die Hirten gingen oft viele Stunden weit, um sich einen Welpen vom Wurf einer zuverlässigen und klugen Hündin zu holen, die von einem ebensolchen Rüden gedeckt worden war. Es gab

Schäferhunde, deren Klugheit, Treue und Mut vom Westerwald bis zum Taunus hinüber bekannt waren.

Je höher Adolf und Aqua den Bachlauf hinaufkamen, desto seltener wurden die Bauernhöfe. Sie waren schon bald hinter Hadamar den Fußpfad in den Wald hinaufgestiegen, von wo man das Tal gut überblicken konnte. Es war so friedlich da oben; der Wald bedeckte den Hügelrücken wie das dichte Vlies den Rücken eines Schafes. In der Mittagsstunde rasteten sie. Adolf packte Brot und kalten Schinken und Hochzeitskuchen aus seinem Rucksack; sie aßen und löschten ihren Durst aus einer Quelle. Dann mußten sie weiter. Die Kirchturmuhr von Hadamar hörten sie schon eine ganze Weile nicht mehr. Das Tal wurde immer enger, die Hänge steiler. Manchmal stieg der schmale Pfad höher in den Wald hinauf, dann senkte er sich wieder ins Tal, wenn drunten ein Hof oder ein Weiler lag. Einmal lief Aqua voraus und blieb schnuppernd am Zaun eines Bauernhauses stehen. Im Garten nickten noch ein paar bunte Astern neben blauroten und grünen Kohlköpfen. Eine alte Frau saß vor der Haustür und kernte Zwetschgen in eine große Wanne. Überall im Nassauer Land war jetzt die Zeit, den „Hoink" zu kochen, das Pflaumenmus, das ohne eine Spur von Zucker, nur mit ein paar süßen Birnen, vierundzwanzig Stunden lang im kupfernen Waschkessel gekocht und gerührt wurde. Auch im Limburger Amtshaus würden sie diese Woche noch damit anfangen. Die Frauen saßen dann auf Bänken an der Wand der Waschküche entlang, strickten, erzählten Geschichten und lösten Tag und Nacht einander ab beim Rühren, bis das Mus anfing, steif zu werden und in die grauen Steintöpfe gefüllt werden konnte.

Adolf grüßte die alte Frau. Ein Korb mit einem schlafenden Kind stand neben ihr; alle anderen aus dem Tal waren wahrscheinlich noch in Dietkirchen, nur die Alten hatte man daheimgelassen, um das Vieh und die Kleinkinder zu versorgen. „Wisse Sie, wo der Hund hingehört?“ fragte der Junge. Die Alte hielt die Hand ans Ohr und schüttelte den Kopf. Sie schien stocktaub zu sein, aber sie stand auf und reichte ihm eine Handvoll der kleinen, verschrumpelten, honigsüßen Zwetschen über den Zaun. Er bedankte sich und ging weiter.

Etwas später sahen sie einen hinkenden Mann, der ein Kalb in einen Stall zurücktrieb, aus dem das klagende Muhen der Kuh klang. „Tag. – Wißt Ihr jemand, der en Hund verlorn hat?“ – „Zugelaufe?“ – „Nee, außer Lahn gezoge, vorig Jahr im März bei dem große Hochwasser.“ – „Jojo, da sinner viel ersoffe; Hund un Katze, Kälwer un Lämmer schockweis. Is keins widderkomme. Der Schäfer Kasper hat dazumal auch'n Hund verlorn.“ – „Wo find ich den?“ – „Mußt noch e Stückche höher nauf. Da sin zwei Höf auf der drüwwere Seit. Fragst nach'm Kasper. Wenn er nit da is, is er nit weit.“ – „Danke“, sagte Adolf.

„Mach's gut, Bub.“ – „Macht Ihr's auch gut.“

Der Pfad stieg wieder in den Wald hinauf. Sie gingen und gingen, selbst Aqua fing an müde zu werden und trottete dicht an Adolfs Seite. Manchmal hob er den Kopf und sah den Jungen an, als wollte er fragen, was der wohl heute noch vorhatte? Schließlich senkte sich der Weg über eine steile Waldwiese auf zwei Höfe zu. Jenseits des Baches graste eine Schafherde am Bach entlang und den Hang hinauf. Ein alter Mann stand dabei, den Hut tief in die Stirn gezogen gegen die schon schräg fallenden Sonnenstrahlen. Ein Hund lag neben ihm und erhob sich drohend, als er die beiden drüben herunterkommen sah. Es ging kein Steg über das Wasser, das hier schäumend über niedere Steinbrocken sprang. Adolf blieb stehen und hielt seinen Hund am Halsband fest. Aqua rührte sich nicht, aber ein Zittern lief durch seinen Körper und von da durch Adolfs Hand und Arm bis in seine Zehenspitzen hinab.

„Kehr liewer um mit deim Hund, Bub", rief der Schäfer herüber. „Sonst kriehemer e Beißerei."

Als Aqua die Stimme hörte, war kein Halten mehr: den Hang hinunter, durchs Wasser und auf den Mann zu war eins. Adolf, der langsam folgte, sah, wie sich der fremde Hund zum Angriff duckte, aber ehe er zupacken konnte, hatte ihn Aqua im Nacken gefaßt und ein wenig geschüttelt, wie ein verständiger älterer Mann einen frechen Jungen abfertigt. Der Schäfer schickte ihn mit einer Bewegung seines Schaufelstabes zur Herde. „Bello?" sagte er, und nun sprang Aqua laut jaulend an ihm empor, warf ihn fast um in dem heftigen Anprall, leckte ihm Gesicht und Hände, umkreiste ihn in wilden Sprüngen.

„Bello!" sagte der Mann wieder, halb ungläubig noch, und schaute zu dem Jungen hin, der inzwischen auch über den Bach gekommen war, von einem Stein auf den andern springend, aber schon bereit, wieder kehrtzumachen. Aqua war durchs Wasser gegangen; da gab's nichts mehr zu fragen und zu sagen. Er hatte seinen alten Herrn wiedererkannt . . .

„Wart, Bub!" rief der Mann, und jetzt lief Aqua zu Adolf zurück, packte ihn am Ärmel, fuhr mit der hechelnden Zunge über sein Gesicht, legte ihm die Pfoten auf die Schultern, verzweifelt hin- und hergerissen zwischen einer Liebe und der anderen.

„Beim Hochwasser 65, gell?" forschte der Mann.

„Ja."

„Damals, wie der Bach gestiege is, hab ich den Bello an seiner Hütt angebunde, weil er immer so verrückt mit'm Wasser war. Wenn er etwas hat schwimme seh, un wenn's e dod Katz war, er mußt's raushole un mir anschleppe. Die Schaf hattemer schon am Nachmittag üwwer den Berg in die alt Scheun gebracht. Kei Mensch hätt gedacht, daß das Wasser so schnell steige tät wie noch nie! Am nächste Morje war der Bach an der Haustür un die Hundehütt mitsamt dem Bello fort. – Un du hasten rausgezoge, Bub?"

„Ja."
„Ei wo dann?"
„In Limburg."
Er bekreuzte sich. „Hättst am End selwer ersaufe könne. Is er denn immer noch so narrisch mit'm Wasser?"
„Nee. Der geht in kei Wasser."
„Un woher weißte, daß er mir gehöre tut?"
„En Schäfer auf'm Westerwald hat's uns verzählt. – Also bhüt Gott, Schäfer", sagte Adolf, denn er wollte nichts mehr gefragt sein. Es war genug. Es war vorbei. Er sprang in großen Sätzen über die Steine des Baches, Aqua wimmernd hinter ihm her, dann wieder zum Schäfer, bellend, laut die Unvernunft der Menschen anklagend. Konnten sie denn nicht beieinander bleiben?
„Willste mit'm Bub geh?" fragte der Schäfer, mehr gewohnt mit seinen Hunden zu sprechen als mit Leuten. „Wart, Bub!" rief er noch einmal. „Wart. Du hasten aus'm Wasser gezoge . . ."
Adolf lief so schnell er konnte den Hang hinauf. Der Hund sah zu dem Schäfer auf, und als der den Kopf wegwandte, folgte er Adolf. Das Wasser spritzte an seinen Bauch, er schüttelte sich nicht einmal, sprang den Hang hinauf und legte sich quer über den Weg vor den Jungen hin, der stehenblieb, die Hände tief in den Hosentaschen vergraben, damit sie sich nicht noch einmal in das dicke Fell gruben. „Geh", sagte er heiser. „Geh zu deim Herr, Aqua. Allez!" Mit einem großen Schritt stieg er über den Hund weg, kletterte weiter den steilen Hang hinauf, stolperte über Steine, blind von dem Wasser, das sich in seinen Augen sammelte.
Drüben stand der alte Schäfer, droben am Hang lief der Junge. Keiner rief den Hund, keiner lockte ihn. Aqua sah bald hinter Adolf her, bald zu dem Schäfer hinunter . . . Plötzlich spannte sich sein Körper, Kopf und Rute richteten sich auf. Er hatte entdeckt, daß ein Lamm sich auf ein

Felsstück verstiegen hatte, das auf einer Seite steil in den Bach abfiel. Der junge Hund verbellte das Tier, was dessen armes Lammsgehirn nur noch verwirrter machte. Aqua, der Erfahrene, der Ruhige und Überlegte, stieg wiederum ins Wasser und trieb von der Bachseite her das Lamm gelinde zur Herde zurück.

Vom Waldrand hoch oben hatte Adolf den Vorgang beobachtet. Aqua stand jetzt neben dem Schäfer, der ihn zum erstenmal streichelte. Der Hund ließ den Kopf hängen, aber seine Rute wedelte langsam hin und her. Er war schon nicht mehr Aqua. Er war wieder Bello. Kein glücklicher Hund, aber da, wo er hingehörte; und da würde er nach einer Weile auch wieder glücklich sein.

Adolf ging denselben Weg zurück, den er gekommen war. Der Abend dämmerte. Immer mehr Sterne stiegen herauf. Die Milchstraße spannte sich über den Himmel, ein blasser Nebel von Millionen Sternen, die auf das Zwergplanetchen Erde herabsahen. Für uns ist diese Erde die tragende und nährende Mutter des Blühens und des Welkens, der Schoß, der hervorbringt und wieder aufnimmt. Sie nahm auch Adolf an ihre große Brust in dieser Nacht. Er hätte in jedem Dorf, in jedem Bauernhof um Unterschlupf bitten können, aber er wollte allein sein. Da ihn niemand sehen und hören konnte, weinte er sich in Schlaf und schlief dann lange und traumlos, auf Laub gebettet, von Schatten zugedeckt, allein unter den wandelnden Sternen.

Früh am nächsten Morgen, als er erwachte, regnete es sacht, und er fror. Nebelschwaden hingen zwischen den Bäumen. Noch halb im Schlaf griff seine Hand nach dem warmen Fell des Hundes. Er zog sie leer zurück, stand auf, reckte sich, aß ein Stück Brot und Schinken aus dem Rucksack, suchte und fand eine Quelle, um zu trinken und sich den Schlaf aus den Augen zu waschen. Dann lief er schnell den schmalen Weg entlang, um warm zu werden.

Es war Nachmittag, als er im Amtshaus ankam. Erst ging er in den Stall, um nach Silberling zu sehen. Er stand eine Weile bei dem Wallach in der Box. Das Pferd scharrte mit dem Fuß und guckte über die halbhohe Holztür, als suche es nach dem Hund, der doch sonst unzertrennlich von Adolf war. Dann rieb er die Nase an Adolfs Backe und ließ sich von ihm die Stirn krauen. „Wir zwei bleiwe zusamme, gell?“ sagte Adolf und ging ins Haus. Er wußte, daß sich niemand um ihn gesorgt hatte. Die Brüder waren einzeln oder zu mehreren in den Ferien oft ein paar Tage unterwegs. Die Gegend war sicher. Es hatte seit Jahren keinen Raubüberfall mehr gegeben. Der alte Isidor ging mit seinem Wachstuchballen auf dem Rücken unbekümmert und unbehelligt durch die Wälder, einmal jeden Sommer sogar bis in den hohen Westerwald hinauf.

In der Küche roch es nach frischgebackenem Brot. Die Kättche setzte grade die braunen Laibe auf ein Drahtgestell zum Abkühlen und zeigte der Anna, Gretels jüngerer Schwester, die jetzt Hausmädchen im Amtshaus war, wie man den Backofen ausrieb, damit er nicht rostete.

„Tag, Kättche, Tag, Anna“, sagte Adolf.

„Tag, Adolf. Setz dich her, ich schmier dir en Kante frisch Brot, wir hawwe heut gebuttert.“

„Un Milch, bitte. – War's noch schö auf der Hochzeit?“

„Un wie, gell, Annche? Die Frau Rat hat uns erlaubt, bis zum Montagmorje dazubleiwe. Wir hawwe in der Sonntagnacht getanzt, bis wir bald umgefalle sind, un gegesse, bis wir nit mehr papp sage konnte.“

Die heiße Milch tat Adolf gut. Er fröstelte von der Nacht im Freien, und es kratzte ihn im Hals. Bloß keine Erkältung! Die Mama hatte eine widerliche Art, Erkältungen zu Leibe zu gehen, wenn wirklich einmal bei einem der Buben eine ausbrach. Nasse Wickel, literweise bitterer Kräutertee, warmes Salzwasser, das man mit einem Nasenloch aufschnaufen mußte, bis es zum anderen wieder herauskam...

Adolf hatte nicht einmal den Schnupfen bekommen, als er im vorigen Winter im Eis eingebrochen war; sollte ihn jetzt eine Nacht im Freien und das bißchen Regen zur Strecke bringen?

„Wo sin denn die Brüder?“ fragte er.

„Ei gestern hat jemand en Brief von der Madame Franziska gebracht, sie sollte doch all noch für e Woch nach Schwalbach komme, des Wetter wär so schö. Da hawwese sich gleich auf die Socke gemacht.“

„Is die Paula auch mit?“

„Nee, die Fräulein Paula is dagebliwwe. Sie is bei der Babett. Der is es nit gut. Der Doktor is dagewese, un dann hat der Herr Kaplan komme müsse, ihr die Beicht hörn.“

Jetzt erst fiel Adolf auf, daß die Tür zwischen der Küche und Babetts Zimmer, die sonst immer offenstand, heute geschlossen war. Er stand auf, drückte leise auf den Türgriff und lugte durch einen Spalt zur Babett hinein. Sie lag ganz friedlich auf ihrem Bett. Paula saß daneben und hielt ihre Hand, und als sie Adolf gewahrte, winkte sie ihm zu, nicht hereinzukommen. Er ging hinauf, zog sich den feuchten Anzug aus. Es war noch der Sonntagsanzug von der Hochzeit her; glücklicherweise waren alle Anzüge der Buben aus so festen Stoffen, daß sie allerhand aushalten konnten.

Beim Abendessen sah der lange Tisch merkwürdig leer aus ohne die Brüder. „Guten Tag mitenanner“, sagte Adolf. Alle sahen ihn gut und freundlich an. Die Mama nickte ihm zu: „Schön, daß du wieder da bist, Adölfche.“ Und einmal beugte sich der Papa zu ihm und fragte leise: „Alles in Ordnung?“ – „Ja, Papa“, sagte er, und als er seine Augen rund um den Tisch gehen ließ: „Wo ist denn Tante Rikchen?“

„Sie hat Paula bei der Babett abgelöst“, sagte die Mama. „Gut, daß die Kleinen nicht im Haus sind. Wir müssen leise sein. Die Babett hatte einen Herzanfall.“

Einen Herzanfall! Adolf wußte, daß das etwas Gefährliches war. Der Vater eines Schulkameraden war voriges

Jahr an einem Herzanfall gestorben. Sie freute sich so auf ihren Neunzigsten, und die Brüder hatten sich allerhand Schönes für sie ausgedacht, angefangen mit einem Ständchen mit Gesang und Flötenspiel am Morgen. Alle im Haus hatten Überraschungen für sie geplant. Und Adolf selbst hatte ein Gedicht für die feierliche Gelegenheit gemacht. Paula, der er es vorgelesen hatte, fand es sehr schön und rührend, an manchen Stellen auch ein wenig lustig, denn das gehörte zu einem Geburtstagsgedicht. Natürlich kam es nicht in Betracht, daß er es selbst vortrug, da hätte er sich zu Tode geniert. Georg und Ferdinand waren die Schauspieler in der Familie, und Adolf hatte es Georg als dem Älteren zuerst angeboten, weil er fand, es sei eine Ehre. Georg aber hatte abgelehnt; er hätte genug für die Schule auswendig zu lernen. Ferdinand dagegen war gleich bereit. Kein Auge würde trocken bleiben, wenn er die sieben Verse vortrug; was man auch sonst über ihn sagen mochte, Ferdinand hatte *Gemüt,* und außerdem war er immer bereit, einem anderen einen Gefallen zu tun, wenn es nicht grade seine eigenen Pläne störte.

„Gestern abend, als ich ihr gute Nacht sagte, war die Babett noch ganz munter“, sagte der Amtmann. „Ins Altersheim wolle sie nicht, hat sie mir gesagt; sie habe mit der Familie gelebt und wolle später, wenn's mal sein sollte, auch bei uns sterben. Der Herr Kaplan habe ihr das Heim zwar sehr schön geschildert, aber so viele alte Weiber, nein, das sei nichts für sie. Wenn wir fortzögen, zöge sie mit.“

„Nach Wiesbaden?“ fragte Adolf.

„Ja, richtig, du warst ja nicht dabei, als wir gestern abend mit Paula und den Brüdern davon sprachen. Die zwei Großen haben der Mama und mir gesagt, daß sie nun entschlossen seien, nächste Ostern ins Kadettenkorps zu gehen, wenn wir nichts dagegen hätten. Sie haben bei dem Fest in Aßmannshausen mit dem Leutnant von Quitzow noch einmal alles besprochen, und er will bei seinem Onkel, der Kommandant von Oranienstein wird, ein gutes Wort für sie einlegen. Wir werden ihnen nichts in den Weg legen, und bei der Gelegenheit haben wir ihnen und den Kleinen gesagt, daß wir nächstes Jahr, sobald die Straßen schneefrei sind, nach Wiesbaden ziehen."

„Ja, aber der Silberling? Wo bringen wir den in Wiesbaden unter?"

„Ein Pferd werde ich in der Stadt nicht brauchen, da ich keine Dienstfahrten über Land mehr zu machen habe", sagte der Papa. „Wenn ich in Geschäften für Frau von Savigny gelegentlich unterwegs sein muß, stellt sie mir Wagen und Pferde zur Verfügung, und außerdem kann ich auch mit der Post oder der Eisenbahn fahren." O Silberling! Silberling! Etwas anderes konnte Adolf nicht denken.

„Ich löse jetzt Tante Rikchen bei der Babett ab", hörte er die Mama sagen. „Wenn du willst, kannst du in die Rosenkranzandacht gehen, Paula. Nimm Adolf mit, wenn er nicht zu müde ist."

„Ich habe noch etwas in der Kanzlei zu tun, dann komme ich zu dir, Margarete", sagte der Papa. „Wir können dann zusammen bei ihr wachen und auf den Sanitätsrat warten, der versprochen hat, vor der Nacht noch einmal hereinzuschauen. – Ich bin stolz auf dich, Adolf. Aber nun mach nicht ein Gesicht wie die Katze, wenn's donnert, weil wir nach Wiesbaden ziehen. Es ist doch eine schöne und interessante Stadt. Denk nur daran, was es alles dort gibt: Theater und Oper und Vorträge. Der Taunus ist vor der Tür, was werden wir da für schöne Wanderungen machen können. Und Franziska wird uns so nahe sein, daß ihr sie leicht über Sonntag besuchen könnt. Die Mama und ich freuen uns schon darauf, sie dann öfter zu sehen mit ihrer Familie. Und außerdem haben wir vor, mindestens einmal jeden Winter den Don Juan und die Zauberflöte zu hören."

Das alles kann mir gestohlen werden, wenn ich jetzt auch noch den Silberling hergeben muß, dachte Adolf. Aber als hätte ihn der eigene Kummer hellsichtig gemacht, ging ihm plötzlich ein Licht auf. Vielleicht war es so, daß der Papa sich selber und die Mama trösten mußte mit der Zauberflöte und all den anderen schönen Dingen, die es in der Stadt gab? Hing er denn nicht an seinem Beruf genauso wie Adolf an Aqua und Silberling? War der Mama und ihm nicht das Herz schwer, wenn sie an den Abschied von den Söhnen und all den Freunden in Limburg dachten? Und was würde die Mama ohne ihren großen Garten tun?

„Ja, Papa", sagte er. „Es is schon möglich, daß man auch in Wiesbade lewe kann."

Später, als er mit Paula zum Dom hinaufging, schob sie ihren Arm in den seinen. „War's sehr schlimm?" fragte sie.

„Och, es geht", sagte Adolf. „Denk dir, der Aqua is durchs Wasser gegange, wie er dem Mann sei Stimm gehört hat. Da wußt ich ja, was die Uhr geschlage hat."

„Ja, und nun ist's gut, daß er bei seinem alten Herrn ist, nicht wahr? Denn er wäre nie ein Stadthund geworden, wo er doch von Jugend auf an ländliche Freiheit gewöhnt war."

„Jaja", sagte Adolf.

„Und paß mal auf, in Wiesbaden wird es dir nach einer Weile ganz gut gefallen. Dort sind doch auch die Ippelchen, die wir alle im Sommer so liebgewonnen haben."

Nun hellte sich Adolfs Gesicht doch etwas auf. „Wir sin nämlich verlobt", sagte er.

„Verlobt?" – „Ja. Die Toni un ich."

„Gratuliere", sagte Paula. „Eine nettere Schwägerin könnte ich mir nicht wünschen."

„Ich hab ihr en Granatherzche zum Geburtstag geschenkt. Der Isidor hat mir's in Frankfurt auf der Mess besorgt, un dann hat er's selwer mitgenomme un auf'm Heimweg bei ihr abgegewe. Er hat mir auch für dein Geburtstag etwas besorgt, Paulinche, aber das verrat ich nit."

„Da bin ich aber schrecklich gespannt", sagte sie.

Im Dom strahlte der Marienaltar von vielen Kerzen, und

das Bild der Gottesmutter schwebte über einem Meer von Herbstblumen: Astern und Cosmäen, Dahlien und Sonnenblumen, daneben Sträuße von buntem Laub mit roten und blauen Beeren, Silberdisteln und den zierlichen Fruchtständen wilder Gräser.

„Ist's nicht schön, zu wissen, daß jetzt überall in der Welt die Rosenkranzkönigin verehrt wird?" flüsterte Paula Adolf zu, als sie zusammen das Seitenschiff entlanggingen. „Deshalb mußt du auch nicht so traurig sein, wenn wir hier weggehen. In Wiesbaden können wir so gut im Oktober in die Rosenkranzandacht und am Karsamstag zur Auferstehungsfeier und Weihnachten in die Christmette gehen wie hier in Limburg oder irgendwo sonst."

Die Stimme des Priesters, der den Rosenkranz vorbetete, hallte in dem hohen Gewölbe, und das Antworten der kleinen Gemeinde klang wie das Murmeln eines unterirdischen Flusses. Nach dem Rosenkranz stimmte der Organist eines der schönen Marienlieder an; Adolf hörte die Stimme der Schwester neben sich, hell wie eine Amselstimme, und auch er sang mit, obwohl seine Stimme noch rauh war von Kummer und von dem Kratzen im Hals. Dann ertönten die geheimnisvollen Anrufungen der Lauretanischen Litanei, wobei immer seltsame Bilder hinter seiner Stirn aufstiegen. „Du Turm Davids!" – „Du elfenbeinerner Turm!" – „Du goldenes Haus!" – „Du Morgenstern!" – „Du Trösterin der Betrübten!" – „Bitte für uns!" antwortete die Gemeinde, und „Bitte für uns!" betete Adolf mit, obwohl seine Betrübnis noch überwältigend groß und dunkel war. Aquarius! dachte er; Silberling! August! Nichts, nichts würde bald noch so sein im Elternhaus, wie es immer gewesen war. Aqua hatte ihn aufgegeben für eine ältere Treue. Er war ein kluger Hund, er mußte wissen, daß er es nie wieder so gut haben würde wie bei Adolf. Kein molliges Bett, das er in kalten Winternächten mit seinem Herrn teilte; harter Dienst und mageres Futter und Ärger mit den dummen Lämmern, die sich immer verliefen. Aber er hatte gewählt, was er wählen mußte. Und auch er, Adolf, hatte ja getan, was er tun mußte, ohne daß ihn jemand dazu zwang.

Sonderbar, dachte er, daß man bei so viel Trauer noch bleibt, was man ist; daß nicht im Innern etwas fault davon, daß man von Kummer nicht entstellt wird wie von einer Wunde. Eher war es, als sei dem eigenen Wesen nichts weggenommen, sondern etwas hinzugefügt worden, als hätte er nichts verloren, sondern etwas gefunden auf seinem schweren Gang. Nicht den Heiligen Gral wie Ritter Galahad . . . aber was dann? Sich selber vielleicht? Das Ich, das später einmal ein Mann sein würde? Er wußte keine Worte dafür, und er konnte auch erst dunkel ahnen, daß wahr war, was Paula vorhin gesagt hatte; daß es Dinge gab, die auch in der Fremde Bestand hatten; daß immer und überall etwas da und zum Trost bereit war, wenn man nur selber bereit war, sich trösten zu lassen.

„Und du bleibst doch bei uns, Paula“, fragte er auf dem Heimweg. „Du gehst doch nit ins Kloster, gell?“

Sie schüttelte den Kopf. „Hab keine Angst, Adolf, ich bleibe bei euch. Wenn mich der Papa in Wiesbaden bei den Englischen Fräulein aufs Seminar gehen läßt, kann ich später, als Lehrerin, immer bei den Eltern wohnen und für sie sorgen, wenn sie erst richtig alt sind.“

In der kommenden Nacht schlief Adolf zum erstenmal ohne die Brüder und ohne Aqua in dem großen Bubenschlafzimmer. Er wachte ein paarmal auf, suchte unwillkürlich mit der Hand nach dem Hund, horchte auf das Atmen der Brüder. Es war eine Unruhe im Haus, die er bis in den Schlaf hinein spürte. Dann stand plötzlich Paula an seinem Bett, und er, der sonst so fest schlief, war wach, ehe sie ihn angerührt hatte. „Komm, Adolf, der Babett geht's schlecht. Der Sanitätsrat war da, und Holwein ist zum Kaplan Knodt gelaufen. Wir müssen jetzt alle bei ihr sein.“

Er zog sich schnell an und ging mit der Schwester hinunter. Die Babett, die doch immer da war, dachte er ... Paula hielt die Kerze in der Hand; die blanken Stufen der Treppe gaben das Licht mit mattem Schimmer zurück.

Im Zimmer der Babett war die ganze Hausgemeinschaft versammelt. Sie hatte schon die Wegzehrung empfangen; jetzt lag sie mit wachsbleichem Gesicht in den weißen Kissen, aber die hellen Raubvogelaugen beobachteten noch alles, und es war Adolf, als nähme sie auch seine und Paulas Gegenwart auf. Dann aber waren sie ganz den Händen des jungen Priesters zugewandt, die sie mit dem geweihten Öl des Sterbesakramentes salbten; das verfolgte sie mit angestrengter Aufmerksamkeit, denn jetzt kam es darauf an, daß alles geschah, um sie auf den letzten schweren Weg vorzubereiten.

Auf dem weißgedeckten Tischchen neben dem Bett brannten zwei Kerzen. Der Amtmann legte selbst das Sterbekreuz in die Hände seiner alten Freundin, und mit dem Kreuz hielt sie seine Hand fest. Der Kaplan betete die Sterbegebete vor, und alle knieten und antworteten ihm.

Die Atemzüge der Sterbenden waren jetzt so laut und schwer, daß sie das ganze Zimmer füllten. Die eingefallene Brust hob und senkte sich, als müsse jedes bißchen Luft in schwerer Mühsal dem müden Herzen abgerungen werden. Adolf konnte den Blick nicht abwenden von diesem Kampf, den er mit brennender Neugier verfolgte. Er war dreizehn Jahre alt, er hatte noch nie einen Menschen sterben sehen; der Tod war noch keine Wirklichkeit für ihn. Er fürchtete sich. Er fühlte die eigene Haut kalt, seine jungen, gesunden Glieder steif, seinen Atem schwer werden. Schweißtropfen sammelten sich auf seiner Stirn, und als er auf einmal Paulas Hand fühlte, die sich um seine Finger schloß, war es ihm, als wäre diese Hand das einzige, was ihn im Leben festhielt.

Das Gesicht der Babett sammelte sich noch einmal zu einem angespannten Nachdenken. Ihr ganzes Leben lang hatte sie treu verwaltet, was ihr anvertraut war. Jetzt verließ sie sich darauf, daß es auch mit ihrem Guthaben von

Fürbitte seine Richtigkeit haben würde. Gebet mußte mit Gebet vergolten werden. Sie suchte die Augen des Amtmannes, der hier auf Erden der Inbegriff von Gerechtigkeit für sie gewesen war, und als wäre er ihren Gedanken gefolgt, nickte er ihr bestätigend zu. Zwischen seinen beiden Händen hielt er ihre Hände, und auch das war in Ordnung so und wie sie es sich immer gewünscht hatte. Ihr Blick ging noch einmal über sein Gesicht, dann zu den Bildern der Toten an den Wänden und schließlich zu dem jungen Priester, der alles getan hatte, was zu tun blieb. Dann lösten und glätteten sich ihre Züge. Das zähe alte Herz wehrte sich nicht mehr. Ein einziger zitternder Seufzer stieg noch aus der gepeinigten Brust, beruhigt und ergeben schon, und die bläulichen Augenlider fielen von selber zu. Der Kaplan sprach die letzten Gebete, machte das Zeichen des Kreuzes über die Tote, gab allen im Zimmer die Hand und ging.

Onkel Emmo brachte die leise weinenden Tanten in ihr Zimmer. Der Amtmann legte den Arm um seine Frau, die zum Umfallen müde aussah. „Geh schlafen, Liebe", sagte er. „Und auch ihr, Kinder, geht schlafen. Ich bleibe hier."

Die Kättche und die kleine Anna weinten laut, denn lauter Jammer gehörte sich bei einem Todesfall. So hatten seit Urzeiten die Klageweiber gejammert. Kättche öffnete das Fenster, um der Seele den Ausweg freizumachen, und verhängte den kleinen Spiegel mit einem Tuch. Der Amtmann ließ sie gewähren. Der Sitte mußte Genüge geschehen, so wollte es der beständige Sinn des Volkes. Sobald er allein mit der Toten war, würde er das Fenster wieder schließen.

Es schlug zwei von den Türmen der Stadt, als Paula mit Adolf die Treppe wieder hinaufstieg. Sie hielt die Hand des Bruders fest in ihrer Hand wie früher manchmal, als er noch ein kleiner Junge war und nicht zugeben wollte, wenn er sich im Dunkeln fürchtete.

„Ich schlafe heut nacht bei dir in Augusts Bett", sagte sie. „Damit du nicht allein bist."

Winter

Am Allerseelentag kam die große Schwester Franziska von Schwalbach herüber, um, wie jedes Jahr, mit dem Vater allein nach Montabaur zum Grab ihrer Mutter zu fahren.

Der November, der letzte Monat des Kirchenjahres, gehörte den Toten. Dann brannten in der Abenddämmerung der kurzen Tage Kerzen in blauen Gläschen auf den Grabhügeln, die für den Winter mit frischem Fichtengrün zugedeckt waren. Auch auf den ältesten Gräbern, deren Schrift nicht mehr zu entziffern war unter wucherndem Efeu, lag am Allerseelentag ein frischer Fichtenzweig, leuchtete ein kleines Licht, von irgend jemand angezündet für einen Toten, um den kein Lebender mehr trauerte, Symbol der Liebe, die keinen vergißt.

Dieses Jahr hatte sich Franziska eine ganze Woche Urlaub genommen von ihrer Familie, denn nach dem Besuch in Montabaur wollte sie am 4., dem Geburtstag der Babett, eine Seelenmesse für sie lesen lassen und einen Kranz auf ihr Grab legen.

Für Paulas achtzehnten Geburtstag, am 7., war schon lange voraus eine kleine Gesellschaft geplant gewesen, aber nun war die Babett gestorben, und es schickte sich, daß man die sechswöchige Trauerzeit für eine so langjährige Hausgenossin einhielt. Paula verzichtete gern auf die Gesellschaft, denn mit all den Vorbereitungen, die dann nötig waren, wäre allzuwenig Zeit zu Gesprächen mit der Schwester geblieben. Natürlich wollten auch die Eltern und die Tanten den Besuch genießen, und die Brüder verlangten ihr Recht, wenn sie nachmittags aus der Schule kamen.

Paula überließ es in diesen Tagen der Schwester, den Tanten beim Tee Gesellschaft zu leisten; sie hatten sie ja von den ersten Lebenstagen an großgezogen und hingen an ihr wie an einer Tochter, obwohl sie dem Alter nach eher ihre Enkelin hätte sein können. Paula gewann dadurch etwas mehr Zeit für die Teestunde bei Onkel Emmo, bei dem sie zwei-, dreimal jede Woche Overberg vorfand.

Es war jetzt beschlossene Sache, daß Emmerich bald nach Anbruch des neuen Jahres nach Bad Ems übersiedeln und die Stelle als Bibliothekar des Hauses Overberg antreten sollte. Zuweilen fuhr er hinüber, um die nötigen Einrichtungen zu treffen. Es war vereinbart worden, daß er dort, wie im Amtshaus, zwei Zimmer für seine eigenen Bücher zur Verfügung hatte und daß auch seine Kunden ihn in Ems so ungestört wie in Limburg aufsuchen konnten. Wenn diese Fahrten nach Ems auf einen Samstag fielen, wurde immer Adolf dazu eingeladen, und bei gutem Wetter durfte er dann eine Stunde mit Konrad Overberg reiten oder, solange er wollte, im Stall bei der Stute Suleika sitzen und sich an dem neugeborenen Fohlen sattsehen.

Franziska war in dem oberen Gastzimmer einquartiert worden, durch dessen Wand der Kamin des Küchenherdes ging, so daß es immer behaglich warm war, wie grimmig die Herbststürme auch über das Tal hinzogen. Da saßen die beiden Schwestern jeden Abend bis tief in die Nacht und unterhielten sich über alles, was für Gespräche im großen Familienkreis weniger geeignet war.

„Ans Kloster also hast du gedacht, Schwesterchen", sagte Franziska, als Paula sich über die Schwierigkeiten der ersten Monate zu Hause ausgesprochen hatte. „Das kann ich verstehen, obwohl es bei mir anders war. Ich wünschte mir, so früh wie möglich zu heiraten, und ich danke heute noch meinem Schöpfer, daß mein guter Karl mir begegnete, ehe ich Zeit und Gelegenheit hatte, einen übereilten Entschluß zu fassen, nur um dem strengen Regiment der Mama zu entrinnen. Dabei ist sie ja wirklich eine prächtige Frau, wenn auch wahrhaftig keine bequeme

Lehrmeisterin. Erst viel später sah ich ein, wieviel Ursache ich habe, ihr dankbar zu sein, daß sie mir die Grundbegriffe des Haushaltes beigebracht hat, auch wenn es mich viele Tränen kostete."

„Also auch du hast Tränen vergossen?"

„Und ob! Oder denkst du, sie wäre nachsichtiger mit mir gewesen als mit ihrer eigenen Tochter? Aber wart nur, auch du wirst eines Tages dankbar an sie denken, wenn du dich erst mit den Aufgaben einer eigenen Wirtschaft und Kinderstube herumschlagen mußt."

„Der Fall wird wohl nicht eintreten, meine Liebe, weil ich nicht vorhabe zu heiraten."

„So? – Nun, daß du dir die Klostergedanken aus dem Kopf geschlagen hast, dazu kann man, glaube ich, dem Kloster und dir gratulieren. Aber was sollte nun noch einer vernünftigen Heirat im Wege stehen?"

„Eine vernünftige Heirat! Tante Rikchen hat mir schon ein paarmal gesagt, daß die oft die glücklichsten werden. Vielleicht für jemand, der nie die richtige, die ganz große Liebe kennengelernt hat. Denn das ist so, Franziska, daß es für ein ganzes Leben reicht, auch wenn man es teuer bezahlt hat. Es war ja bei mir von Anfang an aussichtslos. Denn stell dir den Schrecken der Eltern vor, wenn ein Protestant und noch dazu ein preußischer Offizier um meine Hand angehalten hätte."

Franziska schien nicht so erstaunt über dieses plötzliche Geständnis, wie Paula erwartet hatte. Durch Tante Rikchens Briefe vom Sommer war sie über eine gewisse Besorgnis in der Familie unterrichtet worden. „Dieser Preußenleutnant", hatte die Tante geschrieben, „macht mir Sorgen. Schön wie der junge Alcibiades (wer immer das sein mag) nennt ihn Emmo. Jedenfalls ist er liebenswürdig, darüber sind selbst zwei so alte Frauen wie Stina und ich uns einig. Wir wollen Gott danken, wenn er wieder entschwindet, ohne daß sich zwischen ihm und unserer kleinen Paula etwas angesponnen hat. Ein Protestant! Als hätte es in unserer Familie je eine Mischehe gegeben."

„Ich kann es mir auch nicht als Grundlage für ein glückliches Familienleben vorstellen, wenn die Mutter sonntags mit den Kindern in eine Kirche und der Vater in eine andere geht", sagte Franziska in ihrer vernünftigen Art. „In so grundlegenden Dingen wie Religion sollte in einer Ehe schon Übereinstimmung herrschen. Sei froh, daß dein Sommererlebnis ohne größere Komplikationen vorübergegangen ist, und mach ja nicht den Fehler, zu denken, daß so eine stürmische Jugendliebe fürs ganze Leben ausreicht, wie du eben gesagt hast. Ein Leben ist lang, Kind, und es wäre schlimm, wenn mit einer Liebe alles vorbei wäre."

Paula seufzte. Das waren so die Ansichten einer gereiften älteren Frau (Franziska war schon dreißig!), die sicher im Hafen einer guten Ehe gelandet war. Sie konnte sich schwer vorstellen, daß sie selber je so abgeklärt sein würde. „Meinst du, daß auch die Eltern etwas gemerkt haben?" fragte sie.

„Nun, sie sind ja nicht gerade blind. Aber du weißt, in unserer Familie werden über Gefühlsdinge nicht leicht Worte gemacht. Was nicht beredet wird, bekommt nicht mehr Gewicht, als ihm zusteht."

Deswegen also, dachte Paula, war die Mama so schnell einverstanden, als ich sie damals bat, mich mit dem Papa nach Montabaur fahren zu lassen. „Ich habe schon mit den Eltern gesprochen, daß ich in Wiesbaden auf das Seminar der Englischen Fräulein gehen und mein Lehrerinnen-Examen machen möchte, damit ich später einen Beruf habe und mir selbst mein Brot verdienen kann", sagte sie. „Ich mag Kinder gern und komme gut mit ihnen aus. Außerdem finde ich es beschämend, einfach dazusitzen und zu warten, ob ein Mann kommt und die Freundlichkeit hat, mich zu heiraten."

Sieh mal an, die kleine Schwester! dachte Franziska. Da

saß sie nun und hatte ganz vernünftige, wenn auch etwas ausgefallene Pläne. Aus dem unbedarften Klostermädchen, das sie im März nach zwei Jahren wiedergesehen hatte, war inzwischen ein erwachsener Mensch geworden, der sein Leben selbst in die Hand nahm. „Es hat bisher zwar in unserer Familie noch keine unverheiratete Tochter gegeben, die sich selbst ihr Brot verdienen mußte", sagte sie. „Das ist so eine von den neumodischen Ideen. In deinem Fall will ich's als verständige Zwischenlösung gelten lassen. Du wärst für ein volles Jahr gut beschäftigt, und bis es herum ist, wirst du wahrscheinlich doch anders übers Heiraten denken."

„Vorerst denke ich daran, daß es in Wiesbaden im Hause nichts mehr für mich zu tun geben wird", sagte sie. „Eine kleine Stadtwohnung, kein Garten, drei Brüder aus dem Haus. Wie soll da die Mama für ihre ungeheure Energie genug Betätigung finden? Sie hat denn auch meinem Vorschlag durchaus nicht widersprochen."

Franziska hätte gern noch mehr gefragt, aber sie ließ es lieber bleiben. Nach diesem jungen Herrn Overberg zum Beispiel, von dem in der Postkutsche zwei ältere Damen getuschelt hatten. Er mache der Amtmannstochter schon eine ganze Weile den Hof, hatten sie gesagt, aber bei ihm könne man ja nie wissen . . .

Und nun kam am Morgen von Paulas Geburtstag ein Karton von dem großen Blumengeschäft in Wiesbaden; der Postillon hatte ihn in der Posthalterei abgegeben, und der Stallbursche brachte ihn ins Amtshaus. Bis zum Nachmittag würde es ganz Limburg wissen, daß die Amtmannstochter eine Sendung von der Hofblumenhandlung in der Residenz bekommen hatte.

Es lagen, wie sich beim Auspacken zeigte, zwölf gelbe Rosen in dem Karton, fast noch Knospen, jede für sich in einer zarten Hülle aus Seidenpapier, Rosen von solcher Vollkommenheit, daß die Mama, die Tanten und Franziska, die alle dabeistanden, als Paula das Paket öffnete, ein entzücktes Ah! hauchten. „Sie müssen ein kleines Vermögen gekostet haben!“ sagte Tante Rikchen, die sich als erste wieder faßte.

„Wie reizend von Herrn Overberg“, sagte Paula. „Da müßten wir eigentlich heute nachmittag zum Familienkaffee einladen, wenn er wieder bei Onkel Emmerich hereinschaut.“

Tante Rikchen konnte nun ihre Besorgnis nicht länger für sich behalten. „Reizend, gewiß, solange du aus dieser Aufmerksamkeit keine falschen Schlüsse ziehst, liebes Herz. Vermutlich will er sich erkenntlich zeigen dafür, daß er so oft bei Onkel Emmo Tee trinkt. Schließlich bist du es ja, die die Arbeit davon hat.“

Die vier Frauen hielten den Atem an vor Spannung, was Paula dazu sagen würde. Vielleicht war es ganz gut, daß Tante Rikchen die Gelegenheit ergriffen hatte, den Stier einmal bei den Hörnern zu packen.

„Ihr könnt wirklich ganz beruhigt sein, was mich betrifft“, sagte Paula und betrachtete mit unverhohlenem Entzücken die herrlichen Rosen. „Ich weiß genau, was über ihn geredet wird, und er selber weiß es am allerbesten. Wir haben ganz offen darüber gesprochen. Er hat mir gesagt, daß er wahrscheinlich überhaupt nicht heiraten wird, und ich habe ihm gesagt, daß er meinetwegen bestimmt nicht wieder zu verreisen braucht.“

„Das hast du ihm *gesagt* . . .“ fragte Tante Stina entgeistert. Nein, diese jungen Menschen heutzutage! Sie kam da nicht mehr mit.

„Natürlich“, antwortete Paula ohne eine Spur von Befangenheit. „Wenn man sich so oft sieht und so viel miteinander tanzt wie wir beide, muß doch alles klar sein, nicht wahr?“ Und sie ging, um eine passende Vase für ihre Rosen zu suchen.

„Allerhand!“ sagte Tante Rikchen, und die Mama meinte,

es sei gut, daß mit der Übersiedelung der Familie *das alles* ganz von selbst aufhöre.

Paula, nun allein und ohne die beobachtenden Augen ihrer Lieben, nahm jede einzelne der schönen Rosen noch einmal in die Hand und ordnete sie mit Sorgfalt in eine glatte Vase aus blassem Seladon-grün – die gelben Rosen die den Abschied in Aßmannshausen wieder so lebendig machten, wenn auch der Schmerz langsam seine Heftigkeit verloren hatte. Aber wie hätte sie ihn damals ertragen sollen ohne Overbergs Verstehen, ohne die männliche Ruhe und Kraft, die von ihm ausgegangen war und auch ihr Kraft gegeben hatte. So wie er damals geschwiegen hatte, hatte er auch später nie wieder mit einem Wort daran gerührt. Und nun schickte er die Rosen, die ganz leise sagten: Ich denke daran. Zwischen den Blättern verborgen lag eine weiße Karte, auf der stand nur „Konrad" – die ließ sie schnell in ihrer Schürzentasche verschwinden.

Der November ging vorüber, naß, kalt und dunkel, ein Nebelmond, der seinem Namen Ehre machte. Die Flammen des Herbstes waren verlöscht, Grau beherrschte die Welt. Das reine Weiß des Schnees, von allen Buben der Stadt so sehnlich herbeigewünscht, zögerte noch hinter den verhangenen Bergen. Manchmal heulte der Sturm über die Dächer wie ein großes Orgelkonzert. Wenn die Amtmannsbuben den Michel Anderwand in seiner Turmstube besuchten, weil es jetzt so wenig anderes für sie zu tun gab, dann hörten sie die Krähen ihr Klagelied krächzen, und Michels zahme Krähe saß aufgeplustert und stumm auf dem Kleiderschrank.

An vielen Tagen klopfte der Regen an die Fensterscheiben wie tausend knöcherne Finger. Die Babett hätte gesagt, es seien die Armen Seelen, die um Fürsprache baten. Was sie selber betraf, so konnte sie ganz ruhig sein, für alle Verstorbenen betete man ja jetzt im Totenmonat täglich in den Kirchen: „Gib ihnen die ewige Ruhe, und das ewige Licht leuchte ihnen.“ Und darüber hinaus wurde für die Babett selber im Amtshaus so getreulich gebetet, wie sie es nur hätte wünschen können.

Die Sonne schien die Welt vergessen zu haben; sie schaute nur grämlich für ein paar kurze Tagesstunden über die verschleierten Berge und überließ das Städtchen mit seinen engen Gassen der düsteren Spätherbststimmung. Man konnte denken, die schmalen, hochgiebeligen Häuser der Altstadt seien noch enger zusammengerückt, weil es sie fror in der kalten Dunkelheit.

Und zu allem Elend war im Amtshaus die Lebertranflasche wieder bis obenhin gefüllt worden beim Apotheker.

Bei Onkel Emmerich war es immer warm und gemütlich, wenn auch, wie überall zur Dämmerstunde, mit Licht gespart wurde. Die Flammen im Kamin tanzten und knisterten, und da das schwache Licht einer Kerze zum Vorlesen nicht ausreichte, rezitierten Onkel Emmo und Overberg jetzt zuweilen mit verteilten Rollen. In dieser Zeit lernte man die Schätze der Dichtung noch auswendig, um sie immer zur Hand zu haben. So konnte es vorkommen, daß Paula, wenn sie das Tablett mit dem Tee brachte, den ersten Akt des Faust zu hören bekam, und es bedurfte keines großen Aufwandes von Phantasie, um das Zimmer mit den hohen Bücherwänden und dem rotglimmenden Kaminfeuer in die Studierstube eines mittelalterlichen Gelehrten zu verwandeln.

Mit dem Dezember kam die Adventszeit, und wie oft in späteren Jahren erzählten die Kinder aus dem Amtshaus ihren eigenen Kindern vom Zauber dieser Vorweihnachtswochen in dem alten Haus, in dem sie ihre schönsten Jugendjahre verlebt hatten.

Noch hatte die Elektrizität nicht das intimere Leuchten von Kerzen und Petroleumlampen verdrängt, und auch die Straßenbeleuchtung wurde noch mit Petroleum bestritten, obwohl es in den großen Städten schon Gasbeleuchtung gab. In Limburg ging der Laternenanzünder noch allabendlich durch die Straßen und sorgte dafür, daß die Bürger nicht mehr wie in früherer Zeit ihre eigenen Leuchten mittragen mußten, wenn sie im Dunkeln ausgingen. Wie kleine freundliche Inseln von Licht standen jeden Abend die Straßenlaternen im Nebel, der vom Fluß heraufzog, und sehr weit reichte ihr Umkreis nicht. Keine Lichtreklame überstrahlte Mond und Sterne mit trügerischem Glanz; kein glänzend erleuchtetes Schaufenster machte einen Versuch, die sanfte Dunkelheit der Nacht zu übertrumpfen. Aber beim Bäcker Mergel stand vom ersten Advent an ein fast lebensgroßer Weihnachtsmann aus Lebkuchen im Fenster, jedes Jahr wieder ungeduldig erwartet von allen Kindern der Stadt und freudig begrüßt als erstes Zeichen der Weihnachtszeit. Es war stets dasselbe, unverkäufliche Prachtstück: die Rute aus Ginsterzweigen, mit drei Bändern aus buntem Glanzpapier umwunden; aus steifem Zuckerguß Bart und Haare, die Augen aus Backpflaumen, Knöpfe aus geschälten Mandeln, vornehm wie echtes Elfenbein, Sterne von Rosinen, Korinthen und Zitronat über den braunen Mantel verstreut. Die Kinder drückten sich die Nasen platt an der kalten Glasscheibe, auf der von unten her zierliche Ranken und Blumen von Eiskristallen wuchsen, wenn früher Frost einsetzte.

Der Uhrmacher Mehlhaus in der Grabenstraße hatte ganz großstädtisch eine Reihe von Kerzen hinter seiner Fensterscheibe aufgestellt, damit sie nicht zufror und man all die ausgestellten Herrlichkeiten ungestört sehen konnte: Armbändchen und Taschenmesser, kleine Uhren für Damen und große für Herren, ein paar Ringe mit glitzernden Steinen. „Wenn mer Geld hätt!" seufzte Georg, der sich zu Weihnachten gern so nobel wie ein Großfürst benommen hätte, und zwar nicht nur der eigenen Familie gegenüber.

Aber die Brüder drängten nach Hause, denn dort, in der

Wohnstube, hing der Adventskranz über dem Tisch, schlicht und grün und nach Wald duftend. Die Buben hatten ihn selbst gebunden und die vier gelben Kerzen darauf befestigt, von denen nun jeden Sonntag eine weitere angezündet wurde, bis in der letzten Vorweihnachtswoche alle vier brannten. Vor dem Abendessen leuchteten allein die Adventskerzen, denn die Petroleumlampen hatten nur eine Brenndauer von drei oder höchstens vier Stunden, und sie während des Abends neu zu füllen, bedeutete Feuersgefahr.

„Jetzt glüht bei uns wieder der Küchenherd den ganzen Tag, denn die große Backerei hat angefangen", schrieb Tante Rikchen an die Verwandten in Montabaur. „Das Haus duftet nach Zimt und Kardamom, Zitrone und Rum, ‚nach allen Gewürzen des Morgenlandes' sagt unser Ferdinand, wenn er aus der Schule kommt und sogleich herumschnuppert, ob er nicht ein Honigkuchenmännchen oder eine Haselnußmakrone ergattern kann, ‚denn vor Weihnachten schmecken sie am besten', sagt der Schlingel. Paula wird in diesem Jahr zum erstenmal in die Geheimnisse der Weihnachtsbäckerei eingeweiht, und selbst ihre Mutter sagt, daß sie sich recht geschickt dabei anstellt. Stina und ich bemühen uns immer noch vergeblich, ihr die Gundregeln der Hautpflege beizubringen, aber sie behauptet, ganz gut mit kaltem Wasser zurechtzukommen, und in der Tat hat sie ja einen makellosen Teint, wenn sie nur nicht so blaß wäre. Selbst der Lebertran hilft nichts bei ihr.

In der Dämmerstunde ruht wie immer um diese Zeit die Arbeit, selbst in diesem arbeitsreichen Haus. Dann sitzen wir alle um den großen Tisch im Wohnzimmer und stricken, dazu genügt das Licht der Adventskerzen. Margarete muß jeden Abend eine Geschichte erzählen, wozu sie ja eine besondere Gabe hat. Sie meint aber, in einem alten Amtshaus könne das jeder; alle Wände und Winkel wisperten und raunten davon, man brauche nur die Ohren aufzusperren. Selbst die großen Jungen wollen immer wieder die alten

Märchen hören: Von Einem, der auszog, das Fürchten zu lernen, von Jorinde und Joringel, vom Däumling und von den Sieben Raben. Ebensosehr lieben sie die frommen Legenden von dem Wald, der in der Christnacht zu blühen anfängt, oder von den Haustieren im Stall, die dann miteinander über ihre gute oder böse Herrschaft sprechen, und oben im Gebälk sitzt ein Engel und schreibt alles auf. Zuletzt setzen Margarete oder ich uns dann ans Pianoforte, und wir alle singen Adventslieder zusammen, und wenn uns Jacob in seinem Amtszimmer hört, kommt er herauf und stimmt mit ein.

Sobald die Lampe angezündet wird und das Abendessen verzehrt ist, holen wir Frauen unsere Sticheleien hervor. Die fünf Söhne bekommen wie jedes Jahr zum Christfest jeder einen neuen Anzug. Margarete hat ja schon seit zwei Jahren eine dieser neumodischen Nähmaschinen, und es ist für Stina und mich immer wieder ein wahres Wunder, daß man nur mit der Hand ein Rad zu drehen braucht, und die Nadel macht ganz von selbst ihre schönen, regelmäßigen Stiche durch den dicken Wollstoff, den uns der Isidor auch dieses Jahr wieder auf der Frankfurter Herbstmesse besorgt hat.

Ach, meine Lieben, Stina und mir ist doch oft das Herz recht schwer, wenn wir denken, daß wir zum letztenmal diese traulichen Wochen hier im großen Kreis verleben, der doch seit so vielen Jahren unser eigentlicher Familienkreis war. Aber Wiesbaden wäre nicht der rechte Ort für uns, und es ist auch ein lieber Gedanke, am Ende eines langen Lebens von Gottes Hand wieder dahin zurückgeführt zu werden, wovon man einst ausgegangen ist. Wir wissen, daß es bei Euch allen auch wieder schön und heimatlich sein wird für die kurze Spanne Zeit, die uns noch bleibt.

Stina läßt Euch alle vielmals grüßen. Sie schreibt grade wieder an einer neuen Novelle. Sie ist ja so hochbegabt; ich kann nicht begreifen, warum sich noch keine Zeitschrift bereitgefunden hat, eins ihrer poetischen Werke zu drucken."

Die letzten Weihnachten im Amtshaus. Viele Kerzen brannten an der großen Edeltanne, die der Amtmann jedes Jahr selber auf dem Weihnachtsmarkt aussuchte. Die Buben hatten Nüsse mit Goldbronze angemalt, rotbackige Äpfel blankgerieben, Ketten aus buntem Glanzpapier ausgeschnitten, um den Baum zu schmücken. Auf weißgedeckten Tischen lagen die Geschenke, Tannen- und Ilexzweige dazwischen gestreut. In diesem Jahr war die Petitpoint-Weste für Emmerich mit Rosenknöspchen bestickt, „weil ich immer jünger werde", sagte er und küßte die Tanten, und sie tupften schnell ein paar Tränen weg, denn alle hatten sich stillschweigend gelobt, am letzten Weihnachtsabend im Amtshaus keine Abschiedsstimmung aufkommen zu lassen.

Als dann die Mägde und Holwein mit ihren Geschenken hinuntergegangen waren, um zusammen am Küchentisch ein Stück von ihrem Christstollen zu verzehren und ein Glas Punsch dazu zu trinken; als man die Buben ins Bett geschickt hatte, weil sie vor dem Aufbruch zur Mitternachtsmesse noch ein paar Stunden schlafen sollten, da wurden die Zurückgebliebenen doch immer stiller und nachdenklicher, während sie zusahen, wie ein Kerzchen nach dem anderen am Baum ausbrannte.

Paula las erst noch eine Weile in dem alten Lederbändchen mit Goethes Gedichten, das ihr Onkel Emmerich geschenkt hatte, dann klappte sie es zu und überdachte das Jahr, das ihr Leben verändert hatte, was immer ihr sonst noch begegnen mochte. Sie dachte auch an den Brief von mère Céleste, der gestern gekommen war, ein warmer, mütterlicher Brief, durchaus einverstanden mit ihrem Plan, sich im nächsten Jahr noch einmal auf die Schulbank zu setzen und etwas Ordentliches zu lernen. Auch die Freundinnen hatten geschrieben, und jede hatte ein Stückchen ihres Lebens vor Paula ausgebreitet; wieviel sie mitgeteilt, wieviel sie verschwiegen hatten, ließ sich schwer sagen. Auch Paula hatte ja den einst so Vertrauten nicht alles schreiben können, was ihr dieses Jahr gebracht hatte an Glück und Schmerz, an Verzicht und Erkenntnis. Noch immer lag das glatt gefaltete Batisttuch mit dem Krönchen unter ihrem Kopfkissen, noch immer drückte sie es zuweilen an ihr Gesicht, aber der Duft nach Pferd und Leder und Eau de Cologne war schon fast ganz vergangen.

Jetzt sah sie ein Ziel vor sich, und das war schon viel; ein vorläufiges Ziel, das alles andere noch offenließ. Was hinter der nächsten Wegbiegung auf sie wartete, danach wollte sie nicht fragen.

Und nun kamen die Zwölf Nächte, die Zeit zwischen Weihnachten und Dreikönigstag, in der noch immer viel alter Spuk aus der Heidenzeit im Volke geistert. In der Küche schwelte auf irdenem Teller ein Räucherkerzchen, denn es sind ja die Rauchnächte, in denen man mit Weihrauch und Weihwasser dem wilden Jäger wehren muß, der mit seinem Heer in Stürmen über die Dächer zieht.

Aber auch für die, die nicht an Spuk glaubten, stand die Zeit still in diesen Tagen, die man die Tage „zwischen den Jahren" nannte. Da wurde nicht gewaschen, gefegt und gescheuert in den Häusern, keine neue Arbeit wurde mehr angefangen. Es gab viel Besuch von Haus zu Haus, es gab Abendgesellschaften und Kaffeekränzchen, und im Amtshaus fing man schon mit den Vorbereitungen für die große Silvesterfeier an, die in diesem Jahr gleichzeitig ein Abschiedsfest sein sollte, denn bald nach Neujahr würde man mit der Packerei beginnen, wenn auch der Umzug noch nicht unmittelbar bevorstand.

Am Silvesterabend gab es, wie jedes Jahr, ein frühes Abendessen für die Familie, damit die Mädchen dann zum Tanz in die *Goldene Gans* gehen konnten. Gegen neun Uhr erschienen die Gäste. Um die Zeit bis zu dem traditionellen Silvestersalat auszufüllen, der mit entsprechenden Mengen von Rumpunsch erst beim Läuten der Neujahrsglocken serviert wurde, waren überall Schalen und Schüsseln mit Nürnberger Lebkuchen, Makronen und Pfeffernüssen, Zimtsternen, Buttergebäck und den letzten zierlichen Marzipanfrüchten zurechtgestellt worden. Die Buben, die dieses Jahr alle bis Mitternacht aufbleiben durften – denn es war ja die letzte Silvesterfeier im Amtshaus –, die Buben also beteiligten sich eifrig daran, all den Weihnachtsleckereien den Garaus zu machen.

Wieder war der große Salon mit den gravitätischen Mahagonimöbeln geöffnet, der weiße Kachelofen geheizt, das Parkett spiegelblank gewachst und gebohnert worden. In den beiden schweren Kristalleuchtern strahlten die Kerzen, und nachdem sich alle, samt zwei würdigen Prälaten und dem jungen Kaplan Knodt eine Weile mit Scharaden und Gesellschaftsspielen vergnügt hatten, zogen sich die älteren Herrschaften zu Konversation oder einer Runde Whist bei einem Glas Wein ins Wohnzimmer zurück, während die tanzlustige Jugend geschwind Tische und Sessel im Salon an die Wand schob. Tante Rikchen setzte sich ans Pianoforte, das man für den Abend in den Salon gerollt hatte, und spielte unermüdlich zum Tanz auf, Walzer und Schottische, oder was sonst verlangt wurde. Sogar eine Quadrille wurde arrangiert, und Overberg, der sie mit Paula tanzte, rief die Figuren aus. Tante Rikchen wurde selber vom Schwung der Jugend mit befeuert, sie lächelte beim Spielen, sie wiegte ihren grauen Kopf mit dem Spitzenhäubchen im Takt, ihre alten Finger flogen über die Tasten, und wenn sie aufsah, dann begegneten ihre Blicke glänzenden Augen, sie sah, wie im Vorüberhuschen eine Hand gedrückt wurde, hörte ein ausgetauschtes Flüstern und dachte: Meine Güte, manches war vor einem halben Jahrhundert schon genau ebenso; damals waren wir die Jungen, und es ist ja eigentlich erst gestern gewesen.

Gegen halb zwölf winkte die Mama Paula ins Wohnzimmer hinüber und erinnerte sie daran, daß sie in der Küche noch einmal den Salat durchmischen, in die Schüssel füllen und ihn dann mit dem großen Stern verzieren sollte, der ebenso wie der Heringssalat selber zum Silvesterabend gehörte. „Und vergiß mir nicht, die Käsestangen in den Ofen zu schieben. Sie dürfen nur goldgelb werden, beileibe nicht braun.“

„Ja, Mama“, sagte Paula, mitten aus dem Rausch des Tanzes gerissen und durchaus nicht entzückt, daß sie dabei unterbrochen wurde. Sie hätte gern auf die Ehre verzichtet, den Salat mit dem traditionellen vierfarbigen Stern in acht abwechselnden Feldern zu verzieren. Wenn er nur nicht krumm und schief wird, dachte sie besorgt, als sie noch einen Blick in den Salon warf, wo der Tanz nun ohne sie weiterging. Overberg tanzte mit Charlotte, und Paula dachte anerkennend, wie tadellos er sich an diesem Abend benommen hatte; mit allen Mädchen hatte er schön gleichmäßig getanzt, keine bevorzugt, keine vernachlässigt. Gut war es trotzdem, daß sie jetzt bald nach Wiesbaden verschwand, denn es ließ sich nicht verkennen, daß die Gemüter in Limburg beunruhigt waren seit dem Winzerfest in Aßmannshausen. Konrad verhielt sich nicht immer so diplomatisch wie heute, meistens machte er kein Hehl daraus, daß Paula seine bevorzugte Partnerin war, und selbst die besorgtesten Mütter mußten zugeben, daß die beiden beim Tanz jedenfalls ein vollkommenes Paar waren. Aber wohin wollte das führen bei diesem unbeständigen Kandidaten, es könne am Ende doch nichts als Kummer für so ein unerfahrenes Ding wie die Amtmannstochter dabei herauskommen. Dabei hatte es für sie allem Anschein nach schon vorher Kummer gegeben mit dem preußischen Leutnant . . .

Nun stand Paula in der Küche mit einer weißen Schürze über dem grünen Festkleid, hatte die Käsestangen in den Ofen geschoben, den Salat in die Kristallschüssel gefüllt und überlegte mit sorgenvoll gefalteter Stirn, wie sie den Stern am besten in seine acht Felder aufteilen könne. August und Georg hatten bereits die Platten mit belegten Broten heraufgeholt, und Onkel Emmerich den großen Topf mit heißem Wasser für den Rumpunsch. Adolf stand noch neben Paula und sah gespannt zu, wie sie anfing, die Felder einzuteilen.

„Das sind Probleme!" sagte eine Stimme hinter den Geschwistern, und eine Hand legte sich auf Adolfs Schulter. „Geh doch mal in den Stall, mein Lieber; ich vergaß ganz, dir zu sagen, daß ich ein extra Säckchen Hafer mitgebracht habe. Die Pferde sollen doch auch merken, daß Silvester ist. Und vergiß mir den Silberling nicht."

Adolf, der für seinen Freund Overberg unbedenklich auch auf den Kilimandscharo gestiegen wäre, erkundigte sich nur schnell nach Suleika und ihrem winzigen Sohn und machte sich dann sofort auf den Weg in den Stall.

„Und nun lassen Sie mich mal die Sache mit dem Stern in die Hand nehmen, Paula, denn mir scheint, daß er Ihnen etwas schief gerät." – „Oh, ich bringe ihn schon hin", sagte Paula. „Männer sollten sich doch nicht einbilden, daß sie uns sogar in der Küche über sind."

„Nichts liegt mir ferner", sagte er, nahm ihr aber doch die beiden Gabeln aus der Hand, mit denen sie sich bisher nicht sehr erfolgreich bemüht hatte. „Das ist, wenn Sie mir die Bemerkung gestatten wollen, weniger eine Sache der Kochkunst, als der Geometrie, und damit fällt es wohl doch eher ins Gebiet der männlichen Belange."

Zu Paulas schadenfrohem Vergnügen mußte er dann aber doch die Erfahrung machen, daß dieses verflixt glitschige Material auch der überlegenen männlichen Geometrie Widerstand entgegensetzte. Immerhin konnte man schließlich das Endresultat doch als Stern gelten lassen.

„Der Erste, der sich davon nimmt, zerstört das überaus herrliche Gebilde doch wieder", sagte Overberg. „Und nun lassen wir Stern Stern sein. Ehe es zwölf schlägt, brauchen wir nicht hinaufzugehen. Ich muß mit Ihnen sprechen, Paula."

„Meine Käsestangen!“ rief sie, zog die schön goldgelben aus dem Rohr und stellte sie auf vorgewärmter Platte an die Seite des Herdes. Aber nun schob er sie auf die Bank hinter dem Küchentisch und setzte sich daneben. „Es ist nämlich so, daß ich wieder verreisen muß“, sagte er. „Nach Sankt Gallen. Da gibt es eine berühmte Klosterbibliothek mit über zweitausend alten, illuminierten Handschriften, Inkunabeln und so weiter . . . Mein Vater ist sehr dafür, daß ich mir diese Schätze mal gründlich ansehe.“

„Inkunabeln“, sagte sie, „was ist das nun wieder?“ Aber sie dachte nicht an die Bibliothek in Sankt Gallen dabei, denn sie war erschrocken. Würde sie ihn nun nicht mehr bei Onkel Emmerich treffen, wenn sie nachmittags den Tee hereinbrachte? Nicht mehr diese schöne, dunkle Stimme vorlesen oder rezitieren hören? Und wenn er zurückkam, irgendwann, dann war sie nicht mehr in Limburg, sondern in dem entfernteren Wiesbaden, und vielleicht hatte sie den Freund dann auf immer verloren.

„Aber nicht meinetwegen müssen Sie reisen, Konrad“, sagte sie. „Denn das wäre ja gegen unsere Verabredung.“

„Doch, Ihretwegen, Paula.“ Er legte seine große Hand über ihre beiden Hände auf der Tischplatte. „Ja, im Grunde nur Ihretwegen, obwohl Sankt Gallen ein verlockender Vorwand ist. Ich reise, weil ich Ihnen Zeit lassen will, sich zu besinnen . . . Ich glaube, Sie verstehen, was ich meine.“

Sie sah ihn ernst und nachdenklich an. Dann senkte sie die Augen und schüttelte den Kopf, nicht über das, was er gesagt hatte, sondern über sich selber. Wenn es nicht gerade Konrad Overberg gewesen wäre, hätte sie es vielleicht eher begriffen. Hatte er denn nicht gesagt, daß er immer vor der letzten Konsequenz zurückscheute? Und sie selber war so mit ihren eigenen Gefühlen beschäftigt gewesen, daß sie keine Zeit gehabt hatte, an die eines anderen zu denken.

„Ach Gott, Konrad“, sagte sie bestürzt. „Es scheint mir, ich war ein ganz schauderhafter, dummer, blinder Egoist.“

„Nein, seien Sie nicht traurig, kleine Paula. Wie konnten Sie denn wissen, daß es so einem wie mir plötzlich ernst sein würde. Sie sollen mir jetzt auch noch keine Antwort geben, darum gehe ich ja fort. Bei mir, glaube ich, fing es schon an, als ich vor einem Jahr einem verfrorenen kleinen Schulmädchen meine halbe Pelzdecke über die Knie legte, und es wurde so entzückend rot dabei."

„Oh, Konrad, das war doch christliche Nächstenliebe!"

„Ich bezweifle es stark. – Und übrigens sollen Sie ruhig den Plan ausführen, von dem sie neulich bei Onkel Emmerich erzählten. Das wird Ihnen helfen, alles zu klären. Ein Jahr ist nicht lang, wenn es sich um ein ganzes Leben handelt."

„Aber Sie werden doch nicht ein ganzes Jahr wegbleiben?"

„So lange könnte ich meinen Vater nicht allein lassen. Ich komme wieder, wenn Sie in Wiesbaden sind, ein wenig entfernter von Bad Ems als Limburg, aber wozu haben wir die Eisenbahn. Es ist immer noch nahe genug, daß wir uns sehen können, sooft Sie es mir erlauben."

„Sie werden mir fehlen, Konrad."

„Das ist schon viel, Paula. Mehr, als ich hoffen durfte, und sicher mehr, als ich verdient habe." Er nahm eine ihrer Hände und legte sie an sein Gesicht. „Ich liebe Sie, ich liebe Sie", sagte er kaum hörbar, aber mit einer solchen Inbrunst, daß sie es bis ins innerste Herz spürte.

„Haben Sie Geduld mit mir", sagte sie.

Vom Dom kam der erste Schlag der Mitternacht, und eine Kirchenuhr nach der anderen nahm den Stundenschlag auf. Aus der geöffneten Wohnzimmertür hörte man schon das erste „Prost Neujahr" der Gäste. „Paula!" rief die Stimme der Mama von oben. „Wo bleibst du nur?"

Sie nahm die Platte mit den Käsestangen, er die schwere Kristallschüssel, und während sie die Treppe hinaufstiegen, vollendeten die Uhren der Stadt ihre zwölf Schläge. Einen Augenblick war Stille, dann begannen sämtliche Glocken den feierlichen Gesang der Neujahrsnacht.

MARGOT BENARY-ISBERT

Das Abenteuer des Alterns

17. Auflage, 116.–125. Tausend, 210 Seiten, Leinen 19,80 DM

»... eine bezaubernde Erzählerin. Fast alle ihre Bücher wurzeln im persönlichen Erlebnis, ohne daß dieses dem Leser aufgedrängt würde ... Ein Ich-Bericht von großer Ehrlichkeit ...«
»›Abenteuer des Alterns‹, scheinbar leicht erzählt, anschaulich geschildert, reicht von praktischen Ratschlägen bis in die Bezirke einer niemals aufdringlichen und eben darum überzeugenden und beglückenden Weisheit. Ein schönes und ein sehr notwendiges Buch ...«

Bayerischer Rundfunk, München

»... zeigt ganz schlicht und auf überaus unterhaltende Weise, was man aus dem letzten Lebensabschnitt und aus sich selbst machen kann ... Dieses Buch voll Kraft, Trost und stützender Hilfe möchte man vielen in die Hände legen ...«

Basler Nachrichten

... ein heitrer Abend krönt den reichen Tag

7. Auflage, 31.–35. Tausend, 238 Seiten, Leinen 19,80 DM

»Eines der erfrischendsten und erfreulichsten Bücher der letzten Zeit ... Margot Benary-Isbert beschreibt, wie man mit Heiterkeit und Würde alt werden kann ...«

Die Barke, Hamburg

»Was ist das für ein heiteres, gelassenes, tröstliches Buch ... Mit welchem Humor zum Beispiel schildert die Großmutter, wie sie sich bereitfindet, in ihrer Alterswohnung Nachwuchs für die Goldhamster der Enkel zu züchten. Aber auch von harten Lebensschicksalen weiß das Buch zu berichten, von Schicksalen, die doch gemeistert wurden ...«

Wort und Tat, Kassel

VERLAG JOSEF KNECHT · FRANKFURT AM MAIN